張若名传

Tchang Lomine

王铁群 著

西苑出版社
XIYUAN PUBLISHING HOUSE
北京

图书在版编目（CIP）数据

张若名传 / 王铁群著 . — 北京 ：西苑出版社，
2013.12
ISBN 978-7-5151-0385-3

Ⅰ . ①张… Ⅱ . ①王… Ⅲ . ①张若名（1902 ~ 1958）—传记
Ⅳ . ① K825.5

中国版本图书馆 CIP 数据核字（2013）第 176257 号

张若名传

作　　者	王铁群
责任编辑	李　涛
出版发行	西苑出版社
通讯地址	北京市朝阳区和平街11区37号楼
邮政编码	100013
电　　话	010-52470795
传　　真	010-88637120
网　　址	www.xiyuanpublishinghouse.com
印　　刷	北京龙跃印务有限公司
经　　销	全国新华书店
开　　本	710毫米×1000毫米　1/16
字　　数	300千字
印　　张	16.75
版　　次	2013年12月第1版
印　　次	2013年12月第1次印刷
书　　号	ISBN 978-7-5151-0385-3
定　　价	38.00元

张若名，一位不平凡的女性[①]

（代序）

张若名——

一位曾与郭隆真、邓颖超等一起，在“五四”大潮中叱咤风云，率领天津女界奋起投身民主爱国斗争的人；

一位曾与周恩来、郭隆真等一起，共度铁窗生活，勇敢经受北京政府牢狱考验的人；

一位曾致力研究宣传马克思主义，所写文章与任弼时的有关著作合编一起，被多次印刷广为传播的人；

一位站在时代前沿，不仅在实践上而且在理论上，对妇女解放运动做出了重要贡献，不愧“妇女解放急先锋”的人；

一位以中等文化基础拼搏攻下法国文学博士学位，长期享有法国文学研究专家声誉的人；

……

然而，就是这样一位不平凡的人，她的名字已几近被历史遗忘。

回顾张若名的一生奋斗，无论是在“五四”时期反对不良政治，还是对我国妇女解放运动，抑或是对中法文化的交流，她都曾做出过重要贡献，不失为巾帼英杰。

---

① 该文发表于《北京党史》2003年第1期。用于本书代序，略有改动。

一、五四运动的先驱

张若名（法文名：Tchang Lomine），1902年2月出生于直隶省清苑县（今为河北省保定市清苑县），1916年考入直隶第一女子师范学校，与邓颖超同为第十级学员。在五四运动中，她站在民主爱国斗争的最前沿，成为一位勇敢的革命先锋。

（一）从“女爱会”评议部长到天津新学联委员长

“女界爱国同志会”（简称“女爱会”），是五四运动时期天津妇女界统一的民主爱国团体。它是张若名与郭隆真、刘清扬、邓颖超等发起组建的，成立于1919年5月25日，刘清扬和李毅韬分别担任正、副会长，张若名与郭隆真、邓颖超为评议委员。由于张若名在运动中表现激进果敢，具有较强组织能力，不久，她又被推荐为评议部部长。[①]评议部是“女爱会”的集体决策机构，“女爱会”简章规定：凡临时发生之事项不能召集全体会员讨论时，得由评议部议决实行之。[②]所以，“女爱会”内外重大事务往往首先提交评议部，由张若名主持召开“评议会”讨论，表决通过后交各股（科）执行。在张若名与郭隆真、刘清扬、邓颖超等共同领导下，“女爱会”成为天津五四运动中的一支生力军，有力地推动了天津女界民主爱国运动和妇女解放运动的开展。

1919年6月18日，天津各界联合会成立。张若名同邓颖超等作为“女爱会”代表参加该会，张若名被推选为天津各界联合会庶务科干事，[③]邓颖超则为交际科干事。此后，张若名多次作为天津各界联合会的代表，进北京参加示威请愿活动，并频繁奔波于京津之间，做了大量宣传联络、支援营救工作。

1919年12月10日，在张若名主持下，天津男女各校学生合组，成立了天津

① 王贞儒：《对女界爱国同志会的几点回忆》，《五四运动回忆录》（下），中国社会科学出版社1979年版，第610页。

② 天津《大公报》1919年5月24—26日。

③ 天津《益世报》1919年6月24日。

新学联。新学联不设会长，实行评议部一部制。张若名以其勇敢、聪慧、谦虚、严谨，被选为评议委员会委员长，[①]成为天津学生运动的主要领袖之一。

（二）参与创建“觉悟社”

“觉悟社”是天津五四运动的领导核心，是“五四”时期著名的民主革命团体，它是由张若名与周恩来等发起创办的。当事人谌小岑、谌志笃等回忆，1919年9月2日，周恩来、张若名等在从北京乘车回天津途中，讨论起民主爱国运动的发展方向问题。郭隆真提出，今后天津学生联合会同女界爱国同志会应该更紧密地合作，成为天津爱国运动的核心。“张若名主张索性由女界爱国同志会的女校学生加入天津学生联合会，加强学联的阵容。”周恩来进一步建议，“把这两个组织中的骨干分子结合在一起，另组一个强有力的核心小组”；同时出版一个宣传刊物，以推动各项斗争工作的开展。[②]9月16日，“觉悟社”正式成立。据谌小岑回忆，为体现男女平等的原则，建社之初的20名成员男女各半，女学生的名单就是由张若名提出的。[③]美国记者斯诺在《西行漫记》第二册附录中，曾提到周恩来当年与他一次谈话的笔记，当谈到觉悟社的创办人时，周恩来说有他自己，还有张若名、郭隆真、刘清扬。

在觉悟社里张若名与其他社员一起研究民主爱国斗争的形势和策略，共同领导游行示威等爱国活动，以《觉悟》杂志为园地探讨“革心”和“革新”的良方，在各方面都得到了锻炼和进步。

（三）力倡妇女解放

1920年1月，张若名在《觉悟》杂志创刊号上发表了《“急先锋”的女子》一文，这是张若名论述妇女解放的最重要的一篇文章。

---

① 天津《益世报》1919年12月11日。

② 谌小岑：《五四运动中产生的天津觉悟社》，《五四运动回忆录》（下），中国社会科学出版社1979年版，第582页；另见谌志笃：《参加五四运动的几点回忆》，同上书，第605页。

③ 徐泓：《大人物·小人物》，人民出版社1995年版，第177页。

在文章中，张若名鲜明地提出："女子解放从女子（自身）解放作起，不要等着旁人解放……女子必得具一种革命精神去实行解放。"她大声疾呼：要"破除迷信形式道德的观念"，"铲除男女心理生理不同的观念"，"打破男女职业不平等的观念"。她主张男女同校、男女同工、男女公开社交。她认为女子不必一定"主内"，应当有自主的职业及独立的经济。张若名对妇女的经济独立，有很独到的见解，她深刻指出：正因为妇女在"经济上即不能独立，所以在家里要受男子的辖制。求女子解放，先求女子得工商业的知识，开创女子经济的独立方法，然后才能脱离苦海"。这一认识超越了围绕"婚姻"问题来谈论"女子解放"的范围，触及到妇女解放的根本，抓住了问题的实质。

张若名指出，实现妇女的解放不是一件容易的事情，应有一个预备阶段，在这一阶段中，要做三方面工作，即"同志征求"、"知识预备"和"经济预备"。她提出，要想打破女界的黑暗，必得征求当"先锋"的同志。这些同志的资格有三种：一是"真有提携女子心意的"；二是"有牺牲精神的"；三是"抱独身主义的"。

张若名号召广大女性从自我做起，在思想上行动上来一场妇女解放的"大战争"，用革命的精神去实行解放，勇当妇女解放的"急先锋"，"一心一意地去为大多数女子求解放"。

张若名妇女解放的思想，虽难免瑕疵，但深刻独到，在中国妇女运动史上占有重要地位。它反映了张若名既"革心"又"革新"，知行并重的思想品格，显示了她在妇女解放运动中狂飙突进的胆识。

（四）"九一念九"，[①]与周恩来等患难与共

1920年1月下旬，天津学联调查员在某商号检查日货时遭到日本浪人的毒打。各界代表为此向省公署请愿，反被军警逮捕，天津学联和各界联合会会所

① 指1920年（民国九年）1月29日天津反动当局镇压爱国民主运动之事。

也随之被封。周恩来等商议决定，发动更大规模的请愿示威活动，要求释放被捕代表，启封天津学联和各界联合会。1月29日，各校学生数千人集合后，以周恩来为总指挥，奔赴直隶省公署请愿。学生们推举周恩来、郭隆真、于方舟、张若名四人为代表，要求面见省长曹锐，结果悉遭拘捕。

周恩来在他写的《警厅拘留记》一书中节录了张若名的一段日记，记述了郭隆真、张若名两位女代表在狱中的情况。张若名被捕后，记挂的是外面战友们的安全："从在省公署里边听见外边那种呼声上证明，一定是一场惨剧了。想到这里，真令人焦急，想着外边受伤的人，也不知是怎样地多呢？""只想外边的同学们还是被打散的呢，还是自由走的呢？倘若被打，又是什么景象呢？"[①]在狱中，张若名和郭隆真保持着高昂的革命乐观主义精神，张若名描述过肮脏破败的牢房后写道："这种景象虽然不好，但是我们能尝到这监狱的滋味，（隆真却已是第三次了！）精神很是快乐的。"

张若名与郭隆真在监狱里被折磨得不断患病，但革命意志从未减弱，她们同周恩来等难友一起，互相鼓励，开展了一系列包括绝食在内的斗争活动。7月，张若名与周恩来等出狱时，天津各界代表前往欢迎，把铸有"为国牺牲"四字的银制纪念章和大红绸花戴在他们胸前，表达了人民的敬佩之情。

二、传播马列主义的精英

1920年11月，张若名与周恩来、郭隆真等一同赴法国勤工俭学。1922年6月，周恩来和赵世炎等在巴黎组建了"中国少年共产党"（后改称"旅欧中国共产主义青年团"），张若名和郭隆真都是"少共"的最早成员。1922年冬（或1923年春），张若名转为中共党员。

当时旅欧党团的一项重要活动是"学共产主义"。周恩来、张若名、郭隆真等成立了一个"共产主义研究会"，采取互教互学的方式，轮流担任主讲。

① 《周恩来自述》，解放军文艺出版社2002年版，第107页。

张若名的法文学习进步很快，加入“少共”时已能阅读法文版的马列主义书籍，故经常担任互教互学小组会的主讲人。在周恩来的建议下，张若名将小组会上的讲稿整理成文，发表在《赤光》杂志上。这些文稿还得到周恩来和郭隆真的协助，油印成册，发给共青团员和旅法华工。周恩来在1924年回国后，也将这些小册子带回并组织出版。后来，张若名的这些文章被团中央编入了介绍马列主义的通俗读本中。

1925年3月，“中国青年社”以“上海书店”发行的名义，出版了《马克思主义浅说》一书。该书正文两万多字，共分四编，其中三编为“一峰”（张若名笔名）所写，即第一编“资本”（就是张若名在法国写的《剩余价值》），第三编“阶级斗争”，第四编“帝国主义”（就是张若名在法国写的《帝国主义浅说》）。另一编，即第二编“资本主义的发展”，为“辟世”（任弼时笔名）所写。

张若名的这些文章，逻辑清晰，说理透彻，表述通俗易懂，所以很适宜宣传普及。她的修辞用字也较为科学准确，如在进行阶级分析时，她首次使用了“游民无产者”一词，而没有用此前人们使用的“流氓无产者”一词。这个新词，不仅扩展了所指阶层的外延，也减去了贬义成分。

“一峰辟世合编”的这本《马克思主义浅说》一书，从1925年3月至1926年1月，在不到一年的时间内，便再版九次，创造了中国出版史上的奇迹。①这一现象，反映了中国共产党人对马列主义的迫切需求，也反映了张若名传播马列主义对中国共产党的重要贡献。

张若名在研究马列主义的同时，还以北京《晨报》驻法特邀通讯员的身份，先后写了二十多篇稿件寄回国内，这些文章涉及领域广泛，包括留法勤工俭学问题、华工问题、德美关系、英国外交策略、欧洲劳动问题等。其中，发表在1924年3月18日邓颖超等主办的《妇女日报》上的《现代的女子以怎样的解放为满意？》一文，是她继《“急先锋”的女子》之后，论述妇女解放的又一篇力作。张若名在文章中明确提出：“提倡打破私有制，打破家庭的束缚，

① 杨在道：《张若名研究资料》，中国妇女出版社1995年版，第62页。

才是治本的良方”，因为“社会制度、经济制度不良，可以阻止一切进化。不推翻压迫者，不打破私有制，妇女问题，不能得到满意的解决”。她号召广大妇女与人民群众团结一致，“携起手来一致反对压迫者”，为妇女解放而奋斗牺牲。这篇文章表明，张若名已开始运用马列主义来研究妇女解放问题。

三、中法文化交流的使者

1924年，由于各种复杂的原因，张若名退出了党的组织，专心于法国文化的学习和研究。1930年，她获得法国里昂大学文学博士学位，成为我国最早在国外获得博士学位的学者之一。回国以后，张若名先后在北平中法大学文学院和云南大学中文系任教，主要从事法国文学理论的研究和教学工作，以及法文文法的研究和中法文著作互译工作，为中法文化交流付出了大量心血，取得了出色成就。

张若名的博士论文《纪德的态度》，从心理学角度，对法国著名作家纪德的人格演讲、宗教信仰、道德观、象征艺术及古典主义等进行了深入研究。该论文被里昂大学评为最优秀成绩，获500法郎奖金。纪德读了张若名的论文回信说：“拜读您的大作后，使我似乎又重新意识到自我的存在……我从未想过我会如此被了解。”法国学者罗德斯深为张若名对法国文化的熟谙而惊讶，他评价说：“我认为她有关《道德家纪德》的评论，应该列为第一流的评论文章。人们发现她的文章非常优雅、简洁、清晰而透彻，可谓一字不易。这一点即使最挑剔的文学评论家也是不能否认的。”①《纪德的态度》1930年在法国出版，1931年又在北平出版，多年来此书一直得到中外学者的赞誉。近年来，她的有关著作也有再版。

张若名回国后在执教之余，著述颇丰，其中不少是研究评论纪德的文章，使她继续享有“纪德研究专家”的称号。此外，她的文章还广泛涉及法国其他

① 黄嫣梨：《张若名研究及其资料辑集》，香港大学亚洲研究中心1997年版，第115页。

著名作家，如《佛朗西斯·若姆》《法国象征派三大诗人——鲍德莱尔、魏尔莱诺与兰苞》，[①]以司汤达、福楼拜和纪德为例，从心理学角度揭示了作家生活经历对其心理影响的《小说家的创作心理》等。在法文文法研究方面，她的《法语直陈式时态的用法》一文，至今仍被学者视为很有参考价值的文章。张若名还把鲁迅和郁达夫的一些作品译成法文，介绍给法国读者。

张若名为中法文化交流做出了巨大贡献，堪称中法文化交流的使者。

四、在邓颖超过问下平反

昆明解放后，张若名欢迎新的社会秩序，“心向共产党”“心向社会主义”。1950年她加入了民盟，并开始不断申请重新加入中国共产党。她积极参加新中国的历次政治运动，“她对党的号召步步紧跟，毫无保留地献身于党的各项革命活动”。她还在云南大学中文系创立了“文艺批评教研室”，并任室主任，亲自讲授马列主义文艺理论，成为中国最早讲授马克思主义文艺理论的教授之一。然而在反右运动中，张若名向党交心的汇报材料，却成为她有右派言论的证据。尤其是她1924年退出共产党的事情也被翻出来，她由此被指责为不齿的叛徒。张若名不堪忍受高压，1958年6月18日投河自尽，终年56岁。

两年以后，邓颖超到昆明时曾过问此事。[②]1963年云南大学党委发过一份对张若名的甄别材料，承认对她“不适当地给了许多的压力”，“当时批判的词语不合适”等，显然这个甄别不够彻底。1980年，应张若名家属的请求，邓颖超致信云南大学党委，又一次过问此事。张若名的长子杨在道说：“我母亲的平反，是在邓颖超的直接过问下完成的。”[③]

1980年11月，中共云南大学委员会作出《关于张若名同志的政治历史结

① “鲍德莱尔、魏尔莱诺与兰苞”，现通译为波特莱尔、魏尔伦与兰波。

② 杨在道：《张若名研究资料》，中国妇女出版社1995年版，第111页。

③ 徐泓：《大人物·小人物》，人民出版社1995年版，第187页。

论》。《结论》追述了张若名积极参加五四运动和在法国加入中国共产党的情况后，谈到她的脱党问题，指出："1924年，张若名同志在法国参加列宁逝世纪念大会，被法国警察跟踪、讯问。这时，张若名同志又与当时支部负责人任卓宣发生意见分歧，在这种情况下，张若名同志经过向组织申请后，由组织同意其退党。退党后，未发现张若名有任何出卖党组织的行为。"《结论》在谈到张若名的死因时说："在1958年云南大学的'交心'运动中，由于没有严格执行党的政策，对张若名同志施加种种压力，以致造成张若名同志不幸溺水而死的严重后果。"《结论》的最后结论是："经复查，张若名同志一生为革命，为人民做出了许多有益的工作，政治历史清楚，无重大政治历史问题。"

在邓颖超的关怀下，一代女杰张若名终于得到平反。

张若名在《"急先锋"的女子》一文中指出："在新旧更代的时候，必定要有人作先锋，打前路。"张若名从天津"女界爱国同志会"评议部长，到云南大学教授，不管从事民主革命还是学术研究，无不表现出拼搏奋斗、为妇女解放开路的"急先锋"精神。感念其为中国民主革命和中法文化交流做出的重要贡献，深以为历史不能忘却她。

让我们拂去历史的尘埃，领略一番这位不平凡女性的风采。她的人生轨迹，或许对您有所启迪。

Contents | 目　录

一、幼嫩心灵埋下“女权”的种子

光绪二十八年一月十六日，即公元1902年2月23日。

西北风无视时令的变化，仍肆无忌惮地对冀中大平原横扫劲吹。

没有几丝年节气息的村落，在尖利的寒风和厚厚的积雪中呻吟、挣扎。

在直隶省城保定南向约25公里处，有一座村庄名称“温仁村”。该村丁未号是一户张姓人家。元宵节刚一过去，张家便降生了一名女婴。新生儿那阵阵啼哭之声，划破了漆黑的夜幕，压过了寒风的怒吼，穿云裂石般缭绕回荡于冷峭的黎明之中。时人不可能意识到，这无所畏惧的孩啼，正是日后成为中国妇女解放“急先锋的女子”的初始呐喊！

张姓女婴出生后不久，取名“若名”，字“砚庄”。

张若名出生之时，正是中国社会发生质变，从两千余年的专制社会向现代社会急速转型的历史时期。张若名就是在这样的世事变迁的背景下，开始认识和感知这个世界的。

在张若名出生前两年，1900年8月八国联军占领北京，慈禧太后携光绪皇帝等被迫“仓惶辞庙”，亡命西安。10月，德、英、法、意四国军队占领张若名的家乡保定，将护理直隶总督廷雍、城守尉奎恒、参将王占奎三人以纵容拳民杀洋人、烧教堂等罪名判处死刑，在保定城东南角凤凰台枭首示众。

面对灭顶之灾和奇耻大辱，为了摆脱困境，慈禧太后不得不重新举起被她戊戌政变镇压掉的变法旗帜：“几乎拳祸猝起，两宫蒙尘，既内恐舆情之反侧，又外惧强邻之责言，乃取戊己两年初举之而复废之政，陆续施行，以表明国家实有维新之意。”①

在张若名出生前一年，即1901年1月，尚在“西狩”的慈禧太后以光绪皇帝名义颁布变法上谕，宣布实施“新政”。“上谕”指出：以前的洋务运动所学的只是“西艺之皮毛，而非西政之本源……舍其本源而不学，学其皮毛而又不精，天下安得富强耶！”“上谕”宣布，对“朝章国故，吏治民生，学校科举，军政财政”等进行全面改革，并强调“安危强弱全系于斯”。②

自此至清朝终结，历时十年的史称“清末新政”的改革，加速了中国专制社会向现代社会的转型。

事实上，在“清末新政”之前，中国社会的转型已经进行了60年。

中国专制社会向现代社会转型，是世界现代化潮流冲击的结果。

17至18世纪，欧洲的启蒙运动使西方文化实现了突破，天赋人权、三权分立、自由、平等、民主和法制等政治理念成为西方文化的主要价值观。这一历史突破，推动起世界性以宪政民主为核心内容的现代化运动，现代化成为近代人类社会的发展方向。

鸦片战争以后，西方列强的侵略，严重破坏了中国的主权独立和领土完整。但伴随着这种扩张，以宪政民主为核心内容的现代化思想也同船光临这个专制国家。正如马克思和恩格斯在1850年1月发表的“国际述评”所指出的：鸦片战争之后，古老的中华专制帝国已经处于社会变革的前夕，“而这次变革必将给这个国家的文明带来极其重要的结果。如果我们欧洲的反动分子不久的将来会逃奔亚洲，最后到达万里长城，到达最反动最保守的堡垒的大门，那末他们说不定就会看见这样的字样：中华共和国自由，平等，博爱”。③

面对“三千年未有之大变局”，先进的中国人思考的核心问题，是变革专制制度，尽快跟上世界现代化潮流，建立与人类主流政治文明一致的民主宪政体制，使中国从专制社会转变成自由、民主、法治、文明、富裕、独立的现代

① 《论中国必改革政治始能维新》，《东方杂志》1901年1月29日。

② 《变法上谕》，1901年1月29日，《义和团档案史料》（下册），第915—916页。

③ 《马克思恩格斯全集》第2版，第7卷，第265页。

化国家。

以鸦片战争为开端，中国便开始了从专制向现代社会转型的艰难历程。

鸦片战争后，林则徐、魏源、徐继畲等有识之士便觉悟到西方宪政民主制度的优越性。19世纪70年代，郭嵩焘、郑观应、王韬等明确民主是立国之本，主张用君主立宪制取代中国专制制度。19世纪80至90年代，崔国因、汤震、何启、胡礼垣等实行议院制的主张，成为中国人追求民主政治的主要内容。尤其是甲午战败，使国人进一步觉醒：强国的根本在先进的制度，只搞片面的经济改革（洋务运动），不搞政治改革，中国不可能真正“自强”。总之，到清朝末年，宪政民主在先进分子中获得广泛认同，用民主取代专制成为中国社会的主流文化，中国要不要现代化的问题已经基本解决。

戊戌变法是秦汉以来中国两千年专制史上第一次自上而下的体制创新活动，是光绪皇帝依靠维新志士进行的以实行君主立宪制为核心内容的现代化改革运动。虽然戊戌变法有立宪之议而无立宪之举，也远未涉及民主竞选、分权制衡等，但开放言路、打开言论通道（凡院、部司员等政府官员可以通过所在衙门的“堂官”代奏政治改革见解；老百姓可以到都察院呈递意见书）之举带有议会性质；允许自由开报馆（报纸可“指陈利弊”，“中外时事，均许据实昌言，不必意存忌讳”）之举带有言论自由性质；办学会之举则带有结社自由性质。“维新”之所以称作“维新”，正在于其要变“专制”为“宪政”，这些措施发展下去，必会趋向其最终目标君主立宪制。

慈禧太后镇压戊戌变法两年后，庚子国难自取其辱，被迫重新实行“清末新政”。

在张若名已满两周岁的1904年2月，日俄两国在中国领土上爆发了历时一年有余的厮杀。战争结果，立宪制的蕞尔小国日本战胜了农奴制的庞然大国俄国。国内外舆论普遍认为：日胜俄败，是立宪战胜专制的铁证。战争初期西方报纸就指出：“此战非俄日之战也，乃立宪、专制两治术之战也。”战争一结束，《大公报》便发文称：“日立宪国也，俄专制国也，专制国与立宪国战，立宪国无不胜，专制国无不败。”

在这一背景下，朝野上下形成立宪热潮。据《东方杂志》称，当时人人谈立宪，“上自勋戚大臣，下逮校舍学子，靡不曰立宪立宪，一唱百和，异口同声”。

尤其是诸多高级官员强烈呼吁立宪救亡，加快政治改革步伐。日俄战争一爆发，江浙人士张元济、张美翊、赵凤昌和张鹤龄等紧急磋商，首次提出遣使各国了解政情问题。2月，云贵总督丁振铎、云南巡抚林绍年联电奏请变法。1905年6月，直隶总督袁世凯联合两江总督周馥等电奏，请以12年为期实行立宪。7月，周馥又单衔奏请实行“立法、行法、执法”三权分立和地方自治。同月，湖南巡抚端方入朝领受闽浙总督一职，也建议实行立宪。两广总督岑春煊也奏请“欲图自强，必先变法；欲变法，必先改革政体。为今之计，惟有举行立宪，方可救亡”。

在全国一致要求除旧布新的形势下，慈禧太后为首的清王朝把预备立宪确定为“清末新政”的最重要内容。

预备立宪是中国迈向宪政民主过程中非常醒目的阶段。在预备立宪期间，慈禧太后推行了一系列政治改革措施，如多次派人出国，学习西方民主制度。1905年11月，设立了专门的政治体制改革机构“考察政治馆”（1907年改为宪政编查馆）。1906年9月1日，清廷正式颁布《宣示预备立宪谕》，确立实行立宪的基本国策。1907年9月和10月，光绪帝相继颁布《设资政院谕》和《着各省速设咨议局谕》，设立国家议院和省议会的过渡机构。1908年8月清朝宣布九年预备立宪时间表以及确保完成立宪的《逐年筹备事宜清单》，同时颁布了体现君主立宪精神的《钦定宪法大纲》。同年颁布《城镇乡地方自治章程》。1909年10月14日，除新疆暂缓之外，全国21行省按照清朝颁布的《咨议局章程》及《咨议局议员选举章程》都选举出了咨议局。1910年9月，全国资政院正式成立。咨议局和资政院的选举，尽管存在不成熟现象，但公共事务的管理者破天荒由选票产生，标志两千年的中国政制从此发生质变。1911年11月2日，清廷宣告解散“皇族内阁”，资政院议员以无记名投票方式选举袁世凯为内阁总理大臣。3日，清政府公布《宪法重大信条十九条》，宣布采用英国式“虚君共和”责任内阁制。不论清廷主观动机如何，预备立宪在客观上使舆论监督、分权制衡日益发展，结社自由和言论自由日益扩大。中国整个社会向着宪政民主方向迈进。

在张若名的童年时期，中国已经呈现初步的、不成熟的、不完全的现代社会形态。

公共权力受到一定程度的制衡。咨议局和资政院一经设立，便履行起立法和监督机关的职能。如在1910年10月资政院第一届会议上，议员们对1911年国家预算案详细审核，对机构设置、人员编制、事情该不该办、经费多少等，认真推究核对。经过反复详细审核，最后迫使政府将原预算总额37635万两减掉7790万两，在我国首次实现了预算监督。一个在华的西方记者观察说：“临时议会已在某种意义上掌握了过去从未指望的权力。”①各省的咨议局更是成了宪政先锋，发挥了权力制衡作用。1911年5月1日，江苏咨议局与两江总督张人骏就财政预算案发生冲突，咨议局议长张謇与副议长及常驻议员“全体引咎辞职，即日出局”以表抗议。朝野舆论都支持咨议局，朝廷也要求张人骏公布预算案。在强大压力下，张人骏不得不妥协。湖南、吉林、福建、山东等省的咨议局都通过了纠举和弹劾本地不法官吏的议案。总之，资政院和咨议局以其独立的品格和权势，成为制衡和推动政府前进的不可忽视的力量。

在舆论监督方面，民间各种报刊大量涌现。据统计，从1901年到1908年，全国各地创办的各类报刊达302种。中国第一家民办通讯社——中兴通讯社是1904年骆侠挺在广州创办的。中国有了很大程度的言论和思想自由，人们可以自由指陈时政，议论国事，抨击政府，宣传民主，“人人皆得本其本心之所自信，自由发表意见而无所屈避”②。出版界可以大张旗鼓地介绍西方国家的政治、法学、财政、政党、历史、教育等学说，如《民约论》《万国宪法比较》《议院提要》《选举法要论》《地方自治要鉴》《立宪国法制述要》等上百种著作被翻译出版，其民主、自由、平等的思想，对促进中国社会的进步发挥了积极作用。清朝也曾于1906年炮制《报章应守规则》，试图禁制言论。但社会的发展和力量对比的变化，已经由不得满汉权贵，清朝已不可能控制媒体去高

① 《清末民初政情内幕》上册，知识出版社1986年版，第675页。

② 《辛亥革命前十年间时论选集》第3卷，三联书店1977年版，第628页。

歌君主专制的主旋律。

国人有了很大程度的结社自由。到1911年上半年，“政学会、宪政实进会、辛亥俱乐部、宪友会相继成立，中国的第一批合法政党出现”。[①]1911年6月4日，宪友会在北京湖广会馆宣告成立，随即在全国18个省和八旗建立支部，成为影响广泛的全国性政党。

地方自治是对权力进行纵向制衡的制度。1905年8月，朝廷接纳刑部侍郎沈家本等人奏请，1906年准许在“奉直两省”试行地方自治。至1911年地方自治局、自治研究所、自治讲习所等机构遍布全国。

这就是张若名童年之时的国情：两千年的“秦政”正在逐步向“宪政”转化。

这种国情，对张若名的成长路向具有重大影响：因其已非纯粹专制而为日后张若名成为叱咤风云的天津学运领袖提供了必要条件；又因其并未实现民主，而使日后张若名把追求妇女解放、推进中国民主确定为价值取向。

直隶即直接隶属京师之意，直隶省城保定乃战略要地，史称“北控三关，南达九省，地连四部，雄冠中州”，“冀北干城，都南屏翰”。直隶总督署另一所在地天津，更是中国北方开放的前沿和中国现代化的基地。直隶总督位高权赫，居清代八督之首，在国家事务中举足轻重。1902年，袁世凯就任直隶总督兼北洋大臣后不负众望，他积极响应清廷改革主张，在直隶省大刀阔斧推行“新政”。他改革了行政和司法制度，实行了完整的振兴经济措施，创办了北洋新军，发展了新式教育。在袁世凯倡导下，1907年天津举行了市政投票选举，这是中国历史上首次地方选举，发出选票12461张，经过初选和复选，最终选出议员30名，组成天津议事会。到1911年，直隶省自治预备会81个，自治研究所128处。[②]“新政”的实施，使直隶省近代化全面启动，涉及军政、警政、学务和宪政等领域的“直隶模式”，成为全国新政的范式。

温仁村北距直隶省政治中心保定约25公里，距清苑县城约15公里，距北

---

① 侯宜杰：《二十世纪初中国政治改革风潮》，人民出版社1993年版，第429页。

② 朱英：《清末新政与清朝统治的灭亡》，《近代史研究》1995年第2期。

京、天津也不到200公里，信息并不闭塞。省城的信息当天可至。张若名的祖父是清苑县较有名气的富豪，父亲张绍文接受过高等教育，曾任广西陆军测量局科长。二伯父张禔仁则曾留日习医，致力悬壶济世。张若名的另外几位伯父亦非纯粹农民。温仁村的地理位置和张氏家族成员的身份和职业，使这个大家庭能够对时局有较多的了解和评论。他们对世事的议论和对政要的臧否，不能不对小若名产生影响。

现代社会是公民社会，随着专制社会向现代社会转型，臣民也在必然向公民转变。公民是具有平等权利和义务的国家成员，享有对社会事物的思想权和意见表达权，对所生活的社会制度的选择权，以及社会管理的参与权等。在专制国家，绝大多数国家成员只是被统治者，不享受平等的政治权利。只有在民主国家，其成员才会成为公民。在民主未实现时，那些为实现民主、争取公民权利而奋斗的人只有公民品格和精神，而不具公民身份。诚然，莫说幼童张若名，即便当时朝野名望，知“公民”者几何？但一个人的思想观点、个性心理品质以及由此产生的行为方式，都是对客观现实的反映，客观现实是人的心理源泉。当中国社会自由度空前提高，公民社会的雏形已经形成之时，“公民”的种子也就必然撒播进张若名稚嫩的心田，并生根发芽，成为她日后以强烈的公民的主体意识，积极投身改造中国社会斗争的重要动力。

社会转型是一个正误交织和博弈的过程。“清末新政”尤其“预备立宪”的实施，使“秦政”向“宪政”转化。但从秦朝到1840年鸦片战争时期的清朝，专制主义控制中国两千余年，以三纲为核心的传统意识形态，对国人的思想观念、生活方式有着根深蒂固的影响。

在张若名的童年时期，尤其在基层社会，广大妇女仍生活在传统的夫权思想统治之下。如果说，清末急速的社会转型，给张若名播下了“公民”的种子，那么，母亲的奴仆境遇，则使她“公民”的种子最先萌发出以追求男女平等为基本目标的“女权主义”幼芽，激励自己矢志自立自强，日后走上妇女解放的道路。

西方女权主义起源于17至18世纪欧洲的启蒙运动。如玛莉·渥斯顿克雷芙特（Mary Wollstonecraft，1759—1797）所著《女权的辩护》（*A Vindication of the Rights of Woman*）是女权主义代表作之一。西方女权主义在19世纪下半叶至20世纪初发展为有组织的社会运动。

中国女权主义的“敲钟人”是金松岑，他在1903年问世的《女界钟》，是中国最早的女权主义专著。书中论述了女子之道德、女子之品性、女子之能力、女子教育之方法、女子之权力、女子参与政治、婚姻进化等问题，力主女子入学、交友、营业、掌握财产、出入自由、婚姻自由六种权利，倡导女子“剪发、读书、参政”。全书思想新颖，论证严密，充满激情，一经出版，即在知识界引起极大震动。吕碧城女士则是清末提倡女权和女学的先锋报人。1903至1908年，吕碧城在天津《大公报》发表了《论提倡女学之宗旨》《敬告中国女同胞》《兴女权贵有坚忍之志》等大量文章，倡导女权、女学和女子公民品格，呼吁妇女解放、男女平等，在社会上引起强烈反响。秋瑾女士也是著名的女权主义者，1907年1月她在上海创办了《中国女报》（只出版两期），其宗旨也在妇女解放：“本报之设以开通风气，提倡女学，联感情，结团体，并为他日创设中国妇人协会之基础为宗旨。”1912年春，被孙中山誉为“不愧是创立民国的巾帼英雄”的唐群英与张汉英等，成立神州女界参政同盟会，以实行男女平权、普及教育为宗旨，在各省建立了支部。

但由于女权思想启蒙的条件不足，传播女权思想的手段及形式有限，女权主义远未在中国形成具有强烈冲击力的飓风，当然更未吹拂进乡村社会这个以“欺压顺从”为核心的传统文化的大本营。

张若名的家庭即是夫权式的典型。

张若名的母亲叫张伯英，普通农村妇女，从小接受的即是以“三从四德”为主要内容的传统礼教的说教。而张若名的父亲张绍文的官吏身份和家族背景，则使其夫权思想和家长制意识尤为浓重。在张伯英嫁与张绍文之时，传统的意识形态仍居统治地位，所以三从四德依然，夫为妻纲依然。

“三从”最早见于《仪礼·丧服·子夏传》，即“妇人有‘三从’之义，无‘专用’之道，故未嫁从父，既嫁从夫，夫死从子”。“四德”最早见于《周礼·天官·九嫔》，即“妇德（品德）、妇言（辞令）、妇容（仪态）、妇功（女红）”。班昭著《女诫》，对“四德”诠释曰：“清闲贞静，守节整齐，行己有耻，动静有法，是谓妇德。择辞而说，不道恶语，时然后言，不厌于人，是谓妇言。盥浣尘秽，服饰鲜洁，沐浴以时，身不垢辱，是谓妇容。专心纺绩，不好戏笑，洁齐酒食，以奉宾客，是谓妇功。”在传统礼教的束缚下，中国妇女政治上无权，经济上不独立，婚姻上不自由，没有受教育的权利，在各方面同男子处于不平等地位，没有独立的人格和社会地位。

在小若名出生前后一段时间，张伯英侍老奉夫，持家育女，勤勉于家务之中。对丈夫则体贴入微，逆来顺受。早已形成的软弱、自卑和依附心理，使张伯英对所有这一切并未觉悟到有何不宜，相反还有一种因付出而产生的知足感。但没过几年，她的命运便发生了恶变。

在当时社会，男子多妻的陋习仍旧延续，有些头面的男人纳妾是寻常之事。张绍文亦不例外，大概在小若名开始读初小的时候，他便取了一房姨太太。张伯英想必受过“夫有再娶之义，妇无二适之文”传统女教的灌输，对丈夫纳妾自然无权也不敢干涉。张绍文另有新欢之后，对张伯英待以冷漠，甚至歧视鄙夷，就是对亲生女儿小若名也渐乏父爱。

善良敦厚的张伯英逝去了笑容，她时遭虐待，地位不如女佣。她痛恨这种屈辱的生活，但又无法改变这种境遇。她忍辱负重，把全部希望和情感都寄托在爱女小若名身上。

小若名对母亲的变化十分敏感。她发现母亲漂亮的双目不知何时变得呆滞无神了，只有在凝眸爱女时才会闪出原有的光亮；母亲原本灵巧的双手不知何时变得笨拙了，缝制衣裳鞋袜时经常返工或被针刺破手指；母亲不知何时变得沉默寡言了，经常反扣门闩把自己锁在屋内好久不出来……小若名一双水灵灵的大眼睛眨出一连串问号。

母亲的境遇给小若名带来深深刺激。一天夜间，正在酣睡的小若名突然被母亲难以抑制的哭声惊醒。她一下子扑到母亲怀中焦急而不安地询问着，伸出小手拂拭着母亲的泪水。不满十岁的女儿怎么能够理解母亲的委屈呢？母亲忍住抽噎，照料女儿重新躺在床上，意味深长地叮嘱她好好念书，只有学了本事，将来才不会受男人欺负。小若名似懂非懂地点着头。此后，小若名又几次在梦中被母亲的哭泣声惊醒，联系到自己对家庭关系的观察，她似乎明白了些什么。

小若名头脑中渐渐产生了追求男女平等的朦胧意识。

一天，小若名放学回到家中，向母亲问起尼姑问题。

尼姑为什么不长头发？小若名神情严肃地问。

母亲不解地望了女儿一眼，简单地说了说“削发为尼”的道理。

小若名继续发问：她们为什么要出家？出家的人就不能结婚了，是吧？不结婚就不会受男人欺负了，对吧？

母亲放下手中的活计，疑惑地望着女儿，对其一连串的问题越发莫名其妙。

“长大后”，小若名大声说道，“我也要削发为尼，永不受臭男人欺负！”①

张伯英伸手捂住女儿的小嘴，惊诧不已。

张若名在成长着，与社会大转型时代的仁人志士一样，她是胸怀国家责任感、社会责任感而长大的。社会转型的变数，妇女境遇的悲惨，像重铅一样压在她的心头，正是这种压力，规定了她成长的路向：投身爱国民主运动，致力中国妇女解放。诚然，张若名的大半生是在科研和教学工作中度过的，但是通过自己在这些领域中不让须眉的优异成绩，她给中国妇女树立了自强自立的楷模，她用自身的实践，为中国妇女解放运动书写了闪光的一页。

“公民”的种子，“女权主义”幼芽，使张若名的人生必然不再是专制的羔羊和驯服的工具，不再是任何人和集团的臣民、奴才，而是独立人格的公民。这正是这位燕赵之女拼搏奋进，勇当社会改革和自身解放“急先锋”的第一批动力材料。

① 杨在道：《张若名研究资料》，中国妇女出版社1995年版，第63页。

二、与邓颖超等成为全班“五魁首”

浅蓝色布料中式上衣，过膝黑色长裙，白袜黑鞋，长发在脑后盘成两个小圆发髻，这就是直隶第一女子师范学校学生的统一装束。

民国初年，妇女解放思想已经在都市传播开来，女性装束也受其影响，彰显着时代风貌。这个时期的女子多穿窄而修长的高领短衫，下配不带花纹的黑色长裙，不戴或少戴首饰。这种装束被称为“文明新装”。女子学校的学生对妇女解放的理解和追求自应不会落后社会，女生校服自也属于“文明新装”的一个系列，时称“文明学生装”。

1915年8月，张若名考入直隶第一女子师范学校预科，次年夏天又升入该校本科，成为直隶第一女子师范学校第十年级的一名学员。穿上校服，张若名越发显得朴素整洁，端庄大方。

张若名是在民国纪元前后来到天津的。她之所以能够从保定来到这个东方巨埠生活，得益于其二伯父张褆仁的支持帮助。张褆仁早年在日本接受过新思想的熏陶，男尊女卑的传统观念比较淡薄。他对小若名疼爱有加，希望她能够受到良好教育。当时，他已迁来天津行医，征得弟弟张绍文的同意，便把小侄女带来天津，入读一所高级小学。

张若名

天津也曾是直隶总督署所在地。据《清实录》所载，同治九年（1870年）11月12日，清廷颁布上谕："现在情形，则天津洋务海防，较之保定省防关系尤重，必须专归总督一手经理……总督自当常驻津郡，就近弹压，呼应较灵。并著照所议，将通商大臣衙署，改为直隶总督行馆。每年于海口春融开冻后，移驻天津，至冬令封河，再回省城，如天津遇有要件，亦不必拘定封河回省之制。"当年督直的李鸿章遂据上谕，把天津原三口通商大臣衙门（天津老城的东北角，今红桥区东风影院附近）改设为天津直隶总督署。至此，直隶省便同时存在天津和保定两座总督署，直隶总督轮驻天津、保定制度形成。

1902年，新任直隶总督兼北洋大臣袁世凯从八国联军手中接管天津后，对天津街区进行了规划和改造。如把李鸿章时期的总督衙门改作海关道衙门，把直隶总督新署迁至海河北岸的海防公所；如修建了新车站即今天津北站，并从新车站修筑了一条直达总督衙门的大路，命名为大经路，亦即后来的中山路；如将原海河上的"窑洼木浮桥"改建成钢架桥，起名"金钢桥"。今天，直隶总督衙门的遗迹消失殆尽，其旧址的一端早已改建为金刚公园，另一端则是第二医院所在地。

天津是中国北方最早接受和传播现代文明的城市。李鸿章长期督直，在参与清朝内政、外交、经济、军事等重大举措的同时，以天津为中心大力倡导洋务运动，一大批官商合办、官督商办企业相继问世，使天津成为中国北方最大的工商业城市。由王文韶督直时奏设、1895年光绪皇帝御批、盛宣怀首任督办的"天津北洋西学学堂"，以中国近代第一所大学身份，开启了中国现代教育的航程。严复等启蒙思想在天津著书立说，介绍西方社会科学，传播西方民主思想，更使天津成为中国北方近代启蒙思想的中心。

袁世凯督直恰值"清末新政"时期，他以天津为中心，在直隶全境积极推行"新政"。他创办了直隶工艺总局，促进了天津民办工业的发展；他成立了中国最早的商会，使天津商业空前繁荣；他力主废除科举，并大力兴办新式教育，先后创办了天津警务学堂、直隶农务学堂、北洋工艺学堂、直隶法政学堂、北洋法政学堂等诸多现代学校。他还创设了"天津府自治局"和地方自治研究所、"天津县自治期成会"等自治机构，并在1907年倡导举行了天津市政选举。这些措施有力促进了天津和直隶省的社会转型，使天津成为经济发达、教育先进、思想活跃的具有浓厚现代社会气息的北方重镇。

天津这种浓厚现代化性质的环境，为张若名等具有公民品格和致力民主改造的人，提供了实现人生价值的条件。

从保定到天津虽仅180公里之距，但这却是张若名人生的第一个重要转折点，她从此进入了一个新的学习和生活的环境，得到了开发自己才智、施展自己抱负的机会。设若没有这次离家他适，张若名一生极有可能无所成就。这一转折的实现，二伯父张褆仁功不可没。

张若名与母亲依依惜别来到天津后，抱定为国家出力、替妇女争光的决心发奋读书，几年以后，以优异成绩高小毕业，并考入直隶第一女子师范学校。

直隶第一女子师范学校位于天津河北区天纬路2号（今天津美术学院），比邻金钢桥，与直隶省公署（民国纪元前直隶总督署）隔道相望，距天津城市发源地海河三岔口仅一公里之遥。

直隶第一女子师范学校也是“清末新政”的产物。到1915年张若名考入该校预科时，直隶第一女子师范学校已有12年的历史。

1904年10月，由著名女权主义者、《大公报》主笔吕碧城女士倡办和筹备，在直隶总督袁世凯、天津海关道唐绍仪以及天津绅士、名流的支持参与下，中国第一所公立女子学校——“北洋女子公学”，在天津河北区三马路成立，这是一所非师范类女子学校。学堂监督（校长）傅增湘，“总教习”（教务长）吕碧城。1909年11月21日《顺天时报》刊登《记天津学界总调查》一文，称：“（北洋）女子公学，在（天津）三马路，光绪三十年成立。这是官立公立最早的女学堂。”吕碧城在1911年《〈北洋女子公学同学录〉序》中评价道：“北洋女子公学创办于光绪甲辰孟冬。其时京津一带虽有私家女塾二三处，而官立公立者，实以此校为嚆矢焉。”吕碧城有着鲜明的现代办学理念，她在《论提倡女学之宗旨》一文中写道：“女学之倡，其宗旨总不外普助国家之公益，激发个人之权利两端。”她认为女性与男性同样具有个人和国民的双重身份，女子教育的目的是要造就“对于国不失为完全之国民”，“对于家不失为完全之个人”的新型人才。《大公报》1904年10月3日《专件》栏，刊有

"倡办人吕碧城"署名的《天津女学堂创办简章》，规定学堂以"开导女子普通知识，培植后来师范，溥（普）及教育为宗旨"。并附学堂"创始经理人"英敛之、方药雨（即方若）署名的启事，称"襄此善举，诚为开通风气，栽培国民之要图"。女学堂首期招有学生30人。

"清末新政"开始后，随着"废科举，办学校，派游学"政策的实施，新式学堂包括新式小学堂蓬勃而出。官方认识到："兴学莫重于得师"，"造就师范，刻不容缓"。师范学校遂应运而生。

1906年吕碧城任"北洋女子公学"监督，傅增湘则在天津河北区三马路三才里西口创办了"北洋女子公学"师范科。傅增湘（1872—1950），四川江安人，清末进士，翰林院编修。曾任天津女学事务总理。后任直隶提学使、段祺瑞政府教育总长等职。

1906年6月，中国第一所公立女子师范学校——"北洋女师范学堂"成立，傅增湘任学堂总理（校长）。关于办学宗旨，傅增湘主持制定的《北洋女子师范学堂章程》明确规定："以养成高等小学、初等小学女教员，期于女子普及(教育)为宗旨。"初创时规模较小，仅设"简易科"，学制一年半。至1908年始招"完全科"，学制四年。

1910年，"北洋女师范学堂"迁至天纬路2号。该年傅增湘辞职，由吴鼎昌继任学监。

1911年7月，"北洋女子公学"并入"北洋女师范学堂"。

1912年民国建立后，学堂一律改称学校，学监改称校长。该年吴鼎昌调京，"北洋女师范学校"由张相文、李家桐先后任校长。

1913年5月，该校改归省立，更名"直隶女子师范学校"。1915年11月，省署聘请南开学校校长张伯苓代理"直隶女子师范学校"校长，同时电请刚毕业于日本广岛高等师范、正待回国的齐璧亭任校长。

张伯苓（1876—1951），天津人。1897年毕业北洋水师学堂后服务于海军，不久离职回津执教于家馆。1903年随严范孙赴日本考察教育。1904年与严范孙创设私立敬业中学堂。严范孙为校董，张伯苓为监督。1907年在天津城区南部被民间称为"南开"的开洼地建成新校舍，遂改称南开中学堂（民元后称

张伯苓代校长与女师学生

南开中学）。

张伯苓代理“直隶女子师范学校”校长前后三个月，即从1915年11月到1916年1月。张若名在入读该校本科前，先于1915年8月起在该校预科学习了一年，张伯苓代理校长恰在此间。张若名可谓张伯苓女弟子之一。

1916年1月齐璧亭来到天津，就任“直隶女子师范学校”校长。在此前夕，省府把津保两所女子师范学校排序命名，把在天津的“直隶女子师范学校”改名为“直隶第一女子师范学校”，习称“天津女师”。把在保定的成立于1906年11月的“直隶女学堂”，改名为“直隶第二女子师范学校”，习称“保定女二师”（今“河北保定外国语学校”前身）。

齐璧亭校长

张若名就读“直隶第一女子师范学校”期间，除张伯苓短暂代理校长外，其余时间皆齐璧亭任校长。齐璧亭（1883—1968），号国梁，山东宁津县人。北洋大学堂师范科毕业，先后留学日本、美国。1916年始任女师校（院）长前后三十余年。1949年8月调河北省人民政府任参议，后任省政协副主席。

经过十余年的建设和发展，到张若名入读之时，“直隶第一女子师范学校”已是闻名华夏的现代新型的中等性质的女校。

“直隶第一女子师范学校”（以下简称“天津女师”），学制为五年，第一年为预科，后四年为本科，预科阶段成绩及格即可升入本科。预科报考者的资格，须是“女子高等小学毕业或学力（历）与之相当者”，“以年在14岁以上18岁（实为20岁）以下，身体健全，品行端正，口齿明了，现在无夫者为合格”。[①]根据校方规定，预科阶段“学费不收，膳费寄宿者每月4元5角，一餐者2元，按3月交纳，书籍零用皆自备。升入正科（本科）后除书籍零用外，概归公费”。

当年天津女师的校园校貌、格局样式如何？在我们见到的张若名的早期文章中，恰有一篇用文言文描写该校情景的短文，发表在1917年12月《直隶第一女子师范学校校友会会报》第4期。下面，让我们通过这位15岁少女的笔端，来领略一番这所女校的风貌。

校舍记

国旗飘扬乎春风之中，楼阁参差乎化日之下者，女师范之校舍也。校门南向，与省长署隔道相望。内则分为东西院二。西院者教室中横，为工字形之楼，南北对列，上下为八。其中余地，下为礼堂，上设图书馆。楼北为手工特别教室，其南与职教员之楼居相对。西院之结构盖如是。而由教室东门，出游廊通东院。院之中分南北焉，以舍监住室隔之。南院宿舍凡十，东西横列，有上下楼之别。北院有宿舍十二，东西各得其六。介其间者，有横贯之室三，自北而南，曰食堂也、室内操场也、乐歌缝纫教室也，各占二三丈许。自食堂而西，烹饪洗濯等室在焉。东院之结构盖如是。总之，西院多教室，东院多宿舍。女师范之校舍于是乎备。

二年级　张若名

---

① 董振修：《青年邓颖超的道路》，天津社会科学院出版社1992年版，第53页。

直隶第一女子师范学校校门

张若名这篇短文简练清晰，剪影一般，使天津女师的校貌跃然纸上。

对张若名来说，进入天津女师，就是进入了知识的殿堂。学校预科阶段开设10门课程，包括国文、算术、中国历史、中国地理、英文、作文、唱歌、体操、缝纫等；本科阶段则开设有31门课程，包括国文、作文、习字、读经、修身、历史、地理、数学、物理、化学、生理学、教育学、教育管理、法制、伦理学、动物学、植物学、园艺、英文、日文、唱歌、音乐、体操、美术、手工、缝纫、家政、家事实习、烹饪等。这些课程，有些讲的是旧有伦理道德，但更多的讲的是现代师范教育的内容。张若名就像融入大海的小鱼儿一样，在知识的海洋中欢跃畅游，孜孜吸取着营养。她深知，只有发愤读书获取真理真知，才能打下实现改造社会和为妇女争光争气宿愿的基础。

我们从张若名的早期文章中，可管窥其学习成绩之一斑。今天见到的有关张若名最早的一篇文章，是发表在1917年4月《直隶第一女子师范学校校友会会报》第3期的《阴阳历考》，这是她与同学张嗣婧合写的。文章约1700字，分“缘起”、“置闰”和“比较”三部分。

文章开头写道："太虚渺渺，宇宙沉沉，人类肇生，浑浑噩噩，茹毛饮血，巢窟寄居。生计且如此，又安知年月历法哉？迨至人类进化，由渔猎而游牧，感外界寒暖之更迭，草木之盛衰，而知春秋；更考月之盈亏，于是年月历法之观念起，天文星学之研究生。"寥寥数语，勾勒出人类漫长的进化历史，进而紧扣主题，提出阴阳历的缘起问题，词采华美，语句畅达。

接下来，文章论述了埃及和罗马的太阳历、中华太阴历的起源，分析了两种历法的不同置闰方法，比较了两种置闰方法的利弊得失。她指出，阴历三年一闰五年再闰，每闰年忽增一月，这对国家政治经济影响匪浅，"一国之中，人民至众，军饷赋税，以及各种出入之款，皆必一岁有一岁之预算。若于一岁忽增一月，则国之预算有限，而用度无常，是则民税何由而生？军饷何由而出耶？且岁增一月，寒暖生差，虽有二十四节之补助，其关于寒暖，果适合耶？则其有所窒于农也明矣。"而阳历则不然，每四年一闰，每闰年"不过一日之增耳"，故几乎不存在上述之虞。文章结论：阴历有弊无利，我国应"去独而从众"，以阳历纪年。

从历法科学角度讲，文章对阴历阳历的评价自有可商榷之处，但重要的是，文章能够大胆地提出自己的观点，尤其可贵的是从国家的政治经济高度来分析两种历法的得失，从而使文章立论深刻，富有思想性。这反映出作者不仅有较好的知识功底，而且思想敏锐，有较强烈的社会责任感和国家责任感。写作此文时，张若名刚满15周岁。

第十年级班主任白眉初先生对张若名的作文评价很高。前面提到的张若名的另一篇文章《校舍记》，条理清晰，简捷流畅。白先生阅后甚是赞许，在该文下方写的批语是："制局精严，用笔简劲。"15岁的少女有如此文笔实属不易，没有长期苦读勤思多练的功夫，是难获如是佳绩的。

张若名所在的第十年级共有50人，同班的同学有：邓颖超、王贞儒、孙秀元、邢佩芬、卢蕀瑜、陈晋媛、高桂馥、吴秉纯、孙蕴初、侯连贵、童淑均、王冬珍、苑爽庆、李淑贞、肖蓉芳、傅绣文、薄文贞、王棣华、李淑兰、李辅臣、张问行、张淑文、石春征、颜丽卿、郭恒贞、邓颂平、刘正坤、梁国英、王振玲、冯梅先、张嗣婧、蒋云、孙贾城、姚玺如、陈金兰、梁岫尘、金颖超、刘韵琴、周俟松等。这些女学子在天津女师接受着严格的师范教育，她们用多学科的知识充实着自己。

由于张若名持之以恒的刻苦努力，她的学习成绩在全班名列前茅，她与同学邓颖超、张嗣婧、梁岫尘、刘韵琴包揽了第十学级的前五名，被誉称为全班的“五魁首”。[①]

天津女师各门课程的老师教课都很认真。如张若名所在第十年级的白眉初先生非常注重教书育人。白眉初（1876—1940），字月恒，河北卢龙县人，满族，1909年毕业于北洋师范学堂，是中国现代人文地理的启蒙者、杰出的地理学家。1913年受聘于直隶女子师范学校，任地理和国文教师，同时还兼任北京高等师范学校地理学教授、史地部主任，故常往返于京津之间。女师校长齐璧亭曾向白眉初请教学地理的要点，他不假思索地说：“爱国，学地理之首；建国，学地理之本。”他讲地理课有三个特点：一是直观，二是有趣，三是感人。他利用自己渊博的地理学识，激发学生对祖国秀美山河的热爱；每当联系现实，讲到国土沦丧时，则痛心疾首，教育学生勿忘国耻。他以“树人育心”的教育理念，陶冶着一代少年新人。

除了课堂学习以外，天津女师学生的课余活动丰富多彩，张若名从中获得了多方锻炼。

天津女师学生享有独立组织社团和公开出版刊物的权利。1916年春，天津女师成立了校友会，其目的是“敦睦前后师生之情谊，扶助本校教育之发达”。当年4月，公开出版了天津女师综合性大型校刊——《直隶第一女子师范学校校友会会报》（简称《会报》）。[②]《会报》的宗旨，是“助我教育，启我女学，同跻于远大之域，共造于深奥之阶”。《会报》的出版，极大

白眉初先生

① 金凤：《邓颖超传》，人民出版社1993年版，第20页。

② 董振修：《天津教育、出版史上的一份重要文献——直隶第一女师校友会〈会报〉简介》，《天津师范大学学报》1992年第4期。

地唤起了女学生的创造热情，“女生乃争出其著作、美术（作品）”。目前已发现《会报》1至5期，出版时间分别为1916年4月、1916年12月、1917年4月、1917年12月和1918年12月。该刊为16开本，每期约200页，15万字左右。在丰富的栏目中，既有老师的文章，更多的则是学生的作品。如《会报》第3期，在“教授专栏”刊出20篇文章，探讨国文、修身、地理、理科、算术、手工、图画各科教学改革，其中大多为学生写的各年级各科教案。在“实验”专栏，刊登的是学生做实验的心得体会，图文并茂，有鲤鱼解剖、镀银、制氧等。在“家政”专栏，介绍了制衣、缝纫、烹饪知识。可见，《会报》成为学生们踊跃发表习作，锻炼自己能力的园地。张若名也积极参加了在这一园地上的耕耘，仅发表的文章，即有在第3期与张嗣婧合写的《阴阳历考》，在第4期的《校舍记》，在第5期的《送赵玉琨先生南归序》等。

天津女师还利用校内的图书馆、游艺室、手工实验室、钢琴室、乒乓球室、室内操场和室外运动场等，开展各项活动。每逢寒暑假，会由有关课的教师组织学生到市内参观博物院、种植园、造币厂等。学校还定期组织学生去北京一些小学参观实习。这些活动，有助于学生开阔眼界，增加知识。

民国前，官方规定的女子师范学堂的教育方针，也曾试图把学生与世隔绝，专修“妇德”。1907年3月清王朝颁布的《学部奏定女子师范学堂章程》规定：“中国女德，历代崇重，凡为女、为妇、为母之道，征诸经典史册，先儒著述，历历可据。今教女子师范生，首宜注重于此，务时勉以贞静、顺良、慈淑、端俭诸美德……其一切放纵自由之僻说（如不谨男女之辨，及自行择配，或为政治上集会演说等事），务须严切屏除，以维风化。”显然，仍企图用“三从四德”等传统礼教束缚和禁锢妇女。傅增湘主持制定的《北洋女子师范学堂章程》也强调“妇德”，把新思想、新理念和时政社情列为禁区：“为造就师资，尤重妇德，一切管束教授，务在陶冶其行为心性，使可为后生仪范”，尤其对“一切急激过新之学说、时论，概戒弗谭”。这些规定，体现了社会转型中新旧交织的特点。

但是，西学东渐和社会转型的进展，使得社会新风尚势不可挡。同样，这一反动的教育方针和办学目的束缚，必然会被觉醒的女学子们所打破。

张若名就读天津女师时，正是民国初期。中华民国北京政府时期，以宪政民主为核心内容的现代化达到历史新高。

1912年底和1913年初，举行了有史以来首次国会议员选举，产生了中华民国第一届国会。北京政府时期基本上没有间断过一院制或两院制国会。

1913年10月，进行了第一次总统选举，选出了中国第一位总统。北京政府其他几位总统也都是选举产生的，不管选举质量如何，即便贿选，也体现了对选民和法律程序的尊重。

这个时期存在的五部宪法都体现了权力制衡原则。据五四运动史专家周策纵估计：“‘五四’时期，即1917到1921年间，全国新出的报刊有1000种以上。”公民可以自由地发表政见，报纸可以刊登抨击政府的文章。公民享有了较为充分的结社自由，据台北张玉法先生著《民国初年的政党》一书，从1912年2月至10月仅在民政部立案的党会有85个，未立案的更多。

正是在这样的社会背景下，天津女师学生积极行使自己的公民权利。张若名尤其注重参加学生组织的进步活动，她和邓颖超等同学还先后发起筹建了学生乐群会、学生自治会、青年会等学生组织，[①]经常举行各种活动，阅读进步书报，议论时局国事，探讨民主自由、男女平等。在她们的周围，一个进步的学生群体在逐渐形成。

张若名等一群短衣长裙头梳抓髻的青春少女，在天津女师这块园地中，指点江山，激扬文字，勤奋学习，孜孜探索。伴随着知识的积累，认识的提高，一张张稚气未脱的面庞，逐渐溢出了成熟的光泽。她们高唱着“二十世纪天演烈，坤维凭谁振？天下之大匹妇责，斯责逾千钧”的校歌，以公民的姿态负起天下兴亡之责。

天津女师对张若名一生具有很大影响。在这里，张若名获得了扎实的科学知识和多方面的锻炼，使童年时期对国家和社会的感性认识有了理性的升华。天津女师的积学储能，成为这位燕赵之女拼搏奋进，勇当中国民主革命和自身解放“急先锋”的第二批动力材料。

---

① 王月宗等：《邓颖超光辉的一生》，河南人民出版社1992年版，第11页。

三、天津女师的同窗同道

1916年底，天津女师校友会每位会员和会友，都收到了一本刚刚出版的《会报》第2期。[①]张若名立即兴致勃勃地翻阅起来。

一个多月以前，张若名所在的第十年级，为悼念民主革命家蔡锷将军病逝，举行了以“对于蔡松坡先生逝世感言”为题的作文竞赛。在本期《会报》“课选”栏里，刊登了评选出来的四篇佳作，作者分别是张若名的同学邓文淑、刘韵琴、童淑均和梁岫尘。

张若名用敬佩的目光，在其中一篇作文的落款处“一年级邓文淑”几个字上停留了片刻，然后认真读起这篇文章：“吾今后得自由之权，享民国之福者，谁之力欤？曰蔡松坡先生之力也。而今安在哉？呜呼！已于中华民国五年十一月七日辞世仙逝矣。先生……首电反对帝制，项城讨之屡北。于是北连川贵，东连两广，揭彰正义，共伐民毒，而卒达其志，推倒巨憝，民国再造……不料永别矣！呜呼，胡天不吊，遽夺我长城之速哉，实吾民国之大不幸也。东望扶桑，薄海同哭……望吾同胞从此上下一心，振起精神，谋国家之进步……虽死一松坡，而无量数之松坡存，即先生于地下，能不永含笑哉！呜呼，同胞勉之。”[②]

---

① 因校友会收会费，故每期《会报》出版后“分送会员会友，不另取报费”。

② 董振修：《青年邓颖超的道路》，天津社会科学院出版社1992年版，第61—62页。

文中“首电反对帝制，项城讨之屡北”，指蔡锷（字松坡）率先武力反对袁世凯（河南项城人）称帝之事。袁世凯晚年基于自己对民主和国情的认知，试图改民主共和制为君主立宪制。由于中国社会对“民主”“君主”“民主共和”“君主立宪”等国体政体问题，缺乏深入的理论辨析与讨论，不少人误以为君主立宪制即为君主制，他们以国家主人的身份反对袁世凯“复辟称帝”。蔡锷一马当先，誓以武力“为四万万同胞争人格”，发动了护国战争。需要明确的是，民主共和制未必不符国情，尤其袁世凯谋求“洪宪帝国”的同时，大搞尊孔读经，显系倒退。最后，袁世凯在一片反对声中于1916年6月病逝。数月后，蔡锷也久病不医，在日本福冈长逝。

“对于蔡松坡先生逝世感言”，是天津女师专此开展的对蔡锷的悼念活动。

张若名深为邓文淑这篇文章的慷慨悲歌之势所感染。她重复着文章中“望吾同胞从此上下一心，振起精神，谋国家之进步”一句，凝神而思。显然，作者的公民品格和推动国家进步的志向，与张若名形成了强烈共鸣。

在全班同学中，张若名对年龄最小的邓文淑由衷敬佩。共同的学习和生活，使她对邓文淑的坎坷经历和行为表现甚为了解。她不仅敬佩这个小妹妹聪颖超众的才智、热情爽朗的个性和待人以诚的人品，更敬佩这个小妹妹坚忍不拔的性格和“谋国家之进步”的少年壮志。

邓颖超

邓文淑比张若名小两岁，1904年2月4日生于广西南宁市，祖籍河南省光山县（今属信阳市）。幼名玉爱，学名文淑。考入天津女师以后，班主任白眉初先生特别赏识她的才华和文雅，于是在邓文淑快毕业时，为她改名“颖斌”。邓文淑不喜欢“斌”字，自己改为“邓颖超”。

邓颖超的父亲邓庭忠和张若名的父亲一样，男性至上、男尊女卑思想严重。邓庭忠（1861—1912），曾中武进士，并点武翰林，当过皇帝护卫。邓颖超出生时，邓庭忠正任广西南宁镇台（相当于今军分区司令员）。他得知生了个女儿后十分懊丧，一个月内，对妻女不理不睬。邓颖超刚满月，他冲进房门，欲强行把女儿送人。邓颖超的母亲杨振德与张若名的母亲不同，她从厨房拿来一把菜刀，拼命夺过女儿，举刀相向："你要把女儿送人，就先杀了我！"[①]果敢的母亲用自己的生命，战胜了"夫权"，维护了母女俩的权益。

邓颖超的童年是在颠沛流离中度过的。在她四岁那年，父亲邓庭忠被诬充军，流放新疆，邓颖超母女俩的生活一下子陷于困境。邓颖超的母亲杨振德是位坚强的女性，她以教书行医为职业，带着独生女儿勇闯谋生之路。她们从南宁去广州，半年以后又从广州转至上海。1910年底，又从上海来到天津。1912年春，噩耗传来，流放期满即将复职的邓庭忠在归途中暴病身亡，这一惨重的打击几乎把母女俩击倒。杨振德没有屈服厄运，靠打零工维持母女生存。1913年初，孤儿寡母从天津来到北京，杨振德在"中国社会党北京部附设平民学校"找到一份工作，邓颖超也以母亲的启蒙教育为基础，在该校插班读初小三年级。在这所社会党人创办的学校里，母女俩犹如进入了一个新天地，受到了民主革命思想的影响。又过了半年，北京社会党人配合南方"二次革命"的起义计划暴露，校长也是北京社会党领导人的陈翼龙被杀，平民学校亦被查封。母女俩重又从北京回到天津。

邓颖超小小年纪便跟随母亲漂泊了大半个中国，饱尝了生活的艰辛。她从母亲身上学得了自强不息、奋斗拼搏的精神，而生活多艰的经历和耳闻目睹的革命党人的牺牲奋斗，也使她萌发了消除社会的苦难和不平，谋求国家全面进步的志向。

重返天津以后，邓颖超靠母亲当家教和打零工的微薄收入，又读了一年初小和一年高小。拮据的生活条件，使她经常处于辍学状态。这时，母女俩了解到天津女师的一项招考信息：如能考取预科前三名，可免收食宿费。显然，如果邓颖超能够考取这前三名，她就可以不花一分学费、食宿费而实现求学愿望，得到华北这所著名女校的五年教育。但是，这对于一个只读了不到三年书

---

① 金凤：《邓颖超传》（上），人民出版社1993年版，第6页。

邓颖超1916年在直隶第一女子师范学校

的女孩来说，要考取那些读满七年小学的孩子也不易企及的前三名，谈何容易！

1915年秋天，邓颖超虚报两岁（报考资格14虚岁以上）投考，终以惊人的才智考取了第三名！这就解决了家庭条件和读书的矛盾。为此，她累得吐了血！[①]这充分显示了她的顽强意志和毅力。一年后，邓颖超升入该校本科，成为第十年级年龄最小的学生。

在天津女师，邓颖超明确了振兴中华之志。《会报》第2期这篇《对于蔡松坡先生逝世感言》，以文言志，表达了她继承先烈遗志，奋起复兴中华民族的远大理想。从此，“谋国家之进步”，便成为邓颖超一生奋斗的事业。

对比张若名和邓颖超的成长经历可以看出，两人都生长在中国从专制社会向现代社会转型的年代，都有着强烈的改造社会、追求民主的公民品格。另一方面，两人幼年都深受母亲的影响，都是最先从母亲的境遇和行为中受到启迪，萌生出拼搏奋斗的意志和改造社会的精神。当然，双方所受到的母亲的影响也有细微的差异，张若名主要是从母亲的奴仆地位受到强烈刺激，从而立志改变这种男尊女卑的社会，实现妇女的解放。邓颖超则耳濡目染于母亲直面人生，不向厄运低头的坚强性格，从而“把母亲作为自己第一个学习的楷模，去奋斗，去进取，去为社会、为民族多作贡献”。[②]这些许差别，对张若名和邓颖超的日后成长也产生了一定影响，使她们的人生轨迹表现出不

① 金凤：《邓颖超传》（上），人民出版社1993年版，第18页。

② 武革非、余世诚：《一位坚强的女性——邓颖超同志的母亲杨振德》，《人物》1987年第2期，第147页。

同的色彩。

张若名与邓颖超一同考入天津女师，成为同班同学以后，由于她们在心理上相互接近，很快便表现出共同的志向和价值观：她们发奋苦学，一起成为全班“五魁首”之一员；她们关心时事，心系国家和民族的命运，都在自己的文章中显示了强烈的社会责任感；她们热心公众事业，积极参加校友会的活动，邓颖超曾任校友会余兴部、运动部两部的委员，张若名则担任校友会讲演部委员。[①]她们一道筹建学生乐群会等学生组织，并团结学生开展有益活动……特别是在日后的五四运动中，她们两位各自独当一面，携手斗争，成为中国女界两位革命先锋。

张若名一生，从此同邓颖超结下了不解之缘。

在张若名考入天津女师前夕，中国正面临沦为日本殖民地的危险。第一次世界大战爆发后，日本为独占中国，趁机以对德参战为名出兵，夺取了德国在山东的侵略权益。1915年1月日本提出了企图吞并中国的“二十一条”，5月7日向中国发出最后通牒，限令于9日前答复。毛泽东知情后愤而作诗：“五月七日，民国奇耻；何以报仇，在我学子。”在日本宣战的压力下，袁世凯政府力争至最后一刻，被迫在5月9日晚上11时接受“二十一条”中1至4号的要求，并于5月25日签字。5月9日被全国教育联合会定为国耻日，称“五九国耻”。

天津女师一位成年女性在严重关注着中华民族的危机，她大声疾呼“不是当亡国奴，就是舍生取义。宁愿舍身取义，也不当亡国奴”。[②]

这位发誓“宁愿舍身取义，也不当亡国奴”的女士，就是天津女师第七学级学生郭隆真。

郭隆真比张若名大八岁，回族，原名郭淑善，1894年4月11日生于直隶省大名县金滩镇一士绅家庭。父亲郭荣柱是位思想处在新旧嬗变中的读书人，也是郭隆真的发蒙老师。郭隆真自幼聪颖倔强，表现出抗拒传统礼教的

① 董振修：《天津教育出版史上的一份重要文献——直隶第一女师校友会〈会报〉简介》，《天津师范大学学报》1992年第4期。

② 黄真、姚维斗：《冲破封建牢笼的回族女战士——五四时期的郭隆真》，载《五四群英》，河北人民出版社1981年版，第224页。

郭隆真

精神。她不满父亲教之《女儿经》，发问何以不教其“男儿经”？她拒绝母亲对其缠脚的要求，以绝食相挟赢得彻底丢掉裹脚布的胜利。她不喜欢“淑善”之名，学会查字典后，经查考比对，选择了“隆真”为名，意顶天立地，精诚之至。

1909年，在父亲帮助下，郭隆真在自己家中开办了一所女子小学堂，招收了二十余名学生，这是大名县首所女子小学。1912年5月，省府派视学检查大名县办学情况，对郭隆真父女兴办女学之事赞赏有加。

1913年，郭隆真19岁时，入读天津“直隶女子师范学校”，成为第七学级一员。

来到“直隶女子师范学校”，郭隆真在努力学习各门功课的同时，关心时政，忧国忧民，积极参加各种爱国活动。为了探求救国真理，她阅读了大量进步书刊，尤其是《新青年》杂志对她产生了很强的吸引力。

1915年9月，陈独秀在上海创办了《青年杂志》（次年编辑部迁到北京，杂志改名《新青年》），揭开了新文化运动的序幕。《新青年》是一个高举“民主”和“科学”两面大旗的战斗刊物。在第1期的《敬告青年》一文中陈独秀明确提出科学与人权“若舟车之有两轮焉”，“国人而欲脱蒙昧时代，……则急起直追，当以科学与人权并重”。不久，他又进一步把人权扩大为民主。陈独秀把民主和科学昵称为“德先生”和“赛先生”，他坚定表示：“我们现在认定，只有这两位先生可以救治中国政治上、道德上、学术上、思想上一切的黑暗。若因为拥护这两位先生，一切政府的压迫，社会的攻击笑骂，就是断头流血，都不推辞。”①

《新青年》的作者们力倡民主，反对专制，大声疾呼：“民与君不两立，

① 陈独秀：《本志罪案之答辩书》，《新青年》第6卷第1号，1919年1月。

自由与专制不并存。”中国要在世界上生存，“必弃数千年相传之官僚的、专制的个人政治，而易以自由的、自治的国民政治”。他们力倡科学，反对愚昧和迷信，强调以科学和理性判断一切。他们力倡个性解放，反对传统伦理道德，揭露“三纲五常”是“奴隶的道德”，忠孝节义是“吃人的礼教”。他们力倡新文化，反对旧文化，要求以白话文代替文言文，进行文学革命。李大钊在1916年9月《新青年》第2卷第1号发表《青春》一文，号召广大青年彻底解放自己的思想，“冲决过去历史之网罗，破坏陈腐学说之囹圄”，担负起“孕育青春中国之再生”的使命！

读着《新青年》，郭隆真如沐春风，“特别是《新青年》杂志，深深地把她吸引住了”。[①]《新青年》以西方“人权”说为武器，猛烈轰击中国的传统礼教，热情呼唤中国妇女丢掉“良妻贤母”人生观，“恢复独立自主之人格”，实现全体妇女的解放。这民主的呼唤，犹如声声春雷，在郭隆真心头滚动，她由此开阔了眼界，增强了人权和民主意识，在妇女解放问题上进一步觉醒。

郭隆真是位知行并重的实践者。1917年11月（俄历10月），列宁为首的布尔什维克发动“十月革命”，推翻了民主临时政府，建立起所谓工农兵苏维埃政府。中华民国北京政府拒绝承认苏俄政权，1918年2月26日命令中国驻俄国公使刘镜人撤离彼得格勒。日本为扩大在华利益，趁机与中国密商共同防御苏俄问题，1918年5月中日秘密签订《共同防敌军事协定》，消息传出，学生为先锋的抗议声浪迅及全国。郭隆真以天津学生代表身份亲赴北京参加抗争，5月21日她与京津学生两千余人前往总统府请愿，提出废约、反对向日本借款、取消“二十一条”、收回山东权益等要求。当时，学生尚不懂使用演说、口号、标语等方式以造声势，只是把要求写在请愿书上呈递上去，就以为完成了任务。郭隆真眼见请愿毫无结果，焦急、愤怒、伤心交织，不禁大哭起来。据参加这次活动的张国焘在《我的回忆》第一册第六章“救国第一”中说：活动死气沉沉，“幸好有一位天津学生代表郭隆真女士在总统府门前大哭大闹一顿，表示抗

① 黄真、姚维斗：《冲破封建牢笼的回族女战士——五四时期的郭隆真》，载《五四群英》，河北人民出版社1981年版，第224页。

议，才显示了一点热烈的情绪”。郭隆真的叱咤呼号，或许成为后来学生运动高呼口号的先声。虽然这次请愿没有结果，但为次年的五四运动积累了经验和教训，可谓五四运动的一次预演。

郭隆真这种强烈的国家主人翁意识和鲜明的爱国精神，对张若名以及全校学生具有很大影响。

在张若名考入天津女师本科时，郭隆真已是该校四年级的学生。不论在年龄、学级上，还是在学识、思想上，郭隆真都是张若名、邓颖超等敬重的大姐。郭隆真经常向志同道合的学妹们宣传妇女解放的道理，不仅如此，她还身体力行，对传统婚姻发起挑战，为张若名这些小妹妹树起了新女性的榜样。

原来，还在郭隆真13岁时，家里就给她定了亲，男方是小她六七岁的当地一富户的独生子。等到郭隆真长大成人知道这件事情以后非常生气，她断然否定这门亲事，坚决要求解除婚约，但男方无论如何也不答应。郭隆真为了逃婚，以不能中途辍学为理由，一直住在天津女师，连放假也不回家。

1917年，郭隆真突然接到哥哥和侄女连续发来的几封“母亲病危”的急信。她匆匆赶回家才知道，是母亲把她哄回来的。自郭隆真父亲去世后，男方就威胁郭家，再不成婚，就让他们家吃官司！母亲迫不得已才把女儿骗回来完婚。

郭隆真知情后十分气恼。她假意答应了婚事，决定用实际行动向传统婚姻宣战！

“结婚”那天，郭隆真拒绝了家人的劝说，不梳妆，不打扮，硬是身穿天津女师白衣黑裙的校服上了“花轿”。她伸手把轿帘子掀到一边，使“花轿”成为“亮轿”，就这样一路来到“男人家”。郭隆真大步走到济济一堂的客人面前，慷慨激昂地发表了抗婚讲演，宣布婚姻自主，不同意嫁给这个男人。说完毅然离开那里。次日，她经与县长交涉，解除了婚约。郭隆真的这一抗婚行为惊世骇俗，母亲以及家人一气之下与她断绝了关系。

此后，郭隆真重返天津女师。本来，1917年郭隆真要在女师毕业，恰好这年女师成立了专修科，于是她考取了家事专修科，得以在女师继续学习。

张若名对郭隆真的革命思想和勇气十分钦佩，经常同邓颖超等去向她请教问题，讨论国是，有其他事情也愿意同她商量。郭隆真在刚强坚毅性格的另一面则充满古道热肠，她像大姐姐一样在各个方面关心帮助这些小妹妹的成长，有求必应。

张若名的一生，从此也同郭隆真结下了不解之缘。

社会交往是人的机能和存在方式，人们相互间通过语言、思想和感情等手段相互作用，彼此影响。张若名同邓颖超、郭隆真等志同道合者的交往，对她的世界观、人生观的成熟和思想境界的升华，无疑有着重要作用。

当张若名这些天真烂漫的姑娘，在校园内充实发展的时候，校园外的世界正在剧烈地震荡。随着第一次世界大战的结束，中华民族又面临了新的危机……

暴风雨就要来了！

张若名同邓颖超、郭隆真等同窗同道者，就像俄国著名作家高尔基笔下的一只只渴望暴风雨的勇敢的海燕，在即将到来的“五四”风暴中展翅翱翔，英勇搏击，成为中国这场划时代的爱国民主运动和妇女解放运动中的“急先锋”女性。

四、天津“女界爱国同志会”评议部部长

1919年5月5日，星期一。

天津女师校园内，绿树摇曳，花卉芬芳，一片盎然春意。

上完课后，张若名一边在绿树鲜花中漫步，一边浏览当天的报纸。课余读报已成为她的习惯。

此时的张若名已年满17岁。在天津女师短短几年，她已经出落得眉清目秀，亭亭玉立，长方形的脸膛上闪露着这大好春光般的勃勃朝气。

突然，张若名那修长的眉毛抖动了一下，停住脚步，全神贯注于天津《大公报》上的一则消息，口中不禁读出声来：

> ……欧议中之青岛问题，至近日形势大变，我国朝野均奋起力争，而北京学界尤为愤激，乃于昨日（四日）星期休假，国立大学及各专门学校学生举行游街大会，以为国民对于外交表示誓争到底……

张若名的语速越来越快：

北京全体学界通告

现在日本在万国和会要求并吞青岛，管理山东一切权利就要成功

了，他们的外交大胜利了，我们的外交大失败了。山东大势一去就是破坏中国的领土，中国的领土破坏，中国就亡了。所以，我们学界今天排队到各公使馆，去要求各国出来维持公理。务望全国工商各界一律起来，设法开国民大会，外争主权、内除国贼，中国存亡就在此一举了。今与全国同胞立两个信条道：

中国的土地可以征服，而不可以断送；

中国的人民可以杀戮，而不可以低头；

国亡了，同胞起来呀！①

张若名读到这里，神情变得冷峻起来。她意识到，一场全国性规模空前的爱国运动终于爆发了！她已没有半点闲情逸致继续在这满园春色中徜徉，她要立即去找郭隆真大姐，去找邓颖超等志同道合的同学，同她们一起分析形势，商讨行动计划。

这场全国性规模空前的爱国运动即五四运动，它是中国从传统社会向现代社会转型的必然产物。从戊戌变法到清末新政再到新文化运动，经过几十年的现代化变革，中国社会已经从王权的枷锁下渐渐挣脱出来，民主观念深入人心并成为社会价值观。到“五四”前夕，以《新青年》为代表的数百种宣传新思想的刊物，都把宣传民主和人权作为核心内容；以毛泽东、蔡和森等在长沙组织的新民学会为代表的社会团体，都程度不同地把民主和人权作为自己的价值观。

需要指出的是，这些宣传和实践民主的知识分子，不管属于什么派别，大多倾向于把民主理解为“平民主义”或称“庶民主义”，带有直接民主或民粹主义倾向。虽然如李大钊也强调过普选这一共和国的根本标准，指出：“没有全民普选，还配叫共和国么？……我有一个疑问，到了今日，没有普通选举，还称得起是个共和国么？”②但各派知识分子总体上忽视了如国家或地区立法和行政机构的定期竞选、分权制衡、地方自治、军队国家化等现代民主的价

① 该通告系北大学生罗家伦拟定，北大学生印刷，五四天安门前集会时散发，亦称“当日大会传单”。

② 1919年2月23日《每周评论》第10号。

值，对之缺乏深入系统的研究和阐释。把民主理解为“平民主义”或称“庶民主义”，一方面反映了深受两千年专制重压的广大民众对民主、对公民身份的迫切要求，另一方面也容易接受乌托邦主义。这对中国民主此后发展的路向具有十分重大的影响。

随着新文化运动的深入发展，以1919年巴黎和会中国外交的失败为契机，在李大钊5月1日发文提出“直接行动”、陈独秀5月3日发文提出“直接解决”的号召下，以学生为先锋的社会各界，终于以公民身份挺身而起，去争取和维护国家的权益。

4月30日，巴黎和会通过对德和约之山东条款，把原德国在山东的特权让与日本。5月2日，中国政府密电出席巴黎和会的中国代表准备签字。3日下午，以林长民为首的北京国民外交协会召开会议，决定阻止政府签约。国民外交协会理事、北京大学校长蔡元培将外交失败转报学生。3日晚，北京专科以上各校学生一千余人在北大法科礼堂集会，决定次日游行示威。4日下午，北京学生三千余人在天安门前集会，现场悬挂北大学生“还我青岛”血书。之后游行示威，并发生了怒殴驻日公使章宗祥、火烧交通总长曹汝霖住宅等激进事件，学生被捕32人。

关于五四运动对中国社会的影响问题，见仁见智。但社会各界自发而起，为了国家和民族利益，主动、积极地向政府示威、抗议、加压，这说明社会各界已把政府视为监督的对象，说明人们已从跪着的位置站立起来，从臣民变成了公民。

同样，张若名满腔的爱国热情和社会责任感终于迎来了尽情倾注和展现的时机。她以新女性的战斗英姿，开启了自己在五四运动民主洪流中的不凡篇章。

5月5日晚上，经过张若名和郭隆真、邓颖超等人的联络发动，各班级长和积极分子聚集到一间教室会议。郭隆真向大家介绍了5月4日北京学生活动的基本情况，指出这标志着一场声势浩大的爱国运动正式爆发。她强调“国家兴亡，匹夫有责”，妇女爱国应不让须眉。她倡议迅速组织妇女爱国团体，以实际行动投入到这一伟大爱国运动中去。张若名与邓颖超等首先响应郭隆真的这一倡议。人们经过一番热烈的议论，决定各学级迅速推选出本学级的代表，第二天下午召开全校各学级代表会议，民主协商组织妇女团体参加爱国运动问题。

5月6日下午，郭隆真主持召开了天津女师各学级代表会议。参加会议的各学级代表分别为：九学级周敏、李锡智、徐芝；十学级张若名、邓文淑（邓颖超）、王贞儒（王卓吾）、卢禯瑜、蒋云、王棣华、冯梅先（冯悟我）、梁岫尘、张嗣婧；十一学级周之廉、王瑞生（王天麟）；十二学级许广平、徐兰、吴瑞燕；十三学级徐士义（徐颖溪）；十四学级郝雨春、鲍风鸣。此外与会者，有女师附小教员李毅韬（李峙山），学生王文田、王静生、陈学荣、魏士如等。

郭隆真在会上简要介绍了巴黎和会中国外交失败的情况和北京学生5月4日的正义之举，提出了“爱国不分男女，救国不能后人”的响亮口号，号召女界联合起来，投身“外争国权，内惩国贼”的爱国运动。她的讲话慷慨激昂，激动人心，不时引起热烈掌声。

刘清扬

郭隆真正在讲着，偶然发现窗外有一个熟悉的身影，她立即兴奋地跑出室外，把一位身材高挑、质朴端庄的女士领进教室。郭隆真高兴地对代表们介绍说：“这位是我们的老校友，也是我的好朋友刘清扬女士！她思想新，觉悟高，精明干练。让我们热烈欢迎她参加我们的活动！”

刘清扬（1894—1977）与郭隆真同庚，天津人，同郭隆真一样也是回族。她于1909年考入天津女师，1913年毕业，是女师第三学级的学生。在校期间，她就参加了中国同盟会在天津的秘密组织天津共和会，曾积极参与天津共和会会长白雅雨为反清的滦州起义探听军情、筹措经费等活动。

在一片掌声中，刘清扬做了自我介绍，表达了自己的爱国志向。几十年后，她回忆说：“我从女师毕业已有六七年之久，在5月6日下午去母校探听消息，恰逢举行各班代表会议，主持会议的是发起人郭隆真同志。我隔着窗子看见她正在发言，挥舞着拳头，慷慨激昂。她的发言不断地引起热烈鼓掌。郭隆真同志知道我回母校，即兴奋地跑出会议室，拉我参加会议。于是我就成为学生爱国队伍中的一员了。”①

接着，会议热烈地讨论起组织天津妇女进行爱国活动问题。刘清扬回忆说：“邓颖超、张若名、郑季清及女师附小教员李毅韬等，都纷纷起立发言，一致响应郭隆真同志成立妇女爱国团体的倡议。”②

会议经过讨论，通过了四项决议：“（一）拍电北京政府拒签凡尔赛条约，营救北京被捕学生；（二）联络本校毕业生（包括各女子小学教员）及各中等女子学校学生，组织妇女救国团体；（三）联络各中等以上男校同学采取一致行动；（四）对日经济绝交，抵制日货，提倡国货。”③

各学级代表会议结束后，张若名同邓颖超等便为执行上述决议，筹组妇女爱国团体而行动起来。

次日，即5月7日，是日本强迫中国接受“二十一条”四周年国耻纪念日。四年前的这一天，“在人类历史上是污点，在中国历史上是耻辱。所以自那以后，使受压迫、受侮辱的中国国民，每到了五月七日，都有一种示威的运动，开会、讲演、游行……等等，以表示痛愤，与应努力的精神。”④在1919年的这一天，投身于五四运动的天津女师学生“触动前耻，更形愤慨”，于是立即行动抵制日货，“一时全校学生凡关于日货之扣针、压发圈、簪珥等类均皆废弃”。为了激励人们的爱国斗志和决心，十二和十三学级的学生许广平、王桐华、王承泰、李淑英、张广煦等，“各皆咬破食

① 刘清扬：《觉醒了的天津人民》，《五四运动在天津》，天津人民出版社1979年版，第704页。

② 刘清扬：《觉醒了的天津人民》，《五四运动在天津》，天津人民出版社1979年版，第704页。

③ 王贞儒：《对女界爱国同志会的几点回忆》，《五四运动在天津》，天津人民出版社1979年版，第787页。

④ 邓颖超：《两个使我难忘的五七——并告女师范的师生》，1923年5月15日《女星》第3期。

指，大书‘提倡国货’、‘抵制日货’、‘勿作五分钟之热血’、‘勿忘国耻’、‘五月七日’等血书，贴于当众布告栏内，以为彼此勉励。闻有数人指伤颇重。”[①]这个举动极大地激发了全校学生的爱国热情，在社会上也引起了很大震动，报曰：“该校女生均系闺阁名媛，而爱国心之热烈不减于须眉丈夫，真可使以起衰振懦矣。”

紧接着，北京大学学生郭钦光抱病参加游行示威活动，并在5月7日吐血身亡的消息传到天津女师。张若名同郭隆真、邓颖超等商量决定，迅速布置郭钦光追悼大会，邀请各女校学生出席，借以推动天津爱国运动的发展，加强与各女校的联系。于是5月10日以天津女师全体学生名义发出通函，邀请天津各校学生于11日上午，在东马路青年会内为北大学生郭钦光开追悼大会。实际到会者“各女学校女学生共500余人，（共送）挽联130余副”。[②]追悼会开得很成功，它赞颂了郭钦光“为洗河山干净土”而“填胸义愤拼一死”的精神，激励了与会者的爱国热情。同时也初步显示了女师学生的组织能力。邓颖超评价道：“此举是天津女师范在社会上开始活动的一个关键，也可以说女师范从此又创了一个新生命了。”[③]

1919年5月11日，上海学生联合会成立。消息传来，天津学生深受鼓舞，立即行动。5月14日，天津中等以上学校学生联合会（以下简称“天津学联”）成立，其宗旨是“实行学生对于国家应尽之义务”。天津高等工业学校学生谌志笃当选为会长，南开中学代表马骏当选为副会长兼执行部长。由各校代表一人组成评议会为决策机构，下设各科负责各项具体工作。

天津学联的成立，激发了天津女界大联合的愿望和热情，有力促进了天津女界爱国民主团体的诞生。

张若名同郭隆真、邓颖超等以高昂的社会责任感，为天津女界的大联合辛劳奔波，进行了大量联络组织工作。王贞儒回忆说：“关于联络校内外女学生及女教员等组织救国团体一事，基于大家的爱国热情，进行得很顺利，联络面

① 天津《益世报》1919年5月11日。

② 天津《益世报》1919年5月12日。

③ 邓颖超：《两个使我难忘的五七——并告女师范的师生》，1923年5月15日《女星》第3期。

天津女界爱国同志会证章

也颇广。要求参加这个妇女团体为会员的，不仅是各校女生或女教员，还有一些职业妇女和家庭妇女，所以这个团体就定为‘女界爱国同志会’。它的成员包括：直隶省立第一女子师范学校，中西女子中学，严氏女子中学，贞淑女子师范四个女校的全体学生；女师范的毕业校友（小学教员占90%以上）和各女子小学的教职员，部分高小学校的女生与宗教团体的妇女，以及一些职业妇女和思想比较开通的家庭妇女。”①可见，张若名和郭隆真、邓颖超等的联络工作十分广泛，已经突破了女学生的范围，扩展到包括家庭妇女在内的社会各界妇女。

1919年5月25日，是天津妇女运动史上一个重要的日子。经过张若名同郭隆真、刘清扬、邓颖超等人的发起、组织和推动，天津妇女界统一的爱国团体——天津女界爱国同志会宣告诞生！

这天下午，在天津东门里仓敖街江苏会馆召开了“女爱会”成立大会。到会者约有700人，以天津女师学生和校友为主体，还有其他女校的学生和教职员，以及一些职业妇女、家庭妇女和几位教会的妇女活动家。这是天津妇女的一次盛会。张若名同郭隆真、刘清扬、邓颖超等都在会上发表了热情洋溢、富有激情的演说。会上群情振奋，女同胞们一致表示要以坚强不屈的爱国精神，同中外反动势力展开不妥协的斗争。

一向深锁在学校和家庭中的几百名女子，终于勇敢地走出校门、家门，团结一起，投入到“五四”爱国运动的伟大行列。这表明，五四运动的深入发展，极大地提高了以女学生为主体的中国女性参加社会政治斗争的勇气和能力，提高了争取自身解放的觉悟。

大会通过了《天津女界爱国同志会简章》，规定“本会以提倡国货并唤起

① 王贞儒：《对女界爱国同志会的几点回忆》，《五四运动在天津》，天津人民出版社1979年版，第787—788页。

女界之爱国心为宗旨”。[①]大会公推女师毕业生刘清扬为会长，女师附小教员李毅韬为副会长，女师第十学级张若名为评议部长[②]，女师第七学级郭隆真和第十学级邓颖超为讲演队队长。一个以女学生为骨干，团结各阶层妇女的爱国群众团体由此建立。

张若名任部长的“女爱会”评议部，一开始叫“职员部”。根据《天津女界爱国同志会简章》规定，“女爱会”的组织结构，大体是在会长、副会长下设职员部；职员部则由总干事（2人）、总务股干事（10人）、调查股干事（20人）、讲演股干事（10人）组成；各干事由会员中选举产生。后来，职员部改称评议部，讲演股改称讲演队，各干事改称评议委员。

在五四运动中成立的爱国民主团体，大多设有评议部，它是团体内部的集体决策机构。天津“女爱会”的评议部亦然，如其《简章》规定，职员部主要的职能和职权是：“凡临时发生之事项不能召集全体会员讨论时，得由职员部议决施行之”；“经职员部议决，得与本会宗旨相同之各团体相联络”；“开常会及临时会之地点及日期，由职员部议决后，于开会前三日通知各会员”；“会员有违背本会宗旨或自请退会，由职员部议决认可后，得宣告出会”[③]等。所以，凡是“女爱会”内外的重大问题，都首先提交评议部开“评议会”讨论，表决通过后交各股执行，评议部在“女爱会”中起着民主决策作用，是“女爱会”的核心机构。

张若名被推举为“女爱会”评议部部长后，便挑起组织这一重要机构为“女爱会”正确决策的重任，“此后，所有‘女爱会’评议部的会议都由张若名主持召开。”[④]17岁的张若名正值豆蔻年华，是五四运动的大潮和人们对她德才条件的肯定，把她推到天津女界的领导层面，从而为她施展抱负和才华提供了条件和机会。

---

① 天津《大公报》1919年5月24日—26日。

② 王贞儒：《对女界爱国同志会的几点回忆》，《五四运动在天津》，天津人民出版社1979年版，第788页。

③ 天津《大公报》1919年5月24—26日。

④ 杨在道：《张若名研究资料》，中国妇女出版社1995年版，第64页。

“女爱会”成立以后，立即活跃在天津的政治舞台上，成为天津五四运动中的一支生力军。在“女爱会”的领导下，天津妇女第一次组织了起来，走向社会，如火如荼地开展起民主爱国的斗争。在参与领导妇女运动的过程中，张若名也迅速地成熟起来。

五、战斗在海河两岸

川流不息的海河，犹如一条硕大的练带，自西北向东南，把天津市一分两半，然后碧波澎湃，奔腾入海。

天津的五四运动，就像汇入渤海的海河大潮一样，洪流滚滚，波澜壮阔。

张若名这只渴望暴风雨的海燕，终于在五四运动的浪潮中搏击飞翔起来！

张若名担任天津“女爱会”评议部部长以后，把全部身心都投入到这场伟大的爱国民主运动中，每日工作十分紧张。

同“五四”时期大多数社会团体一样，“女爱会”不是由会长、副会长发号施令，而是经过集体会议讨论决定问题。“女爱会”《简章》规定，“本会开会分下列二种”：一是常会，每半年开一次；二是临时会，凡遇临时发生事项或由会员20人以上提议，由职员部召集全体会员临时会议。但实际斗争情况往往非常紧急，职员部来不及召集全会，所以，如前所述，“女爱会”《简章》还付托给职员部一项职权：“凡临时发生之事项不能召集全体会员讨论时，得由职员部议决施行之。”由此可见，职员部即后来的评议部责任重大，它的决策，直接关系着“女爱会”斗争的进展。

张若名大量的时间和精力都放在召集郭隆真、邓颖超等评议委员进行评议会上，任何讨论和决策，都需要她们付出勇气和智慧。可以说，“女爱会”的任何活动，都渗透着张若名的心血和汗水，都是与她的努力分不开的。张若名以其果敢、谨慎、聪明、细致，同郭隆真、邓颖超等一起，组织发动了多次大规模集会，示威请愿，组织了讲演队及其讲演，建立了杂志社和女补习班……这些活动，使天津妇女运动，成为全国妇女运动的一个亮点。

6月3日，北京学生因政府为曹汝霖、章宗祥、陆宗舆辩护，举行大规模街头演讲，有170多名学生被捕。当晚，北京学生联合会代表抵津报告学生被捕情形。6月4日，北京学生进行更大规模的街头演讲，有700多名学生被捕。张若名与“女爱会”会长刘清扬、评议委员郭隆真、邓颖超紧急会议，决定“女爱会”举行游行请愿，声援北京学生。

6月5日上午，张若名与刘清扬、郭隆真、邓颖超等率领“女爱会”全体会员共600余人，排着整齐的队形走上街头。按照计划，队伍来到省教育厅，“请厅长偕学生等往谒省长（盖闻省公署兵警甚多，女生不便入内也）。请求三事：（一）请求释放被拘学生（通电北京）；（二）说明学生此次举动纯出于爱国热诚，讲演及卖国货，近日多有干涉者，请省长莫予干涉；（三）请提倡国货。”[①]学生们坚持厅长要把这些要求立即送达省长曹锐，否则学生暂不离开教育厅。在烈日中，女学生等待了一个小时左右，待通过教育厅长得到省长的敷衍答复后，张若名等决定暂时返校，下午再直接去见省长。

与此同时，天津学联也在南开学校操场召开了有数千学生参加的爱国“宣誓大典”，宣布“誓保国土，誓挽国权，誓雪国耻，誓除国贼，誓共安危，誓同始终”六项誓言，声援北京学生罢课运动。武装警察如临大敌，将南开学校四面包围。广大学生无所畏惧，会后冲出包围，在谌志笃、马骏率领下，直赴省长公署请愿，要求省长拍电北京政府，速释被捕学生，争回青岛，废除“二十一条”。

当“女爱会”闻知天津学联学生被围南开操场的消息和有学生被捕的风传后，张若名与刘清扬、郭隆真、邓颖超等立即商定，“女爱会”全体人员速往省公署要求释放被围者并向省长提出上午所提三项要求。据报载：“各女生午后闻南开被围学生被捕，遂列队赴公署求见省长，恳释各生。卫队长官虽百端

① 天津《益世报》1919年6月7日。

天津金钢桥

开解，而女生坚不肯去。”[①]

张若名与刘清扬、郭隆真、邓颖超等率领众女学子以整齐严肃的阵容，雄赳赳气昂昂地站在金钢桥畔省公署辕门之外，从下午一时许至六时许，在酷日之下伫立六时之久，“心身俱疲，然亦不敢告劳，惟四面楚歌，亡国情况已隐约现于目前，最难为怀耳。”[②]直到弄清男学生“并无一个被捕者”并得到省长对所求三事的满意答复后，“女爱会”评议部才决定“列队归校”。记者感慨道：“似此高义薄云，虽巾帼而愧煞须眉矣。”“我国得不亡者其在男女学生乎。”[③]

“女爱会”和“天津学联”的这次联袂行动，是五四运动中天津第一次大规模的示威游行请愿活动。广大女学生冲破了传统习俗的束缚，同男学生一样，走上街头，呐喊呼号，示威请愿。这充分反映了广大妇女的爱国热情和报国勇气。“女爱会”的首次请愿活动，也反映出张若名为首的“女爱会”评议

① 天津《益世报》1919年6月6日。
② 天津《益世报》1919年6月7日。
③ 天津《益世报》1919年6月6日。

部有较强的决策和组织能力。

6月9日下午，“女爱会”和“天津学联”在河北公园组织召开了“公民大会”，配合全国性的罢课、罢工、罢市斗争，要求天津商会罢市、中央政府惩办卖国贼等。与会者来自天津各界，共二万余人。这是继男女学生“六五”共同请愿之后又一次配合行动。“女学界及妇女到会者亦有八九百人。”[①]事先，“女爱会”和“天津学联”把河北公园里里外外布置得整齐肃穆，气壮山河。公园的小亭子为乐队所在处，亭子的抱柱上一副楹联引人注目：“振民气合民力万众一心，御国敌除国贼匹夫有责。”会场设有21处讲台。

大会开始后，先由天津学联副会长马骏致词，他说：“我们五四爱国运动的爆发，已一个多月了，全国人民热血奔腾一致呼吁救国。但至今我国政府在国际外交会议上，还未拒绝签字，卖国贼曹、陆、章至今还未罢免惩办，他们都是官官相护，一鼻孔出气。要想达到我们救国的目的，只有靠我们人民大众团结起来，奋斗到底！”之后，“女爱会”和“天津学联”讲演队在各讲演台上发表讲演，内容“莫不沉痛动听，令人感慨”。一位小商人当众宣布：“自兹以往誓不再卖日货！”，并咬破食指在白布上大书“永不再卖日货！”；一位学生用小刀割破手指大书“睡狮已醒”四字；“一人力车夫名王小二，每月稍蓄铜子五枚，今在大会捐助铜子六十枚。”[②]……这些现象，感动了每一位与会者，“誓死救国”的呼声此伏彼起。

“女爱会”和“天津学联”发动的这次大会，是一次全市公民的动员大会，使市民们受到了深刻的爱国民主教育，激发了全市人民高昂的主人翁意识和社会责任感。

“六九”公民大会，促进了天津各界的大联合。

但这一联合的局面开始并不稳固。6月10日天津商界罢市，但仅坚持了一天，总商会就开市了。6月11日学联副会长马骏前去总商会交涉。面对商会董事长张荫堂的挑衅性话语，马骏不惜以头撞柱表明志向，幸被抱住才未送命。

① 天津《益世报》1919年6月10日。
② 天津《益世报》1919年6月10日；天津《大公报》1919年6月10日。

在强大压力下，商会只得宣布再次罢市。

6月18日下午，天津绅、商、学、教、报各界代表，在天津总商会内召开天津各界联合会成立大会。刘清扬代表“女爱会”出席了会议，会上通过了“女爱会”加入各界联合会的决定。天津商会副会长卞月亭被推举为天津各界联合会会长，教育家马千里和《益世报》社长刘浚卿被推举为联合会副会长，商会秘书长夏琴西（绅）任联合会秘书长。委员三十余人，包括学界代表谌志笃、马骏，报界代表王醉生、王墨林，商界代表尚墨卿、李散人，宗教界代表王卓忱、时子周，妇女界代表刘清扬等。天津各界联合会的宗旨有四点：“拥护公理，发展民权”；“提醒国民爱国思想”；“督促实业，主务各机关兴办实业，振兴国货”；“关于内政外交随时觉查，负陈请建议政府之责”。大会成立后，各界自动参加者竟达一百六七十个单位。天津各界终于正式联合起来，成为天津最重要的社会力量。

在6月23日召开的天津各界联合会全体代表大会上，张若名被推定为庶务科干事，邓颖超被推定为联合会交际科干事。[①]庶务科“专司本会庶务各事”，交际科“专司关于本会交际各事宜”。从此，张若名和邓颖超在担任“女爱会”重要工作的同时，又并肩携手，挑起了在天津各界联合会的重任。

进行爱国讲演，是“女爱会”的一项经常性的重要活动。

一开始，女学生由于受传统社会习俗的束缚，还不能像男学生那样走上街巷抛头露面，只限于在市内各宣讲所讲演。为了解除同学们的顾虑，张若名同郭隆真、邓颖超、刘清扬、王贞儒等分头做同学们的工作，唤醒同学们的觉悟，鼓舞同学们的斗志。在张若名同邓颖超、郭隆真等人的带动下，同学们渐渐冲破传统思想的束缚，纷纷走上街头，到各个公共场所去讲演。

讲演的内容，开始时主要是宣传“外抗强权，内除国贼”的道理，号召民众齐心救国。随着五四运动的进展，“女爱会”评议部决定，在进行爱国宣传的同时，要进一步宣传“言论、结社自由”“民主权利”“要民主、要科学”“妇女解放”“男女平等”“男女社交公开”“婚姻自由”等问题，使民

① 天津《益世报》1919年6月24日。

主爱国的宣传更加充实和鲜明。为使这些爱国宣传和民主思想、妇女解放观念深入人心，除了定期集会讲演外，要深入群众，开展家庭讲演。

天津《益世报》记者记载了“女爱会”一次以抵制日货为主题的家庭讲演活动：“（6月）二十四号上午八点，本会家庭讲演干事员及庶务员赴西区调查。有赵宅者，系商界人，甚为欢迎本会会员之讲演，并允代表为招集邻舍妇女入听……本讲演员等遂于是日午后三点钟偕同人赴该处讲演……（听讲者）约百余人，男女幼童及妇女、老妪各占其半……有一老妪年约五旬，聆讲演毕即诘其同侪曰：曩者，吾辈不解何谓国，并何谓日货，今既得诸先生之告诫，吾侪须协力同心抵制日货，宁死不愿见中国亡也。言时涕泗交流，若不胜其痛苦者……演讲既毕，即步行而归。甫出门外，一群儿争相呼曰：吾辈此后必爱我国，并不再买一枚日货矣。”[①]由此可见，“女爱会”的家庭讲演取得很好效果。

“女爱会”对深入百姓进行家庭讲演这项工作非常重视，张若名经常召集会议，对家庭讲演的实践进行总结和推进。

7月4日，“女爱会”举行临时大会，指出：“家庭演讲，本会已举四次矣，较集会演讲取效为多。上星期六及上星期二虽天气炎热，大雨淋漓，（但）勇往直前，悬河之口，滔滔不绝，精神卓著，实堪庆幸。”[②]

7月13日，“女爱会”特别临时大会公决三事，其中第二项是：“该会家庭讲演收效颇巨，且颇蒙各界欢迎。故拟定增加讲演员作积极之进行。全体通过进行，细则交评议部确定再为实行。”[③]

7月16日，张若名等主持召开评议部和总务部联席会议，决定家庭讲演活动，“先就城内着手，然后再次第向外扩充，以鼓楼为中心，分为四区。西北一区由志愿家庭讲演之各教员及女师范附属小学学生及其他高小学校学生担任，西南一区由女师范担任，东北一区由家庭妇女团担任，东南一区由公教女

① 天津《益世报》1919年6月26日。
②《南开日刊》第28号，1919年7月5日。
③ 天津《大公报》1919年7月17日。

子救国团担任，虽分头进行而举动一致。”①

7月21日，评议部和总务部联席会议根据家庭演讲的进展又做出新的决策：“家庭演讲，即先由城内着手。各区有在本区讲毕者，即可出城演讲。”②

张若名身居“女爱会”决策中枢，与女界其他领袖运筹帷幄，推动着天津妇女运动深入发展。

在讲演活动中，郭隆真、邓颖超两位讲演队长身先士卒，在领导讲演队讲演的同时，亲自发表演说。“特别是邓颖超、郭隆真同志的讲演，更是热情奔放，说理清晰。她们亲自轮流到各讲台去讲演，深受群众欢迎。”③

对邓颖超讲演的情景，她的队员梁岫尘在64年后有一段生动的回忆，她说：“在西北城角，我们抬来八仙桌，她一跃而上，挥动她那有力的拳头，揭露北洋军阀媚外外交的经过，痛诉反动政府的卖国罪行，要求取消‘二十一条’，抵制日货，收回青岛，号召中国人誓死不当亡国奴。最后她大声疾呼：‘姐妹们，同胞们，小日本要想吞掉我们国家，让我们当亡国奴，当他们的板凳坐，我们能答应吗？’台下强烈呼应：‘绝不答应！’这时我们拿着小旗，挥舞着，高喊口号：‘打倒小日本’、‘不买日本货’、‘不当亡国奴’……群情激昂，口号声、怒骂声响成一片。”④

讲演队员胸怀一颗爱国赤心，为了启发民智，真正是风雨无阻。据天津《益世报》1919年8月1日报道：“前日（30日）女界爱国同志会第一团家庭讲演员系女子师范及高小学生等共30余人，在南门大街西边赵家胡同、黄家胡同等处讲演……讲得正高兴，听得正入神的时候，忽然黑云四合，于是讲演科长王天麟、邓文淑分头召集讲演员欲整队回校，而各讲演员都因为话未说完不肯离开，那些听讲的妇女也都不愿讲演员中止；所以未召集一半，大雨就来了。科长速即整了整队同讲演员冒雨向电车道前进。此时大雨像泼水一般，诸讲演员从头至

① 天津《大公报》1919年7月18日。

②《南开日刊》第43号，1919年7月22日。

③ 刘清扬：《觉醒了的天津人民》，《五四运动在天津》，天津人民出版社1979年版，第705页。

④ 梁岫尘：《五四运动前后的直隶女师》，《邓颖超与天津早期妇女运动》，中国妇女出版社1987年版，第556页。

脚并无半点干地方了，衣服的凹处好像流水沟一样，地下的水有半尺多深，一走一滑。上了电车后，穿着流水的衣服，还是很喜欢的，人家说这个算什么苦，比亡国奴的苦楚强的多着呢。”9月2日《益世报》载：“昨日（1日）天津女界爱国同志会家庭讲演师范第一团，在三点半下课以后师范及小学同学就排队出发，由60余人到西宪法张胡同、同福里（胡同）、洗澡堂胡同、营务处胡同等。听的约有千余人，很被感动，以致有落下泪来的，等到7点多红日已落，才整队回校，而讲演员还兴味勃勃，不以为苦劳。”10月12日《益世报》载：“近有女界各团体之家庭讲演员在法界各里逐户演讲救国之法，所至无不欢迎，亦足见爱国人有同心矣。”几十年后邓颖超说：“我们当时，虽然还不知道全心全意为人民服务，但是有满腔的爱国热情，为了救国，为了民族的独立，为了争取民主自由反对封建势力，有勇于牺牲一切、在所不计的革命精神。”[①]

李大钊指出：“青年者，人生之王，人生之春，人生之华也。”张若名和郭隆真、邓颖超等把自己壮丽的青春投放到维护民族利益、推动社会进步的伟大事业之中，使自己的青春年华放射出璀璨之光。尤其是她们能够深入社会，与人民大众相结合，因而开创了青年运动的正确方向。

为了唤醒广大妇女自我解放的意识，激发平民的爱国思想和社会责任感，“女爱会”除了组织讲演、集会请愿等活动外，还非常重视出版工作，创办了两个杂志——

一个是《醒世》周刊，1919年6月创刊，由天津女师学生蒋云任主编，卢松泉任经理。这是五四运动中第一个由女子出版的刊物。该刊内容分社论、要闻、新闻、文艺、演说、余兴等，开设了“妇女解放”“提高女权”“女子教育”“女子职业”等专题，组织读者讨论。“刊物问世不久，就行销到北京、上海、山东等地，其他各地院校订阅的也很多。一般认为这个女子刊物是很负点解放妇女责任的。”[②]1920年1月《少年世界》第1卷第1期介绍该刊时说：“这报是直隶第一女子师范学生团出版的，也就是天津一部分女界诸君发表思潮的机

① 邓颖超：《五四运动的回忆》，《五四运动回忆录》，中国社会科学出版社1979年版，第74页。

② 卢松泉：《在五四运动时期的经历片断》，《五四运动回忆录》（续），中国社会科学出版社1979年版，第252页。

关，是可以代表他们的程度到了什么地步。”[1]该刊共出版近30期。

另一个是《平民》半月刊，1919年11月1日创刊，是“女爱会”和“天津学联”共同出版的。关于办刊宗旨，该刊第1期发刊词《作〈平民〉杂志为的是什么？》指出：“我们天津女子爱国同志会与学生联合会，为什么要出这一个《平民》杂志呢？就是因为我们中国向来的平民，不知道他自己和国家的关系，并他自己在社会上的责任。无论国家有什么事情，他们的态度好像是事不干己的。我们这两个会内同志，看见这个情形，非常危险，非常担忧，所以要出一个《平民》杂志来提醒一般平民，使他们知道他和国家的关系，并他自己在社会上的责任。这是我们作《平民》杂志最要紧的意思。”[2]接下来，文章把办刊宗旨概括为五个主要方面：一是说明平民和国家的关系，指出“应该人人将国事当作自己的私事看，这国家才有强盛的日子”。二是介绍世界的平民思想，使国民知道自己有什么权利和义务。三是启发平民的知识，使平民有吸收新思想的机能。四是促进平民的幸福，使平民不长久的作资本家的机械。五是改良平民习惯。该刊物向广大平民呐喊到：“吾们既是共和国，国家的政事就不能叫几个人专主，为政的没有当位的能力，我们就应当不要他。”[3]

《平民》第1期封面

可见，《平民》杂志是宣传民主、摧毁专制的号角。它反映了天津男女学生为民主自由而奋斗的精神，代表了青年学生对社会发展的认识水平。

启发社会成员的公民意识，铲除奴性思想和君权政治，促进民众生而平

① 《五四运动在天津》，天津人民出版社1979年版，第655页。
② 《五四运动在天津》，天津人民出版社1979年版，第617页。
③ 《五四运动在天津》，天津人民出版社1979年版，第620页。

等、民主人权的觉悟，使中国走上真正的民主共和之路，是中国社会的根本问题。张若名等先进青年对这一问题认识的如此深刻，并身体力行唤醒民众，诚属难能可贵。

由于《平民》矛头直指专制制度，再加上文字通俗，体裁不限，很快便引起社会反响，《少年世界》评论说，该刊“于将来平民教育方面必占很大的势力”。正因如此，反动当局十分恐慌，该刊只出了三期就被查禁，第3期《妇女专号》还是在北京一个印刷所印制的。

“女爱会”还运用人们喜闻乐见的文艺形式，宣传爱国思想并筹集经费。1919年8月15日、16日，她们在广东会馆，由12学级15岁的吴瑞燕编导，上演了两出话剧，即《木兰从军》和《安重根》，邓颖超分别饰演刺杀日本首相伊藤博文的朝鲜青年安重根和《木兰从军》中的刘大哥，张若名等也扮演了角色。票价定得较高，为慈善事业募集了4000多元。演出收到很好效果，邓颖超当年说过：“演好一个戏，往往比几次演说更容易说服人，打动人。”①

“女爱会”还在东马路、北大关、西马路三个宣讲所等处，义务开办了短期平民女校，向妇女“传习注音字母及花边，以便输入普通知识，习得谋生能力”。教员由女师同学义务担任。

以张若名和邓颖超、郭隆真、刘清扬等为代表的天津女师学生，在五四运动中，领导“女爱会”奋起救国，启迪民众，做了大量工作。她们的言行，对推动五四爱国运动和妇女解放运动起了重大作用。邓颖超说过：“当时女师学生的勇敢、奋斗、牺牲的精神，做事的敏捷踏实，远近闻之，莫不佩服。”“那时女师的同学，是何等有团结力，有勇敢奋斗的精神，是何等的有见地，是何等的了解世界的潮流。以中国民族素来缺少的精神，尤其是女子所缺少的精神，竟能在女师同学中表现出来，这是何等的可贵呵！”②邓颖超对女师学生的这些评价，当然也是对张若名，是对邓颖超、郭隆真这些女师代表的评价。

① 铁竹伟：《长相知不相忘——记周恩来邓颖超的爱情故事》，《采风报》1990年1月31日。
② 邓颖超：《两个使我难忘的五七——并告女师范的师生》，1923年5月15日《女星》第3期。

六、代表天津各界赴京拒签“和约”

1919年6月下旬，一连数日，骄阳似火，热浪滚滚。人们像生活在蒸笼之中，汗水涔涔，闷热难耐。

然而，在张若名的心中，北京政府的软弱外交，更使她怒火中烧。

自从1月巴黎和会开幕以来，人们寄希望中国以战胜国的身份，通过和会收回主权，一举改变80年来受辱的历史，结束弱国外交的国际地位。但几个月过去，与会中国代表所提出的取消列强在华特权、废除“二十一条”、收回大战期间被日本夺占的原德国在山东侵占的各种权利等要求，都一一遭到否决，剩下的“只有签字或不签字之办法”。

对巴黎和约，以大总统徐世昌为首的中国政府，非但不据理力争，反而冒天下之大不韪，6月17日电令出席巴黎和会的中国代表准备签约承认。该消息在报纸上披露以后，各地学生和其他群众奔走呼号，以集会游行、进京请愿等方式，坚决反对中国政府的软弱妥协，强烈要求据签和约。

这样，随着6月28日巴黎和会对德和约签字日期的迫近，拒签和约便成为一场大规模的爱国斗争。

张若名作为天津各界联合会的代表之一，亲往北京请愿，直接参加了这一爱国民主斗争。

在张若名等天津各界代表赴京之前，对日本帝国主义侵略有切肤之痛的山东人民已率先行动。6月20日，山东各界代表83人乘火车进抵北京。22日，他们持旗

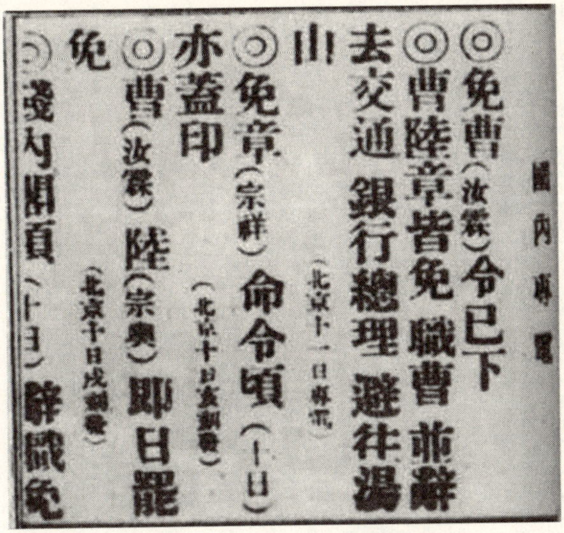

國內專電

◎免曹（汝霖）令已下

◎曹陸章皆免職曹並辭去交通銀行總理避往湯山（北京十一日專電）

◎免章（宗祥）命令頃（十日）亦蓋印（北京十日亥刻發）

◎曹（汝霖）陸（宗輿）即日罷免（北京十日戌刻發）

◎錢內閣員（十日）辭職免

曹汝霖、章宗祥、陆宗舆被免职

游行，来到新华门求谒大总统徐世昌，要求拒绝对德和约签字；废除高徐、济顺铁路草约。根据这一草约，中国政府接受日方二千万元，日方得以投资修筑高密到徐州、济南到顺德两条铁路，以掠我物质资源。

此时的大总统徐世昌在国内外压力之下惶恐不安，6月10日他下令免去了曹汝霖、章宗祥、陆宗舆的职务，11日他向参、众两院提出辞去大总统之职，未被接受。正是山东各界代表求谒这天，即6月22日，国务院通电全国，徐世昌大总统打消辞意。

6月22日山东代表没能见到大总统，但并未离去。他们坚定表示：“我们83人，今天死在这里，不达目的，决不回去！”[①]他们不畏烈日酷暑，不惧军警恐吓，效法春秋后期楚国大夫申包胥“哭秦庭七日，救昭王返楚”的故事，跪在新华门外放声痛哭，从中午一直哭到晚上，直到徐世昌答应次日晨接见为止。

6月23日，徐世昌大总统会见了山东各界代表，他口头表示：关于拒签和约，已电令中国全权代表陆征祥从缓签字；高徐、济顺铁路草约可以废除，但所借日款须筹集归还。他答应这些说法将由国务院批复。但6月25日国务院的批复与徐世昌的口头表示大相径庭。山东代表继续斗争。他们的行为，在全国引起了强烈震动。

直隶与山东毗连，若“山东亡于前，直隶即继其后”，是以山东代表在北

① 刘沛然等：《记五四时期山东省各界代表晋京请愿》；李澄之：《五四运动在山东》，载《五四运动回忆录》，中国社会科学出版社1979年版，第702页、653页。

京的爱国活动立即得到直隶省城天津各界的响应。6月24日，天津各界联合会致电北京政府，反对签署巴黎和约。电文指出："国亡无日，噩耗惊传。争还青岛，取消'二十一条'及各种密约，群相骇告，举国颠狂。乃闻政府有签字承认之说，惊恐怵惕，危惧万分，用敢泣血电恳，万乞拒绝签字，以保国脉而救危亡；并请严惩卖国诸贼，以谢国人，不胜涕泣待命之至。"①

6月25日，天津各界联合会与山东赴京请愿团代表取得了联系。山东代表介绍了在北京请愿的情形，指出"政府亦不过敷衍而已"。他们希望各省派代表赴京与山东请愿团一致行动。当晚，天津各界联合会评议部在商会会场召开讨论会议，"女爱会"会长刘清扬出席会议。会议决定次日推举代表八人，速赴北京与山东代表一致行动。

张若名获知这一消息后非常兴奋，她主持"女爱会"评议部会议，决定在天津各界联合会确定赴京代表时，要力争派出女界的代表，以示女子爱国不后须眉。

6月26日下午，天津各界联合会评议部在商会召开专门会议，推定出赴京请愿八名代表。"女爱会"正、副会长刘清扬、李毅韬出席了会议。当联合会副会长马千里宣读了推定出的八名代表名单后，"女士刘清扬提议，女界亦应派代表随同晋京请愿，藉资联络北京之女界。"各界联合会评议部会议采纳了刘清扬这一建议，最后"由评议会通过女界追派二人为刘清扬、张若名两女士"。②这样，天津各界联合会赴京代表由原定八人改为十人，张若名的出色才干得到各界信任，成为进京参加拒签和约斗争的天津各界代表之一。

天津各界联合会推定出赴京十名代表后，当日致电北京政府接洽：

> 北京大总统、国务院钧鉴：敬日（24日），会以拒绝青岛签字各节，并恳办卖国诸贼电请，谅垂照矣。兹公推十代表即行晋京，同与山东各代表请愿。敬望以民意向背，特以垂怜，准照所请。谨泣陈。

---

① 天津《益世报》1919年6月25日。

② 天津《益世报》1919年6月27日。

天津各界联合会。宥（廿六日）印。[①]

6月27日上午9时，天津老车站。周恩来同津埠男女各界代表数百人，齐到站台欢送赴京十代表。刘清扬和张若名同其他八位男代表，肩负着天津人民拒签和约的殷切希望，胸怀一腔爱国热血，登车赴京。

张若名等天津代表一行进京后，下榻在金台旅馆，并很快与山东请愿团代表取得了联系。天津十代表计划次日（28日）上午出席山东请愿团在京举行的欢迎天津十代表大会，次日午后进见大总统徐世昌投递拒签和约请愿书。

27日晚，天津各界联合会追推的代表携带《天津代表赴京请愿书》，赶来北京与先期来京的张若名等汇合。请愿书全文如下：

具请愿书人：天津各界联合会代表王厚斋、刘俊卿、韩致祥、张国体、王醉生、刘清扬、刘家麟、吕其昌、王启润、张若名、刘少坪等为请愿事：窃以欧战终结，协约胜利，我国参战，同跻和平，义务权利理应持平，及遣派专使同与和议。不图战胜权利丝毫未得；而青岛未能取还；密约未能取消；高徐、顺济之路约、“二十一条件”之苛求，皆关系吾国之存亡，迄未能根本推翻，可见和会议决并不公允。国人风从云集，群起力争，主张拒绝签字，并请求惩办卖国诸人；乃政府持一面之说，密令专使签字。山东代表团业已晋京叩谒请命，蒙大总统俯允磋商，薄海闻之，莫不欢腾；乃国务院之批示，反严词拒绝。敝会鉴时局之阽危，痛政府之不悟，当于敬日（24日）电请，兹复公推代表等匍匐到京，泣请伏乞大总统、国务院垂鉴舆情，俯从民意，速电吾国专使对于和议万勿签字，并行惩办卖国诸贼，以谢国人。民国幸甚！大局幸甚！[②]

---

① 天津《益世报》1919年6月28日。

② 天津《益世报》1919年6月29日。

但就在张若名等天津代表抵达北京之前，北京学生已从路透社获得一消息：巴黎和会对德和约将于28日下午3时签字。于是27日下午，以北京学界为主体，北京各界代表及山东请愿团代表五六百人齐集新华门前，要求面见大总统，坚定其拒签和约决心。徐世昌惧不敢见，学生等便坚持在炎炎烈日下苦苦立待。傍晚，徐世昌传出话来，答应次日（28日）上午9时接见。于是，这数百请愿者抱定不达目的誓不罢休之志，在新华门前东西辕门内露宿待明……

张若名等天津代表根据这一情况，及时调整了原定计划，决定次日9时前赶到新华门，与露宿新华门的代表一起面见徐世昌。

6月28日晨6时，张若名等天津代表在北京《益世报》报馆内召开讨论会，磋商往谒总统之请求条件。最后确定为三条：

> （一）请总统将致巴黎电文明白宣布；（二）高济铁路关系大江迤北之存亡，倘经日人开办，则长江迤北各省，均归日人之手，且该项条约系指地借钱极易挽回，不过还彼之债足矣。并质问总统，此项借债二万［万］元之用途。查我国二十二行省偿还此债，亦极容易，何以政府总以外交问题不废此约，殊属令人不解；（三）惩办卖国贼必须从根本着手。此次卖国虽经手于曹、陆、章，究竟主使者为谁？是否系一手经理？即铁路借款案是何人经手？均请大总统明白答复。[①]

讨论完毕，已近8时，张若名同天津各位代表一起，速赴总统府。

张若名等到达新华门后，与其他团体的代表汇合。9时左右，按规定，各团体共推出代表十人去见徐世昌大总统。徐世昌亲与接见，答复各代表之所言与23日对山东请愿团之所说大致相同，依然未给予不签约之证据。代表们因目的未达，不肯出府，傍午又请见一次，仍未达目的，午后2时余，第三次进见，还是不得要领。

---

① 天津《益世报》1919年6月29日。

其时，徐世昌也在为签约与否大伤脑筋。如签约，把山东出卖给日本，将绝不为国人所容；如拒签，中国就不能参加美国倡导的国际联盟，而被排斥于国际社会之外。随着6月28日签约日期的到来，以学生为先锋和主体的全国人民声势浩大的拒签和约斗争，使他意识到了民意之迫切，民意之不可违，不得不在最后关头顺应了民意。

28日下午6时余，在各界代表的坚持下，徐世昌又一次与请愿民众零距离接触，倾听请愿代表的意见。

这次会见大总统，天津代表有三人，包括“女爱会”会长刘清扬。[①]据刘清扬回忆，会见时首先由北京学生代表发言，指出：“把我们京、津代表一直关在门外暴晒了两整天，这不但是轻视民意，更是不关心人民利害的表示。在巴黎和会上，各国压迫我们在不公平的和约上签字，是没有道理的。我们全北京人民是绝对不能容忍的。”接着天津代表起而发言：“山东青岛以及胶济铁路两旁的矿山等一切权利，关系到我国的领土主权、经济命脉，更威胁到国家的危亡，我政府为什么不予以保护，竟肯拱手让人？各国列强分赃的巴黎和会上，逼迫我国代表要在不合理的辱国条约上签字，我政府何以不去电明令拒绝？但大总统竟然两天拒见代表，显然是忽视民意。拒签巴黎和约并取消二十一条卖国密约，这是四亿人民的呼声。今请总统立即致电巴黎我国代表，拒绝签字，并取消二十一条及一切不平等条约。这次请愿，我们既受人民重托，绝不空手回去。”代表们都异口同声严正要求：“今晚非去电拒绝签字不可！”刘清扬回忆说，在众目逼视下，“这个徐老头，既可笑又可恨，默不作声，一双鼠眼，看看这个，瞧瞧那个。看看民愤难平，才勉强地答复说：‘你们青年这样爱国是……是好的，政……政府当然接……接受民意，不……不签字就是了。你们好……好回去安心读……读书吧！’代表进一步说：‘大总统既然答应拒绝签字，请立即拟好电文，拍发出去，我们回去也好向同胞们交代。’在爱国人民的威逼之下，徐老头儿不得不嘱令秘书当场拟好电文，拍往巴黎，命令和会中国代表拒绝签

① 天津《益世报》1919年6月29日。

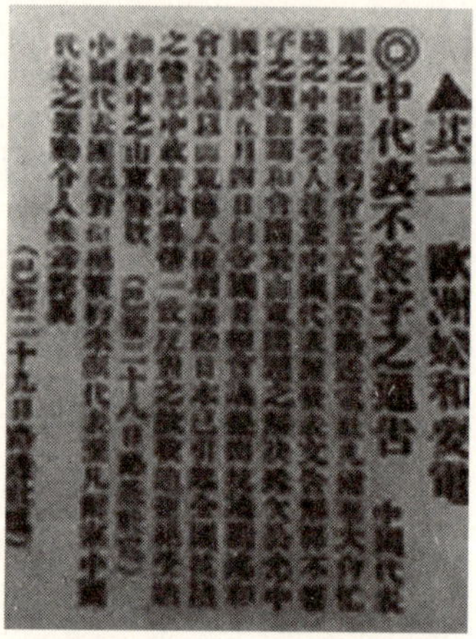
◎中代表不簽字之通告

中国政府拒绝在巴黎和约上签字

字。”[①]民众代表当面指斥大总统，大总统放下身段和善纳言，这一幕，确具“民国”特质。

一小时以后，刘清扬等退出总统府至新华门，向守候的张若名等数百代表报告了接见情形，“众鼓掌始散”。张若名同刘清扬等天津代表回至金台旅馆已是晚上8时余。

当日，出席巴黎和会的中国代表，鉴于国家利益和民意大势，一致决定，拒绝出席签字仪式。下午又收到北京政府关于拒绝签字的指示电，代表们与政府的意见正相吻合，拒签对德和约即成定局。

实现拒签巴黎和约的消息传出后，举国同欢。天津各界联合会、天津学生联合会、女界爱国同志会、北洋大学等天津的一些团体、学校，纷纷致电巴黎和会中国专使予以鼓励。张若名组织女界爱国同志会评议部议定的电文是：“巴黎和会中国专使鉴：欧洲和约拒绝签字，公等秉持民意，举国欣佩，尚望坚持到底，勿为势利威胁。天津女界爱国同志会叩。”[②]

事实上，1919年6月拒签巴黎对德和约，是中国近代外交史上的一个重要里程碑。它标志着中国外交开始冲破近代以来“始争终让”的惯例，开创了一个敢于抗争的先例，所以，它不但没有引起对中国不利的严重后果，反而赢得了国际舆论的广泛同情与支持。

在这场誓争国权的斗争中，以刘清扬、张若名等为代表的中国妇女，挺身而出，直接与最高当权者进行交涉，充分反映了中国妇女的爱国意志和公民精神，显示了新女性的战斗英姿。张若名矢志救亡的勇气和斗志以及组织和能力等因素，使她脱颖而出，成为这场爱国斗争的“急先锋”女性。参加拒签和约斗争，为张若名一生留下了光辉的一页。

① 刘清扬：《觉醒了的天津人民》，载《五四运动回忆录》，中国社会科学出版社1979年版，第543页。

② 天津《益世报》1919年7月5日。

七、奔波京津，反对“马良祸鲁”

“女爱会”评议部会议。

张若名在大声地读着周恩来与他人合写的《讨马良》一文：

> 讨！讨！讨！山东的牺牲现实，我们天津的各界要再不起来讨他，更待何时？

张若名读完后，刘清扬指着1919年8月8日《天津学生联合会报》上《速逐残害回教徒的马良，速要求北京政府取消山东戒严令》一文说：“马良经常在回民中散布‘天下教友（回友）是一家’的言论，而今这个回民为了取悦日人竟下毒手杀害了回民马云亭，什么天下教友是一家！”

郭隆真一掌拍在桌子上，愤怒地斥责道：“马良这东西简直是日本人的走狗，我们回族人的败类，无耻之尤！”

是的，中华民族每遭遇浩劫，总会跳出一些小丑，置民族大义于不顾，腼颜事仇。

在中国人民拒签巴黎和约，索还山东主权之际，饱受日本侵略者横暴荼毒的齐鲁大地，便跳出了山东济南镇守使马良这样一个败类——

他恬不知耻献媚日寇。他走到哪里总是说：“中国要是不签字，一定要亡国；要是签字，中国可以不亡。我们穿的、吃的、用的，全是日本赐给我们的，我们要是反对日本，成了忘恩负义的人了。大家要拿出良心来报答人家。”[①]他严禁人们抵制日货，“凡有抵制日货或不卖货与日人者，概以乱党论，从重治罪”。他还派兵为在山东的日人购米购麦各25000石，“私卖之米至少足供敌国6个月之用”。[②]

他草菅人命滥杀爱国人士。7月下旬，北京政府因济南爱国民众捣毁了安福系在济南的《昌言报》而宣布济南戒严，并委任马良为济南戒严司令。马良耀武扬威，大开杀戒。为“以表大公”，他首先从回民开刀。1919年7月23日，他逮捕了山东回教救国后援会会长马云亭和回族爱国领袖朱春祥、朱春焘兄弟。马良说：“我是回人，先从自己开始，杀几个回人给大家看看！”[③]8月5日即把这三位志士绑赴法场枪杀。

他丧心病狂镇压学生运动。8月3日，他命人将济南请愿学生代表拖至山东省立第一师范学校，“沿路拳打脚踢，任意辱骂。逮至师范门首，置之炎日之下，不准稍动”。他跳上桌子对学生吼道：“学生没有爱国的资格，没有兵力，没有武器，凭什么爱国？学生的本分只能是读书，荒废学业、干涉国家大事是犯法行为。”[④]当时有女学生吴夏蒲起而据理争辩，马良竟命马队将该生双手缚在板凳子上痛打，霎时，该生手面浮肿，血迹斑斑。

马良猖狂地叫嚣：“中国除段祺瑞、马良以外，无一好人。”并扬言，“如有反抗的就砍头，一街反抗杀一街，一城反抗杀一城！”

马良之所以如此卖国殃民，是因为背后有段祺瑞为首的“安福系”[⑤]的撑腰，正如天津各界联合会告全国同胞书所言：“夫马良所以敢于媚外虐民者，以段祺瑞主之，而徐世昌纵之也。段氏尝谓马良曰：‘汝拿定宗旨做去，吾一切负

---

① 《天津学生联合会报》1919年8月8日。

② 天津《益世报》1919年8月11日。

③ 张公制等：《山东学生爱国运动》，载《五四运动回忆录》，中国社会科学出版社1979年版，第673页。

④ 延波真：《五四前后山东人民的爱国斗争》，载《五四运动回忆录》，中国社会科学出版社1979年版，第679页。

⑤ 安福系：忠于段祺瑞的政团，因在北京安福胡同成立俱乐部而故称。段祺瑞1918年10月卸国务总理之职后，安福系占多数的国会仍在运行。

责任，决不卖友’云云。是山东之学生非马良幽禁之，而段祺瑞幽禁之也；山东之人民非马良擅杀之，而段祺瑞擅杀之也。徐世昌庸懦无能，受制于段。段即以安福部为大本营……一面希望大借款之成立，故不得不媚日，以与日本之武人相结；一面对于救国行动严加取缔，以遂其肥私卖国之谋。”[①]马良以及段祺瑞为首的“安福系”的丑恶行径，激起了山东和全国爱国民主人士的无比愤慨。

《天津学生联合会报》主编周恩来，敏锐地抓住“马良祸鲁”这一现象，以该报为阵地，组织采访和亲自撰写了一篇篇投枪匕首般锋利的文章，指名道姓揭露马良的罪行，把矛头直接指向马良背后的“安福系”，号召人们“推倒安福派，推倒安福派所倚仗的首领，推倒安福派所凭藉的军阀，推倒安福派所请来的外力”。[②]这就为天津学生在五四运动“外争国权，内除国贼”直接目标实现以后，指明了新的斗争方向。

“国民啊！黑暗势力愈来愈多了！我们应当怎样防御啊？”邓颖超读着周恩来写的《黑暗势力》一文，赞许地说：“周恩来说的好，我们要有预备！要有办法！要有牺牲！”接着，她又拿起另一张报纸，读起周恩来写的《敬告男女青年》的时评：“女学生，男学生，我们现在不是憩着的时候，我们应当每天实行警醒社会的事业。”

张若名主持“女爱会”评议部，对“马良祸鲁”所引发的新的斗争形势作了充分估计，准备着迎接新的斗争。

8月中旬，山东特派代表来到天津各界联合会，他们报告了山东救国运动遭受马良打击的惨况，要求天津各界爱国人民给以支援，惩办军阀马良。天津各界救国联合会遂一致决定，日内推选各界代表，协同山东代表进京请愿，要求政府惩办马良，以平民愤。

8月13日，天津各界联合会致电徐世昌总统和国务院并通电各省请诛马良。电文指出：“暴君马良在鲁借口戒严，擅杀无辜，仗势凌民，全国共愤。中央任其所为，残杀人命，虐待学生，致使民气莫伸，民冤莫诉……马良此种

---

① 天津《益世报》1919年8月28日。

② 飞飞：《黑暗势力》，载《天津学生联合会报》1919年8月6日。

残害民命暴虐行动，直与国民宣战，无所忌惮。倘政府无正当解决，不但破坏法纪，政府似有与马良表示同意嫌疑。”电文要求“将马良明正典刑”，并希望全国各界“协力赞同，一致电诉，惩办马良以救鲁难”。①

在天津各界联合会推选代表之前，张若名和刘清扬、郭隆真、邓颖超等“女爱会”负责人，与谌志笃、马俊等学生联合会负责人，同周恩来一起，对这次进京请愿进行了分析。他们认为，前次拒签和约请愿为外交故，徐世昌勉强与请愿者会面，此次请愿则为讨军阀保民权，这将为统治者所不容。从马良祸鲁看，安福派及其爪牙是暴虐凶残的，所以，尽管是和平请愿，政府也极有可能武力镇压。他们“预知这一次的请愿，代表们仍可能被捕”。②他们的共识是，各界推举的代表，应是“有斗争性的坚强人物”，每位代表都应有经受挫折的思想准备。

仿照上次推选十代表赴京拒签和约先例，这次进京请愿的代表人数，天津各界联合会一开始也投票推选了十位，其中男六人，女四人。这四位女代表即是刘清扬、郭隆真、张若名和周之廉。

进京四位女代表（右起）：刘清扬、郭隆真、张若名、周之廉

据当事人李澄之回忆：“为要求取消戒严并惩办马良，山东学生及各界代表联络天津各界联合会代表刘清扬、郭隆真、张若名以及男生代表数人，抵京后又联合北京学生代表瞿秋白等（共）25人，在8月23日向总统府请愿。”③

① 天津《益世报》1919年8月14日。

② 刘清扬：《觉醒了的天津人民》，载《五四运动回忆录》，中国社会科学出版社1979年版，第547页。

③ 李澄之：《五四运动在山东》，载《五四运动回忆录》，中国社会科学出版社1979年版，第660页。

张若名等天津十代表抵京后，下榻在打磨厂第一宾馆。

8月23日是星期六。在这天上午10时，天津代表同山东和北京的代表共三十余人，汇集在石化桥山东中学，商定共同行动计划。会议通过了请愿书，决定即刻去见徐世昌，呈递请愿书，并陈述意见。旋即用电话通知了总统府。

请愿书抨击了政府对济南的戒严行为，鞭挞了马良祸鲁的罪恶，指出：“岂我国家法令森严之日，二十世纪民权昌明之世，而容再有此残杀无辜，横蛮无忌之徒，得以行其祸国祸民之计。”①可见，张若名等已经开始用“民权”为武器，向统治者发起斗争，这是五四运动以来，把民主思想付诸实践的一次重要尝试。

午前，张若名等请愿代表来到新华门，此时已有军警多人鹄立而待，惶惶然如临大敌。代表们向凶横的门警说明来意，要求谒见大总统，面递请愿书。一段时间过去，“承宣司奉大总统交谕：由地方官厅照章办理”。很快，京师警察厅总务处长常耀奎和李氏督察长来到，勒令代表解散速离府门。“代表等以济民无时无刻不在倒悬，何忍空手回寓？”便同对方展开说理斗争。常耀奎等以代表们人多语杂，要求代表们再推出代表进接待室谈话。于是，先由郑书麟等两位代表，继由王醉生等两位代表，先后进接待室交涉。张若名和刘清扬、郭隆真、周之廉等其他代表则在新华门外，向纷纷聚来的学生和各界群众进行讲演宣传。

六七个小时过去，代表们一个个唇焦舌敝，但徐世昌大总统仍然闭门不见。

在太阳快要西沉的时候，大批军警和身穿黑大褂的便衣侦探，向请愿代表们拥来。张若名等代表早有思想准备，并不感到意外。当时新华门外两侧还有西苑、福华两个三座门。郭隆真和关锡斌登到福华门旁边的栏杆上，对着总统府大声疾呼，张若名在一旁和他们一起呼应，指名道姓要见大总统徐世昌。

群众跟着郭隆真、关锡斌、张若名等大声地呼喊。正在喊着，突然一个军警用枪托猛打关锡斌的脑袋，关锡斌应声摔了下来，头部冒出鲜血。张若名和周之廉赶忙上前救护，她们搀扶着关锡斌，把他护送到米市大街青年会的三

① 天津《益世报》1919年8月25日。

楼，为他包扎好伤口，三人旋又返回新华门前。[①]此时，郭隆真、刘清扬、王醉生等代表已经被捕。本来，警察厅开始只拘捕了王醉生等23名男代表，而让女代表“先行回寓”。但刘清扬和郭隆真怀着与男代表共患难的决心，也“尾随到厅”。[②]

张若名、周之廉等连夜返回天津，报告情况，商讨营救措施。

在天津，自从张若名等赴京请愿十代表离去，《天津学生联合会报》主编周恩来，天津学生联合会正、副会长谌志笃、马骏以及其他团体的负责人，便都焦虑地等待着请愿的消息。

“叮呤呤……”电话铃猝然响起，马骏一跃而起摘下耳机：“喂！喂！啊！北京学联，我是马骏，请说罢。什么？都被捕了！……好，我们立即准备下一步的行动。”

众人听到赴京请愿代表被捕的消息，都激动起来。

“用不着惊慌紧张。”周恩来冷静地说，“这正是我们加强爱国运动的时候。我们依照计划进行就是了。……被捕，只要经得起考验，不算什么。但营救他们，是我们的责任。”[③]

深夜，张若名、周之廉等回到天津，向谌志笃、马骏和周恩来等报告京城请愿详情。接着，他们连夜商议组织第二批请愿代表，进京展开更大规模的斗争。马骏表示，他要亲自带领请愿代表进京，他说：“我倒要看看卖国政府的监狱里，能不能容得下这些人。”周恩来还布置《会报》连夜赶出了号外，报道请愿代表被捕真相，号召各界速起救援。

黎明时分，津埠的大街小巷都响起了报童的声音。张若名和周恩来等的艰辛化作《会报》号外的信息，传到天津的每一个角落。各界人士闻讯而起，赶到自己所在的团体，积极要求参加请愿斗争。

---

① 管易文（关锡斌）：《五四时期参加赴京请愿活动的回忆》，载《天津文史资料选辑》第3辑，天津人民出版社1981年版，第44—49页。

② 北洋政府档案，载《五四运动在天津》，天津人民出版社1979年版，第324页。

③ 刘清扬：《觉醒了的天津人民》，载《五四运动回忆录》，中国社会科学出版社1979年版，第548页。

郭隆真、刘清扬、王醉生、易守康等被捕后，被押到京师警察厅，囚进拘留所。在囚室中，代表们勇毅坚决，毫无惧色。

警厅的常耀奎处长因与刘清扬的三兄《民强报》社长刘铁庵相识，便于代表们被捕的当晚将刘清扬约出，又一次“劝令回寓”。刘清扬坚定、坦然地答道：“我此番是奉母命救国，且男女同为国民，理应与男界同受甘苦，即便死于厅内，我等亦甘心。再说既将我们捕来，我们就是罪人。好等候打官司，绝不能出去。”此人又将刘铁庵请来劝说。刘清扬对哥哥说道：“我们女界此是初次在社会上做事，绝不能比男界少走一步，即或死，我们亦在里头。代表等从此一定要与我们全国女子作个榜样，以免将来被男界之轻视。家兄虽来，想亦不愿令我偷安于一时而做一女界万世之罪人也。”说毕，鞠躬而退。[①]

同刘清扬一样，郭隆真也是正气凛然，刚强坚贞。在去往拘留所途中，她一路大声斥问对方：“爱国何罪之有？能有人卖国就不能有人爱国吗？”在拘留所中，当她发现拘留所送来的饭菜中有洋粉、海带等“日货”时，顿时大怒，喝令监警立即调换食物。

刘清扬、郭隆真的言行，显示了觉醒了的知识女性的铮铮铁骨。

8月25日，马骏率领天津第二批请愿代表晋京赴难。

张若名同周恩来、邓颖超等留在天津，抓紧时间组织第三、第四、第五批清愿代表，并通过报纸、讲演、游行、请愿等方式，领导各界声援进京请愿代表。

关于进京天津学生的生活问题，谌小岑在回忆录《天津五四运动及觉悟社》中写道：“大多数天津去北京的同学都是自费买票的，有的住在亲戚家里，有的是在北京学生联合会的照顾下安排住处及照顾伙食。天津女界爱国同志会的人就住在西直门大街的天主教堂，她们都是自己出钱开伙。只有极少数几个天津同学受到学生联合会的接济。”

8月26日上午，京津唐各界请愿代表，公推天津学联副会长马骏为请愿总指挥，于午前齐集新华门求见大总统。徐世昌大总统依然绝而不见。马骏等与

---

① 天津《益世报》1919年8月29日。

阻拦请愿的政府人员和军警等“辩难甚烈”。至下午1时许，军警之外，又加派侦探和骑兵，架枪把守府门，禁止请愿代表自由活动和饮食，把他们内外隔绝，软禁在新华门前。代表们不惧炎天烈日，席地而坐，“环聚不散”。入夜，北京学界携带铺盖、食物前来救援，也被军警拦阻于新华门外，遂倚铺盖露宿。

8月27日晨，北京各界千余人赶来，也被围于新华门外。

马骏等被围困在新华门的消息传来，天津各界联合会评议部决定，迅速组织好第三批请愿团尽快出发。

27日下午，周恩来和张若名等率领天津学生五六百人赶赴北京。①由于反动当局派出警备队截留，周恩来和张若名等先乘火车赴北戴河，然后再从北戴河乘通车晋京。

8月28日，周恩来、张若名一行抵达北京，他们立即展开营救活动。周恩来负责联系北京各界爱国团体，组织更大规模的请愿斗争，并以天津学联的名义通电全国，呼吁举国一致，共赴国难。张若名等则率领天津第三批请愿团直接去新华门与马骏等被困请愿代表联系。

马骏指挥的请愿代表已经在新华门前被围困了两天两夜。他们不惧日晒雨淋，不分白天黑夜，辩斥军警，宣传群众，抱定牺牲精神坚持斗争。此时，张若名等天津第三批请愿团的到来和北京各界人士的源源加入，有力地壮大了新华门请愿的阵势，人们的斗志更加旺盛。马骏和张若名等分工，各率部分请愿代表和各界人士，冲破军警的限制，分别控制了新华门、西苑门和福华门，断绝了这公府三门的通路。

对人民的和平请愿，政府最终选择了镇压。

当马骏和张若名等率众株守公府三门之时，各门军警亦在陆续加添。下午1时许，府中忽称大总统命令，表示愿见国民代表，请由请愿代表中推举14人晋见。

---

① 中央文献研究室：《周恩来年谱（1898—1949）》，中央文献出版社、人民出版社1990年版，第32页。

马骏

于是请愿代表们很快推举出包括张若名等两位天津女代表和马骏等天津8位男代表在内的14名代表，14名代表遂由西苑门入至中海西岸集灵囿。突然，一声令下，军警不容分说，上前将14名代表之手一一背上，往外推走，“每请愿者一人由军警二人挟扶向天安门行去，惟对于女代表，则以军警围之而行。”[①]马骏挣脱出来，手执国旗，立于高处，大声发问：“这是什么？”张若名等答：“五色国旗。”马骏慷慨激昂：“不错，我们此次请愿正为保全此五色国旗，使能植立于世界之上。惟今番政府以兵挟制我们，此去惟恐凶多吉少。请问诸君，倘到我们死的时候，我们是哭着死呀？还是笑着死呢？”众人答：“笑着死！”马骏又面向全场大声说道：“……吾人死为国死，死为争国不亡而死，死后惟愿全国父老以及后之来者，万不可把国忘了。将来如得幸福有日，则吾人虽死之日，犹生之年，死亦瞑目于地下矣。”[②]一席话，反映了马骏、张若名等，为了正义事业视死如归的高尚情操。

马骏、张若名及相继被捕者达二三百人，悉被押在天安门内。请愿代表把天安门称作“天安村”，在马骏指挥下把它变成了一个宣传讲演的战场。马骏的指挥若定和英勇无畏，深受请愿代表敬佩，人们尊称他“马天安”。

28晚8时许，军队开入天安门内，把马骏等11人用汽车解至警厅，对张若名等其余人等则枪捶棍杵，足踢手殴，“代表中多有受伤者，闻女代表亦负伤数人”。时间不长，警厅又派来几辆汽车，概令张若名等女代表登车，马骏等男代表则仍由警兵二人挟一，悉数带出天安门，解送家属及各学校。[③]

① 《请愿代表之回津》，《天津学生联合会报》1919年9月1日。

② 《申报》1919年8月31日；天津《益世报》1919年8月29日。

③ 《申报》1919年8月31日。北洋政府档案，载《五四运动在天津》，天津人民出版社1979年版，第328、329页。

张若名获释后，不顾疲劳，立即返回天津，向“女爱会”和“天津学联”汇报北京请愿的情况，同留守天津的谌志笃、邓颖超等研究天津声援北京请愿的具体活动，及准备必要的钱物送往北京。

30日上午，张若名又从天津赶到北京，同周恩来等汇合，继续并肩斗争。

北京政府镇压和平请愿的暴行，进一步激起全国人民的愤慨。全国学生联合会，京、津、济、烟等处各界联合会等群众组织和团体，纷纷致电北京政府，表示“誓与政府不正当之压迫为最后之决斗，前仆后继，决不反顾”。①

在全国舆论的一致声讨之下，北京政府被迫于8月30日释放了全体被捕代表。

8月反对“马良祸鲁”的斗争，虽然没有达到严惩马良的目的，但是它进一步增强了人们的人权民主意识，使五四运动“民主”和“科学”这两面大旗越发耀眼，高扬于人们的心目之中。

张若名在这场斗争中经受了新的锻炼，她全身心义无反顾地投入其中，进一步表现出反对不良政治的顽强斗志和为人民利益牺牲奋斗的精神。

① 《申报》1919年8月31日。

八、与周恩来等创办“觉悟社”

1919年9月2日下午。西斜的太阳热度不减，仍在火辣辣地炙烤着大地。

一列客货混用的慢车，徐徐驶离熙熙攘攘的北京站，向天津方向驰去。

在一节车厢的尽南头，坐着八位男女青年，他们热烈地交谈着。从敞开的车窗吹进的热风掠拨着他们的黑发，从移动的树隙射入的阳光热拂着他们的面颊。炎热丝毫没有消减他们的兴致，一位位激情洋溢，焕发着青春的活力。

因反对马良祸鲁而被捕的请愿代表获释以后，所有在京的参加这场斗争的天津代表，便分批返回天津。周恩来、张若名等八人，作为最后一批代表，就是乘坐这趟列车离开北京的。这八人是：周恩来、郭隆真、张若名、关锡斌、谌小岑、周之廉、李锡锦、郑季清。此刻，他们在兴奋地议论着赴京斗争的感受，总结着一个时期以来爱国民主运动的经验教训，研究着天津爱国民主运动今后的发展等问题。

马良祸鲁和这次逮捕请愿代表以及天津各界联合会8月28日被查禁等一系列事件说明，北京政府是专横的，“中华民国”还未名实相副，中国的民主还是初步的，还存在诸多问题。民主的成熟是一个漫长而复杂的过程，单靠一时的请愿、示威是远远不够的。周恩来、张若名等认识到，要推动中国民主进步，必须改良中国的社会土壤，实现社会思想变革，从而为自由、民主在中国生根奠定基础。而要进行社会变革，必须加强联合，团结凝聚社会革命的力量。

五四运动是以青年学生为先锋的爱国民主运动。在天津的两大学生团体中，天津学生联合会是以南开学校、高等工业学校等男校的学生为主体；女界爱国同志会则是以直隶第一女子师范的学生为主体。尽管在五四运动中，这两大团体相互支持，团结合作，男女授受不亲的传统习俗被一步步冲破，但男女还不能在同一个团体中活动，这无疑不利于天津学生的统一领导和行动。周恩来、张若名等深深感到，随着爱国民主斗争的发展和以科学、民主为核心内容的新思潮的激荡，两大团体的联合已成必然之势。

太阳逐渐被连绵起伏的太行山遮住，火车在晚霞笼罩的京津大平原上奔驰。

刚刚经历了囹圄之苦的郭隆真略显憔悴，但双眸炯炯，毫无倦容。她对周恩来、张若名等人说："鉴于今后的斗争会更加艰巨复杂，我们天津的男女同学必须联合起来。特别是天津学生联合会和女界爱国同志会应该更加紧密地合作，成为天津爱国运动的核心。"

"我赞成隆真大姐的这个意见"，张若名紧接着郭隆真的话题说道。她接下来提了个重要建议："依我看，索性把女界爱国同志会并入天津学生联合会，以壮大学联的阵容。"①

周恩来肯定郭隆真、张若名的主张，他对战友们说道："我们是不是再进一步。"他说："我们要将学联会和女爱会两个团体中的积极分子，首先是我们这些最接近和相互了解的人组织起来，形成一个比学联会更严密的团体，作为爱国运动的坚强核心。同时出版一个刊物，以探讨新的思想，作为引导社会的先锋。"②

周恩来的这一倡议，说出了大家内心的要求，赢得了众人的一致赞同。于是，人们又开始议论起新团体的名称、参加者的条件、如何开展活动及刊物的筹办等问题，一个新生的民主革命团体就酝酿开了。

入暮时分，火车抵达了津门。一群着眼于当前斗争，放眼于未来使命的革

① 谌小岑：《五四运动中产生的天津觉悟社》；谌志笃：《参加五四运动的几点回忆》；刘清扬：《觉醒了的天津人民》。载《五四运动回忆录》，中国社会科学出版社1979年版，第582页、605页、553页。

② 刘清扬：《觉醒了的天津人民》，载《五四运动回忆录》，中国社会科学出版社1979年版，第553页；《周恩来年谱（1898—1949）》，中央文献出版社、人民出版社1990年版，第32页。

命青年，约定了再次聚会的时间地点后，握手告别。

请愿代表回到天津以后，周恩来和张若名、郭隆真同刘清扬一起，抓紧时间筹建民主革命团体。美国记者斯诺在《西行漫记》第2册附录中，曾提到周恩来当年与他一次谈话的笔记，当谈到觉悟社的创办人时，周恩来说有他自己、还有张若名、郭隆真、刘清扬。《周恩来谈赴法勤工俭学》中谈道：“到1920年，四个觉悟社的创办人，包括周恩来，参加由陈独秀和其他亲法分子组织的勤工俭学计划，去了法国，觉悟社也告结束。”①周恩来所说的“四个觉悟社创办人”，就是周恩来、郭隆真、张若名和刘清扬。

一个星期之后，周恩来和张若名各提出了一个参加民主革命团体的人员名单。周恩来从天津学生联合会中选定了十名骨干，张若名一开始从“女爱会”中选定了八名骨干，因见周恩来提出了十位，本着男女平等的原则，她又从“女爱会”中补充了两位。据觉悟社成员谌小岑回忆，为了体现男女平等原则，建社之初的20名成员，男女各半，女学生的名单就是由张若名提出的。②

1919年9月16日下午，由周恩来和张若名选定的20名青年男女汇集在天津东南城角草厂庵天津学生联合会办公室，召开了天津爱国青年的进步团体——觉悟社的成立大会。

觉悟社旧址

① 清华大学党史教研组：《赴法勤工俭学运动史料》（3），北京出版社1981年版，第399页。

② 谌小岑：《五四运动中产生的天津觉悟社》，《五四运动回忆录》，中国社会科学出版社1979年版，第583页；徐泓：《大人物·小人物》，人民出版社1995年版，第177页。

在天津学联不大的办公室里，十位女青年和十位男青年分开来各列一边坐在那里。经过几个月的共同斗争，他们当中的许多人已经互相认识，但也有几位相互间是初次见面。于是，先由郭隆真和谌志笃分别介绍：

十位女青年是：	十位男青年是：
刘清扬	周恩来
郭隆真	谌志笃
张若名	马　骏
邓颖超	关锡斌
李毅韬	谌小岑
李锡锦	赵光宸
周之廉	潘世纶
张嗣婧	胡维宪
郑季清	李震瀛
吴瑞燕	薛撼岳

在这20位青年中，15岁的邓颖超年龄最小，因而被人们，特别是周恩来称为“小超”。后来，被周恩来终生专用的“小超”这个名字，就是从这时开始叫起的。

周恩来被推举为会议的主持人。与会者经过讨论，通过了十项决议，决定觉悟社本着“革心”与“革新”的精神，以“自觉”与“自决”为主旨，改造自我，改造社会。决定出版不定期刊物《觉悟》，其内容是：（甲）取共同研究的态度，发表一切主张；（乙）对于社会一切应用的生活，取评论的态度；（丙）介绍名人言论（著作同演讲）；（丁）灌输世界新思潮。规定以后的新社员须经三位以上的社员介绍，经全体社员同意，方得加入。

觉悟社的成立，使天津学生爱国民主运动有了统一的领导核心，标志着天津青年运动进入了一个新的发展阶段。

周恩来

觉悟社是中国历史上第一个由男女组合的政治社团，它彻底否定了几千年“男女授受不亲”的传统伦理观念，为全国树立了男女平等的典范。尽管男女对等的原则带有绝对平均主义和形式主义色彩，但它在男女之间建立了平等、互助、互敬的关系，这确实是一种创举。它不仅有利于妇女运动的广泛开展，也势必会对社会生活、意识形态产生多方面的影响，进而有利于整个社会的进步。由此可见，张若名同郭隆真、邓颖超、刘清扬等，在带头冲开传统伦理藩篱，积极投身爱国民主运动的同时，也有力地推进了中国的妇女解放运动。

觉悟社实际上的领导者是周恩来。谌志笃回忆说，在觉悟社里，“周恩来被公推为领导人，由于他谦虚，不肯自认领导，因而组成委员会共同负责；但事实上他经常领导社员们的政治理论学习和讨论，并策划展开群众斗争的行动，以扩大爱国运动的影响。”谌小岑也回忆说：“周恩来从一开始就是觉悟社的领导者，每次开会都是公推他主席，虽然常是经过一番推让，但推让的结果，大家都说：‘还是翔宇来吧’，以后也就成为习惯了。”①

张若名对“周翔宇”这个名字早就知晓。前已提到，张若名写的《校舍记》一文，发表在1917年12月《直隶第一女子师范学校校友会会报》第4期上，而就在这期《会报》上，还刊有张皞如老师的一首七言送别诗《赠周翔宇君赴日留学》。诗曰：“秋花经雨傍阶开，剥琢叩门有客来。久离乍见惊还喜，暂坐兴辞更怅怀。”②张皞如曾任南开学校国文教师，是周恩来的老师。1915年，张皞如转到天津女师任教，临行前，周恩来等七位同学曾与他合影

① 谌志笃：《参加五四运动的几点回忆》；谌小岑：《五四运动中生产的天津觉悟社》。载《五四运动回忆录》，中国社会科学出版社1979年版，第605页、583页。

② 董振修：《天津教育、出版史上的一份重要文献——直隶第一女师校友会〈会报〉简介》，《天津师大学报》1992年第4期。

张皞如老师和周恩来等学生合影

留念。此后，师生一直保持联系，1916年10月周恩来在南开敬业乐群会刊《敬业》第5期发表了诗作《次皞如夫子〈伤时事〉原韵》。1917年周恩来在赴日留学前夕，去张老师家话别，张皞如即兴写下这首诗。天津女师的师生，尤其是本期《会报》上发表文章者如张若名等，当对这首诗及“周翔宇”之名留有印象。

自从与周恩来并肩投入五四运动以来，张若名对这位沉毅英俊、才华横溢的战友的认识与日俱增。

周恩来祖籍浙江绍兴，比张若名大四岁，1898年3月5日生于江苏省淮安府山阳（今淮安）县，幼名大鸾，学名恩来，字翔宇。1910年周恩来离别故乡，去往奉天（今沈阳）寄居伯父家，次年在就读的奉天“东关模范学校”的一次修身课上，他响亮地提出自己的读书志向是“为了中华之崛起！”自古英雄多壮志，在这一点上，周恩来与张若名、邓颖超等不约而同，可谓“心灵的联盟”。

1913年，周恩来随伯父迁到天津，就读于南开学校。在校期间，周恩来获得国文传观比赛第二、化学考试第一、全校数学速赛优秀、全校国文特试第一、默国文考试第一、全校习字比赛行书优秀奖等十多项荣誉，毕业时获国文最佳奖。他认为“学问二字，非仅限于区区功课间”，所以，周恩来不仅学业出色，而且非常注重业余活动。他发起组织敬业乐群会（后任会长），并任会刊《敬业》编辑，他还是学校周刊《校风》的总经理。周恩来在这两个刊物上发表了大量文章，围绕“爱国”“民主”“修养”等问题，提出了许多观点和主张，强调一个人应有远大志向，不为金钱高官所惑，而要以公民精神担负拯救神州陆沉之任。年轻的周恩来对宪政民主有着明确的认识，1917年5月，他为《校风》撰写的社论《本社之责任》（分六期载完）鲜明指出：“人民国家之主人也”，“共和国之统治权在国民全体”。[①]这正是宪政民主的理念。

周恩来很重视新剧。他参加了《一元钱》《恩怨缘》《老千金全德》《华娥传》《仇大娘》《一念差》等十多个新剧的编导和演出。他在《本校十一周年纪念新剧一元钱记》中把新剧视为改良社会之“利器”，在《吾校新剧观》中指出，新剧的主旨是开民智、进民德、解决中国的“昏聩愚顽”。

由于周恩来品学兼优，入学第二年，经老师推荐，成为免费生。1917年周恩来在南开学校毕业，南开学校《第十次毕业同学录》对周恩来的评语为：“君性温和诚实，最富于感情，挚于友谊，凡朋友及公益事，无不尽力”；“君家贫，处境最艰，学费时不济，而独于万苦千难中多才多艺”；

周恩来（右一）在《一元钱》中扮孙慧娟

① 《周恩来年谱（1898—1949）》，中共中央文献出版社、人民出版社1990年版，第21页。

“善演讲，能文章，工行书，曾代表本班与学校辩论，于全校文试，夺得首席，习字比赛，复列其名，长于数学，往往于教授外自出新法，捷算赛速，两列前茅”。

事实上，周恩来在南开学校毕业前，张若名正在天津女师学习。但由于男女不同校，张若名对周恩来四年南开学校的出色表现，不可能了解多少。不过，《敬业》和《校风》这两份南开刊物，几乎是天津中等以上学校的学生无人不晓的，两份刊物上发表的周恩来一篇篇充满爱国民主激情和昂扬进取精神的诗文，在天津学界具有一定影响，想必张若名从中也会对周恩来有着一定认识。

张若名对周恩来的直接了解，大概始于1919年7月《天津学生联合会报》的创刊。五四运动爆发后，刚从日本留学回国的周恩来接受天津学联的邀请，主编学联会报。周恩来在《<天津学生联合会报>发刊旨趣》中宣布：《会报》将“本‘革心’同‘革新’的精神立为主旨”；“本民主主义的精神发表一切主张”；“介绍现在最新思潮于社会”；“对于政府的政策有指导同监（督）的责任”；对社会现象和学术观点进行“公允正确的批评”等。他在刊名下方，特意设计了一句英文：“民主：一个民有民治民享的政府——我们的箴言。”周恩来阐释的《会报》“旨趣”和这一设计，规定了报纸的方向，充分体现了现代报纸的职能。在创刊号上，发表了他撰写的以《革心·革新》为题的社论，提出了改造社会、改造思想的号召，给天津学生以极大启发，他们普遍认为该文“说出了自己心中的要求”。学联副

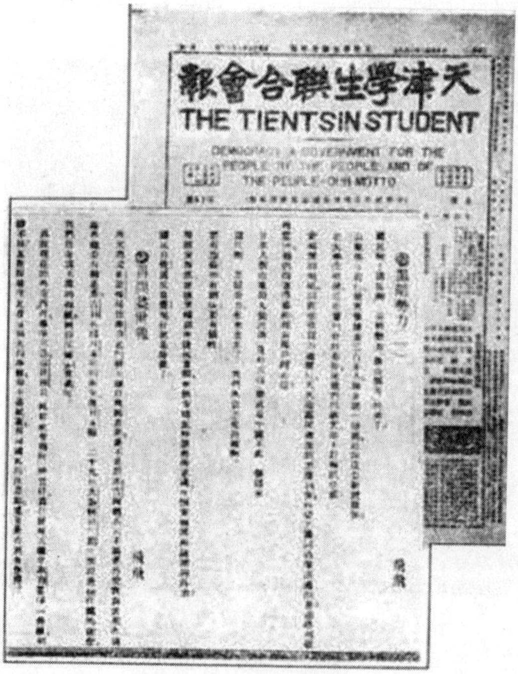
天津學生聯合會報
THE TIENTSIN STUDENT

《天津学生联合会报》

会长马骏看后兴奋地说：“看哪！这篇社论真带劲！这比我们站在几千人面前大喊一阵，可有用得多！”由于会报内容丰富、言论精辟，社会各界争相买读，尤其张若名等女界爱国同志会的会员们，更感到这份学生报，给了女同学以极大的鼓励，因为在它的言论中，大力提倡男女平等，打破传统礼教，为妇女争取权利。

在此后的爱国民主斗争中，张若名与周恩来接触越来越多，在共同的民主革命实践中，她也在深化着对他的认识，两人也因此结下了不解之缘。

为方便张若名、郭隆真、邓颖超等女社员活动，觉悟社会址选在天津女师附近的河北三马路三戒里4号。这里是片普通的居民小区，三戒里4号是座一般的宅院，显得静谧而低调。

觉悟社成立后开展的第一次活动，就是邀请著名的马克思主义者、北京大学教授李大钊来觉悟社作指导。

李大钊对天津非常熟悉。1907年夏至1913年夏，李大钊就读天津北洋法政专门学校，在天津度过六载青春时光。在校期间他积极参加政治活动，如1910年参加要求清朝开设国会的罢课活动，1912年终与同学郭须静进京，结识中国社会党领袖陈翼龙并加入社会党。前面提到，邓颖超的母亲杨振德曾在陈翼龙兼任校长的“中国社会党北京部附设平民学校”任教，邓颖超则在该校插班读初小三年级。李大钊毕业后到北京参加中国社会党活动。9月陈翼龙被杀，袁世凯政府即通电全国查禁“社会党”。李大钊逃离北京，1913年底在天津绅士孙洪伊资助下，赴日本早稻田大学留学。

李大钊

1919年9月21日，亦即觉悟社成立后的第五天，李大钊来到天津四马路11号李锡锦的家中，周恩来和张若名等觉悟社社员已会聚此处，等待聆听李大钊的教诲。李大钊对觉悟社打破传统隔阂不分男女的组合和出版《觉悟》等都非常赞成，他嘱咐这些朝气蓬勃的青年人要认真阅读《新青年》和《少年中国》上的进步文章，并注重分类研究各种新思潮，以求得救国真理。下午4时，周恩来、谌志笃送李大钊到新车站乘车返京。

此后，觉悟社还邀请了其他专家学者来社演讲，如请徐谦讲《救国问题》，包世杰讲《对于新潮流的感想》，周作人讲《日本新村的精神》，钱玄同讲《研究白话文学》，刘半农讲《白话诗》等。

觉悟社的社员胸怀改造中国社会的强烈愿望和奋发向上的精神，对新思潮有着浓厚的兴趣。由于处于空前的言论和思想自由时期，当时中国社会的新思潮五花八门，除了周恩来在日本即已对新思潮有所认识以外，张若名等绝大多数社员还处在启蒙时期，各种思想流派孰是孰非并不清楚。刘清扬回忆说："我们常在一起开会，谈论和研究一些新思潮。那时我们都很幼稚，只有满腔爱国的热情，还没有一定的信仰，社会主义、无政府主义、基尔特社会主义等等，什么都谈论。共产主义是什么？我们都不懂得，只听说最理想的社会是共产主义，只知道苏俄十月革命胜利了，列宁是苏联革命的导师，他们的革命是把被压迫者解放了，要实现一个没有阶级的社会。"[①]邓颖超也回忆说："社员常在一起谈论研究一些新思潮。那时我是年纪最小的一个，不常参加正规的讨论，但常听到比我年长的男女社员们谈论着社会主义、无政府主义、基尔特社会主义等等。大家都还没有一定的信仰，也不懂得共产主义，只听说最理想的社会是'各尽所能'、'各取所需'，只知道有列宁，苏俄十月革命成功了；只知道他们的革命是把多数被压迫者解放了，要实现一个没有阶级的社会，引起了我们的同情和对十月革命的憧憬。"[②]

人的认识有一个发展过程。面对种种主义和学说，人们不可能一下子认识和分辨出科学的理论。就是较早较多地接触过新思潮的周恩来，当时的思想也没有最后确定下来，也还在继续探索之中。张若名等，正是在对各种新思潮的

① 刘清杨：《觉醒了的天津人民》，《五四运动回忆录》，中国社会科学出版社1979年版，第553—554页。

② 邓颖超：《五四运动的回忆》，《五四运动回忆录》，中国社会科学出版社1979年版，第75页。

比较中探索着真理，在学习、探索和实践中，一步步地觉悟起来。

10月中旬，觉悟社设立了执行机构“执行部”，张若名任执行部部长。

觉悟社很重要的一项工作，是出版《觉悟》杂志。在《觉悟》第1期出版前夕，12月21日，全体社员召开大会，作出的一项决定是社员发表文章或写信联络均不用真实姓名，而是以数码谐音为代号，“社员用抽签法，决定代表个人的号数，好替各人对外的姓名。”这一做法，反映了觉悟社多少受无政府主义思想的影响和对严酷斗争环境的警觉。

今天，在天津市河北区宙纬路三马路三戒里4号天津觉悟社纪念馆内，人们从桌子上的茶盘中可以看到许多阄纸。当年，周恩来和张若名等就是在这里用白纸条写了50个号码（准备继续发展社员），卷成小纸卷，供20位社员抓取的。

社员抓阄的结果以及此后所用谐音代号如下：

邓颖超［1号］（壹）（逸豪）	周之廉［3号］（珊）
周恩来［5号］（伍）（伍豪）	赵光宸［9号］（奈因）
薛撼岳［11号］（石逸）	郭隆真［13号］（石衫）
关锡斌［18号］（石霸）	潘世纶［19号］（石久）
胡维宪［20号］（念豪）	刘清扬［25号］（念吾）
吴瑞燕［26号］（念陆）	李震瀛［28号］（二八）
马　骏［29号］（念九）	李锡锦［31号］（衫逸）
郑季清［34号］（衫峙）	张若名［36号］（衫陆）
张嗣婧［37号］（衫弃）	谌小岑［41号］（施以）
李毅韬［43号］（施珊）	谌志笃［50号］（武陵）

每位社员拥有一枚属于自已的社徽，它是由周恩来设计、集体讨论通过而制作的。其图案是一个五角星，红地白边，珐琅质，里面有一白色A字。社徽背面刻有每个社员的编号。

觉悟社后来又陆续吸收了五名女社友：周颖（周之廉三妹）、李愚如（又名李锡志）、王贞儒（又名王卓吾）、郭蔚廷（郭隆真之妹）、韩恂华。四名男社友：陶尚钊、黄爱、胡嘉谟、梁乃贤。

1920年1月20日，由周恩来主编的《觉悟》杂志终于出版。这期《觉悟》系大32开本，100多页，近10万字。该杂志上发表的《觉悟》和《<觉悟>的宣言》两篇纲领性的文章，是经过周恩来、张若名等全体社员讨论，由周恩来执笔写成的。

《觉悟》一文，实际是该刊的发刊词。文中指出：人与其他一切生物最大的区别，就是人能够“觉悟”。而人“从‘觉悟’中生出来的效果，必定是不满意现状，去另辟一条新道，接续不断的往前走，去求无穷的进化。纵横起来说：横性的‘觉悟’，是利己利人，永无边境；纵性的‘觉悟’是解放改造，破坏建设，永无止境”。

《〈觉悟〉的宣言》一文，则明确向社会宣示了《觉悟》的宗旨。文章指出：“凡是不合于现代进化的军国主义，资产阶级，党阀，官僚，男女不平等界限，顽固思想，旧道德，旧伦常……全认它为应该铲除应该改革的。”这实际上提出了中国革命的对象问题，反映了觉悟社社员彻底的民主爱国的革命意志。

《觉悟》杂志仅出版了这第1期。第2期已收集四十多篇文章，本拟2月20日出版，但因连续发生反动当局迫害学生事件，特别是周恩来、马骏、郭隆真、张若名等被捕入狱，该期未能付梓。但仅就《觉悟》这第1期，后人已不难感受到周恩来、张若名、邓颖超等先进青年，站在时代前列，为了振兴国家，推动社会进步，而努力思考、探索的精神。当年北京《晨报》即评价说，觉悟社是“天津学界中最优秀、纯洁、奋斗、觉悟的青年小团体”，是“天津的小明星”。[①]

觉悟社是在中国社会转型时期的爱国民主斗争中产生的，它不是远离斗争实际、坐而论道的小团体，它始终将自己置身于理论与实践的辩证过程之中。中国共产党对觉悟社的活动曾给予充分肯定和高度评价。1921年，张太雷在共产国际“三大”的报告中，认为觉悟社的活动已“成为全民族的运动”；1926

① 北京《晨报》1919年11月25日。

年，蔡和森在一篇文章中明确指出，觉悟社虽不是纯粹的共产主义组织，但它一步一步地倾向马克思主义，或者说它是全国组织的萌芽。[①]一些学者也指出：“觉悟社类似北京李大钊、陈独秀创办的《新青年》社、少年中国学会，湖南毛泽东领导的新民学会和《湘江评论》社，以及上海、武汉等地的共产主义小组，这些可以说是为党准备了骨干力量。”[②]

“觉悟社”男女社员公开、共同开展活动的行为，不可避免地招致流言蜚语：“男女这样乱七八糟混在一起……”但觉悟社男女关系是纯洁的，20个基本社员中，只有马骏已婚，女社员张嗣婧稍后亦婚，其他社员相约，从事学生运动期间不谈恋爱，以集中精力，全身心投入改造中国社会的工作之中。周恩来、张若名甚至声明抱定“独身主义”……

觉悟社岁月，使“社员的精神受了一番很大的鼓动”。在这个“作战的‘大本营’”里，张若名和其他社员一样，思想不断觉悟，以鲜明的牺牲、奋斗的精神，成为改造社会的先锋。

① 蔡和森：《中国共产党史的发展》（提纲），见《蔡和森的十二篇文章》，人民出版社1980年版。

② 爱泼斯坦、刘珙、曾淑芝：《坚定的信仰，不懈的奋斗——访邓颖超同志》（上），见《中国建设》1981年第7期，第7—8页。

九、天津新学联委员长

中秋时节，天高云淡，北雁南飞。海河两岸，落叶飘飘，金菊傲霜。

短短几个月的斗争，使得张若名一如这丰硕的秋天，失却浮华，渐达成熟。

然而，现实社会并非似秋景这般安谧、恬静，北京政府的不良统治，逼迫着中国人民不断掀起斗争的巨澜。因此，民主革命的弄潮儿必须挺立浪尖潮头，在改造社会、建立宪政民主的浩浩大潮中，继续锻炼成长。

在觉悟社成立前后，上海、山东等地代表陆续来津，要求仍在坚持活动的天津各界联合会邀集各省区代表到北京，为山东问题再来一次请愿。经商议，由天津学联电请上海全国学联出名约集。这样，以全国学联名义，决定各省代表就山东问题再度赴京请愿。

1919年9月底，上海、天津、山东、河南等七省市32名代表到达北京。天津共选派代表10人，其中包括觉悟社社员郭隆真、关锡斌、赵光宸。[①]张若名同周恩来、谌小岑等随同天津代表一起抵京，协助代表工作并照料一切。

10月1日，代表们“本其牺牲忍受之精神”，去新华门向大总统请愿。徐世昌闻讯大怒：“彼等何所谓请愿，直扰乱府门而已。”并传言：“今后永不见请愿代表。”请愿代表们伫立一天不见总统，非常气愤，郭隆真登上总统府前的石狮子，痛斥徐世昌，历数北京政府的软弱外交。晚10时，32位代表悉遭

① 天津《益世报》1919年11月8日。

逮捕。郭隆真沿途大声宣说，抗议军警打人，其他三位女代表，即天津“女爱会”会员武绍芬、王同华和济南女师刘菊华也是临危不惧。一位目击者写道：“郭女士叱咤便衣恶探，多痛快呀！诸女代表笑颜就捕，携手同行，欣然而行，破涕而笑，好悲壮呀！”①32位代表被押到警厅门前时，齐立大呼“中华民国万岁”数声，“惟时天阴沉沉，雷声轰轰，大有上干天怒之意”。中秋响雷，真是人怒天怨。

此次请愿的结果，使人们对北京政府彻底失去了幻想，正如请愿代表南京的刘英士后来所言：“鄙人等经此训练，顿生绝大觉悟。以为此等政府，绝不配请愿，我辈今后亦永不再主请愿。”②

郭隆真等请愿代表被捕以后，“张若名火速返回天津，商讨营救办法”。③周恩来则立即找到北京学联负责人，商定借庆祝“双十节”之机，京津举行一次大规模的游行示威，以营救请愿代表，争取民主自由。之后，周恩来也连夜赶回天津。

郭隆真、关锡斌、赵光宸三位觉悟社社员被捕，马骏和刘清扬两位觉悟社社员为筹备全国各界联合会的成立也于9月下旬去了上海。周恩来、张若名、邓颖超等觉悟社社员肩负的责任更大，担子更重了。商讨谋划、组织联络、领导指挥……他们的牺牲奋斗，使觉悟社成为天津学生爱国民主斗争的核心和“领导社会的急先锋”。

10月2日下午2时，以学联会和女爱会为主体，天津各团体分赴街头讲演，讲演内容“大致报告全国代表被捕情形并公布政府之非法”。④下午4时，除天津女师因深入家庭演说之外，天津各学校学生四千余人齐集东马路青年会，然后结队去省公署请愿，要求省长转电中央，释放代表，解决山东问题。省长拒绝接见。

3日，天津各界联合会筹备绒棉衣服。5日，觉悟社社员谌志笃携三十余套

① 天津《益世报》1919年10月4日。

② 《申报》1919年11月12日。

③ 杨在道：《张若名研究资料》，中国妇女出版社1995年版，第66页。

④ 天津《益世报》1919年10月3日。

卫生衣赴京，送交郭隆真等被捕代表。

4日，张若名同邓颖超等又率“女爱会”全体会员出发讲演。她们高举“全国各界请愿被捕”八字大旗和“女爱会”旗帜，在围城大马路、大胡同一带游行演说。她们所至之处，人民皆围绕四周，驻足静听，“讲至极诚恳之外，听者都为泣下”。①

周恩来在4日和7日连续出席天津各界联合会评议会，报告赴北京请愿代表被捕详情，讨论“双十”大会及游行计划。

10月10日是辛亥武昌起义日，民国成立后定为国庆节，又称“双十节”。随着“双十节”的临近，周恩来、张若名、邓颖超、谌志笃等觉悟社社员，对这次集会和游行又进行了精心准备。他们计划主席台前第一排，是一般没有参加组织的市民群众；第二排是有组织的救国十人团等；第三排是商界各同业公会等；第四排是学联的男学生；第五排也就是最外边的一排是女学生和“女爱会”会员以及童子军。这样排列的用意，是设想军警包围会场或破坏游行时，或许不会直接和女学生、小孩子发生冲突，这样女生和童子军可先突围，为后面众人打开通路。她们还买来坚硬的竹竿，上贴写有标语口号的各色纸片，做成旗子，准备万一发生冲突，可用竹竿为武器。

10月10日下午1时，天津学生、市民和各界人士共四五万人齐集西南城角南开学校操场，举行共和八周年纪念大会。各团体按预定顺序分排就位，“邓颖超、张若名等觉悟社女社员带领女学生和童子军站在队伍最前列”。②

1919年10月10日南开学校操场市民大会一角

担任大会主席的天津各界

① 《申报》1919年10月5日。

② 金凤：《邓颖超传》，人民出版社1993年版，第45页。

联合会副会长马千里宣读了《双十节宣言》。《宣言》直指北京政府，痛斥徐世昌、段祺瑞之流镇压爱国民众，破坏民主共和的行为："夫共和国家，人民有请愿陈诉之权，有自由言论、出版、集会、结社之权，均载在约法，全国共知。今之政府及政府所雇之官吏，举以上各种人民之自由权，完全剥夺。故今日吾国对于共和二字，只有共知之名，而无共和之实。则所谓双十节之大纪念，乌得不对之而发生无限之大感想也哉！"[①]《宣言》号召民众打破幻想："对此政局，自当一心一德，努力进行，速筹自决之策。"表达了天津人民维护公民权利，保卫民主共和的斗争决心。

几位代表演说完毕，担任游行总指挥的学联会会长谌志笃一声令下，人们按原定计划出发游行。

熟料，刚出南开大操场，游行队伍便被天津警察厅厅长杨以德（绰号杨绑子）事先派来的大批警察和保安队当道拦阻。打头阵的张若名和邓颖超等向对方反复解说："此次游行为庆祝共和纪念，并无他意。岂同为中华国民而禁止庆祝共和者。"军警非但不予通过，反而端枪以对，"如与敌人交战状"。

为保卫"共和"起见，谌志笃下令整队前冲！于是学生分三队向各处冲击，张若名和邓颖超等分率女学生居先冲进。军警遂向公民极力打击。邓颖超回忆说：我们"一面冲一面向他们（警察）宣传呼喊：'警察也应该爱国'，'不要打爱国学生'，同时因为他们已经动武，用枪托殴打我们，很多同学挨了打，有的眼镜亦被打破了，于是我们也就挥动手上的竹竿抵抗，并用竹竿把他们的帽子掀掉地上。当他们弯腰去拾帽子的时候，我们就乘这空隙向前冲"。[②]

在这次捍卫"共和"同军警的搏斗中，有11位学生被打成重伤。邓颖超也"被伤吐血"。[③]

在搏斗的关键时刻，学生联合会预备好的汽车宣传队从南马路由东向西开了过来。于是里外夹攻，打开了一个缺口，游行队伍遂紧跟汽车突破重围，

① 《申报》1919年10月11日。
② 邓颖超：《五四运动的回忆》，《五四运动回忆录》，中国社会科学出版社1979年版，第72页。
③ 《申报》1919年10月13日。

1919年10月10日天津各界包围警察厅

由南开经南马路、东马路、北马路，浩浩荡荡地环城游行，口号之声震撼津门。

游行队伍最后来到金汤桥口，包围了警察厅。众推周恩来、李毅韬等四人为代表，进厅质问杨以德为何阻拦庆祝共和游行并派警察无故殴人。市民们还借来几个打更用的木梆子，大敲大喊："杨梆子，你出来！"杨以德惧不敢见。众人遂又推马千里、谌志笃等十人为代表，去省公署向省长曹锐抗议杨以德的暴行，曹锐也不与见。

在代表们去警厅和省署交涉之际，张若名和邓颖超等则"就近演讲""讲演不辍"。一直到晚上10时多，游行队伍方才分批撤离。

天津军阀对"双十节"和平示威的迫害，进一步激起了广大妇女的觉醒。邓颖超回忆说："这次事件激起了女同学极大的愤慨，于是不再管传统习俗的限制，第二天就走向街头，不顾一切，到处举行街头露天讲演，控诉杨以德对于学生的迫害。"①

广大女学生的思想解放，有力地促进了男女学生在爱国民主斗争中的团结合作。"双十节"之后一两天，天津女界爱国同志会和天津学生联合会联合组成了一个执行机构——"执行部"，以统一领导这两大学生团体的共同行动。张若名被推举到这一机构的领导岗位，担任了执行部部长。②

10月13日，"女爱会"和"天津学联"通过刚刚组成的"执行部"，联名发布了《天津中等以上男女学校学生短期停课宣言》。这个《宣言》是周恩来起草的，它是天津爱国民主运动中第一篇用白话文写的文献。《宣言》揭露

① 邓颖超：《五四运动的回忆》，《五四运动回忆录》，中国社会科学出版社1979年版，第73页。
② 杨在道：《张若名研究资料》，中国妇女出版社1995年版，第67页。

了杨以德破坏共和、主使殴人的罪行，声明“为我国共和前途计，国民人格计”，议决短期停课，以示反对杨以德破坏共和的决心。[1]

各校停课后，男女学生轮番上街讲演，宣传群众，痛斥杨以德暴行。天津各校校长也一致要求省长撤换杨以德。全国学联致电直隶省长，要求速撤杨以德，“以平众愤”，全国学联还“特举干事员多人来津调查实情”，以达到严惩殴击学生者的目的。

10月20日下午，张若名等率领全津男女学生两千余人，同各界联合会发动的一万多市民，又一次浩荡而出，到省公署为杨以德问题去见省长。曹锐在多方压力下，不得不出面相见。于是，各界公推张若名和马千里、谌志笃、李毅韬等11人为代表，[2]进署内去与省长交涉。

张若名等代表见到曹锐后，愤怒谴责杨以德摧残学生的恶行。李毅韬表示：“吾们决心，无论如何必去杨以德。”曹锐在众怒之下，被迫反复表示，“对杨（以德）的事情吾自有办法”，“吾决不食言，一定有办法”。

在持续不断的爱国民主运动面前，直隶省公署不得不表面上作出撤换杨以德的决定，北京政府也被迫在11月7日释放了10月1日在新华门前拘捕的郭隆真等32名各地请愿代表。

郭隆真等获释的消息传到天津，“张若名于当天赶到北京，代表天津各界联合会和‘女爱会’迎接慰问这批被释放的代表。”[3]

五四运动的深入发展，不仅极大地提高了天津女学生参加社会政治斗争的勇气和能力，也提高了她们争取自身解放的觉悟。广大女学生以民主救亡为己任，冲破“男女有别”的世俗网罗，与男学生共同战斗，实现了男女社交公开。如前所述，早在9月2日在火车上酝酿觉悟社时，张若名就提出了“把女界爱国同志会并入天津学生联合会，以壮大学联的阵营”的主张，几个月斗争的实践说明，把天津学生联合会和女界爱国同志会合并，组成天津新学联，既是

---

① 天津《益世报》1919年10月13日。

② 《申报》1919年10月23日。

③ 杨在道：《张若名研究资料》，中国妇女出版社1995年版，第66—67页。

推进爱国民主运动的需要，也是妇女觉醒、男女社交公开的必然。

11月下旬，天津中等以上各学校便开始讨论“女爱会”和“天津学联”的合并事宜。

12月2日下午，张若名以“女爱会”和“天津学联”执行部长身份，主持召开了天津男女各校学生会、各校评议员大会，商讨学联改组问题。这是新学联的一次筹备会议，到会者为18所学校的21位代表，由张若名担任会议主席。①会议做出三项决定：新学联要“废除会长制、执行部长制。采用委员会负责制，打消阶级制度，取真正平等之精神……采（评议部）一部制”。之后，又确定设立总务、教育、出版、调查、财政、讲演六个委员会。最后公推张若名和于方舟等七人起草新学联章程草案。

1919年12月10日，是天津历史上又一个值得纪念的日子。这天下午，北马路天津总商会门前，崭新的两面五色大旗迎风飘扬，十分眩目。进入商会会场内，主席台上方“天津中等以上学校学生会联合会成立大会”18个烫金大字，熠熠生辉，格外耀眼。天津各学校学生代表和各团体代表共五百余人，在这里济济一堂，召开了男女学生合组的天津新学联成立大会。以此为标志，天津广大男女学生终于冲破了千年传统藩篱，走到一起，成为并肩携手的革命同志。

张若名担任大会主席。南开学校军乐队一曲雄壮的旋律过后，张若名致长篇开幕词。她指出：今天召开这个新学联成立大会有着特殊的意义。新学联是由旧学生联合会和女界爱国同志会合组起来的，“男女学生合组学生会，（是）天津男女解放的起点”。②

接下来，张若名阐述了女界爱国同志会的历史，总结了天津女学生思想解放的历程：（子）开追悼郭烈士大会③的时候，女界多半不肯出来，都有恐惧的心；（丑）家庭讲演那时候，各学校的职教员多方阻止，而女界诸君还是绝力的进行；（寅）各界联合会的联合，这事是国民应当做的事，还有许多疑

---

① 天津《益世报》1919年12月3日。

② 天津《益世报》1919年12月11日。

③ 天津女师5月11日举行了追悼郭钦光大会，见前述。

惧；（卯）北京请愿代表新华门前的露宿，这是前此未曾见的事；（辰）《平民》杂志社，这是男女合组的。今天新学联的成立，是我们男女学生不断追求进步的结果。她指出，追求进步的精神和奋斗的精神，是人生观不可缺少的精神。她说，“天津学联”和“女爱会”做的都是爱国的事，之所以合并一起，有两种利益：“就是把许多的精神聚起来，用的人力小，收的效果大，这是第一种利益。又本于男女互助的精神，从前的互助是男对男，女对女，现在要扩广了，这是第二种利益。”[①]她强调指出：“本着奋斗的精神，进化的精神，同男女互助的精神作去，与黑暗势力相斗……这是今天的新学生会开会最要紧的意思。”

成立大会结束后，由南开学校军乐队在前引导，20所学校的43名评议员，从商会列队到二道街新学联会所，举行新学联“开幕礼”和各委员会的选举。来到新会所后，各校评议员全都佩戴上新学联徽章，“由张若名主席，放鞭志庆，南开军乐队奏国乐，继又向国旗三鞠躬行开幕礼。”礼毕，各校评议员入席，由张若名报告评议委员会组织及选举的方法。然后，以学校为单位，投票选举新学联评议委员会委员长。为体现男女平等，委员长男女各一。

选举结果，张若名以其奋斗牺牲精神和能力智慧等，赢得广泛推戴，当选为新学联评议委员会女委员长。

最后又选定了筹备各委员会的筹备员：（一）总务委员会十人，包括谌志笃、刘清杨、李毅韬、马骏、于方舟等；（二）教育委员会七人，包括王振（贞）儒、邓颖超等；（三）出版委员会八人，包括赵光宸、薛撼岳等；（四）调查委员会八人，包括沙主培、韩致祥、王振（贞）儒等；（五）演讲委员会十人，包括易守康、王天麟、肖秉秀、邓颖超等；（六）经济委员会三人。

半月以后，即12月24日，新学联讲演委员会开会，邓颖超当选为讲演委员会委员长。

天津男女学生组织的合并，实现了男女平等，从而有力地推动了妇女解放运动的开展。邓颖超回忆说：男女学生组织合并，“这件事在起初也是遇到了

① 上海《时报》1919年12月16日。

阻力的，女同学中也有不赞成的，有顾虑社会舆论不同情的，有怕合并后被人说男女混杂闹笑话的，但男女同学中的进步积极分子终于冲破了这些阻碍，勇敢的实行合并，并收到良好效果。当时男女同学间的相处都是极其自然坦白的，工作上是互相尊重平等的，大家一心一意忙着救国，忙斗争，在工作上竞赛，女同学不肯后人。女同学中的积极分子明白自己要作开路的人，就不能遗笑社会，挡住了后来人的路，一定要好好干，作出一个榜样来。在当时男同学中的积极分子，受了新思潮洪流的激荡，重男轻女的思想也被大大的打破了，对女同学都很尊重的。在工作的责任上，都是平等担任……天津女师的同学，当时在学联会中的地位和作用，是和南开同学一样有决定性的。”天津男女学生组织的合并，在社会上产生了广泛的积极影响，邓颖超回忆说：“当时北京男女学联会的合并晚于天津的学联。他们很羡慕我们天津学联的合并和我们工作的良好表现。”[①]刘清扬也回忆说：“天津男女学生会组织合并以后，北京男女学生对我们的工作很羡慕，曾派代表来天津学联参观，接着北京男女学生联合会也合并了。”[②]

自幼立志妇女解放的张若名，在“五四”爱国民主斗争的浪潮中，在行动上和思想上都实现了自身的解放。作为天津妇女运动的主要领导人之一，广大女学生的觉悟和男女学生公开交往平等合作的实现，也凝聚着张若名的心血，她为妇女解放运动做出了卓越贡献。

① 邓颖超：《五四运动的回忆》，《五四运动回忆录》，中国社会科学出版社1979年版，第74—75页。

② 刘清扬：《觉醒了的天津人民》，《五四运动回忆录》，中国社会科学出版社1979年版，第556页。

十、《“急先锋”的女子》

大32开本的上1/3处印有“觉悟”两字，两字上下各印有一条横线，紧挨这两字并与上横线右端交叠，印有一颗透空的五角星。

这就是《觉悟》杂志的封面。

那颗五角星格外引人注目，可能是仿照俄共党旗和报刊上的五星标志构思的。把它设计成透空形且置于右上角，大概寓意着纯洁透亮和指南启明。

觉悟社社员一致认为，觉悟社是“一个预备‘牺牲’、‘奋斗’的组织”，是“一个作战的‘大本营’”。因此，作为“大本营”喉舌的《觉悟》杂志，必须成为“引导社会的先锋”。这颗五角星，或许象征着觉悟社及其《觉悟》杂志，将成为引导社会前进的“小明星”。

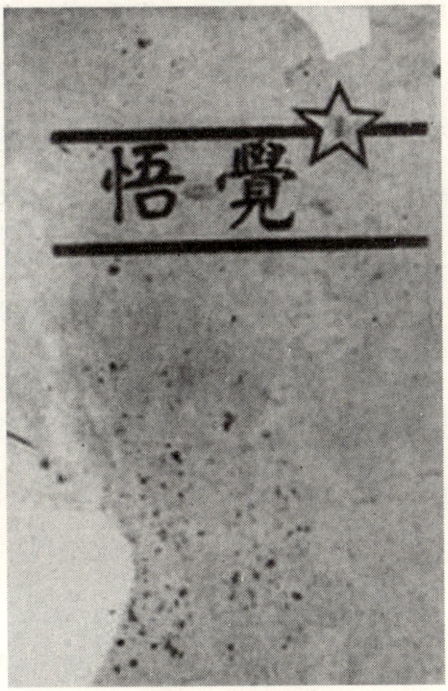

《觉悟》首期封面

在这期《觉悟》杂志上，张若名第一次以“衫陆”的笔名，发表了一篇题为《“急先锋”的女子》的文章。这是迄今为止见到的张若名论述妇女解放的第一篇文章，也是最重要的一篇文章。它犹如一颗耀眼的明星，为“五四”时期妇女解放运动的路向，投射了一道光明。

《“急先锋”的女子》一文，定稿于1919年11月5日，长约7500字。其中心思想是号召广大女性从自我做起，从思想上行动上来一场妇女解放的“大战争”，用革命的精神去实行解放，争做妇女解放的“急先锋”。它反映了张若名既“革心”又“革新”，知行并重的思想品格，显示了作者在妇女解放运动中狂飙突进的胆识。

下面，我们通过对这篇文章的分析，考察一番张若名在“五四”时期妇女解放的思想——

（一）在文章一开始，张若名便响亮地提出：我们正处在“新旧更代的时候”，在这个历史大变动的时期，广大女同胞应该奋起自强，以妇女解放为天职，“必得具一种革命精神”，去“为女子开路”，推动妇女解放运动。

张若名能够从时代变迁的大视角来审视和思考妇女解放问题，这在当时是难能可贵的。如前所述，以鸦片战争为开端，中国便开始了从专制向现代社会转型的艰难历程，到张若名写作这篇文章时，中国已经呈现明显的现代社会色彩：公共权力竞选产生并实现了一定程度的相互制衡，人们享有了言论自由结社自由等公民权利，新文化运动已经催生出一批现代思想家，现代经济仍在强劲发展，正在形成“民族工业的黄金时代”。当然，中国社会的现代化水平和程度毕竟还是初步的，阻碍中国社会进步的中外反动势力还严重存在，现代社会的发展也还存在变数。但看到这种时代变化的人，当时还不多见。

前已有述，张若名同周恩来、郭隆真、邓颖超等先进青年，是深受《新青年》杂志和李大钊等早期马克思主义者的影响的。李大钊在十月“革命”的第二年发表了《法俄革命之比较观》，指出：“俄罗斯之革命是二十世纪初期之革命，是立于社会主义上之革命”，认为同法国大革命预示着世界进入资产阶级革命时代一样，俄国十月革命预示着社会主义革命时代的到来，是“世界的新文明之曙光”。他在1919年元旦发表的《新纪元》一文中进一步指出，十月“革命”开辟了人类历史的“新纪元”，它将“带来新生活、新文明、新世界”。张若名在这篇文章中所说的时代变迁很可能接受的是李大钊的时代观。

这两种时代观对妇女解放具有不同的思路和方法，前者更多强调社会制度的决定性；后者更多重视社会组织和成员的作用。

那么应该如何推进中国妇女解放运动呢？张若名的答案是“革命”两字，即用革命的精神去进行妇女的解放。她指出：“革命二字，我们中国人最忌讳，以为提倡革命的人是大逆不道，据我看是极平常的事，因为争真理才有这种精神，人人应当具有的。”她指出，中国“女子受数千年的恶习，同一切不解放的思想，不平等的制度，已经深入脑中”，只有用革命的方法，才能打破这些对妇女的束缚，所以，“我以为凡是现在过渡时代的女子全应当用革命的精神”，去实现妇女的解放。

中国革命的根本问题，是彻底推翻专制制度，实现中国社会由专制向民主的转型，张若名在这里提出的“革命”概念，还没有这种含义。但用“革命”方法去实行妇女解放，最终必然要触及到社会残存的反动的势力和制度。张若名的这一主张，已经超过了新文化运动初期思想界知识界对妇女解放道路探索的水平，在当时有着发聋振聩的作用。

妇女解放运动的主体是妇女群众，没有妇女的觉醒和对自身解放的追求，也就没有妇女解放运动。张若名强调，妇女不能依赖他人获得解放，依赖别人提携只能是梦想。她揭露当时的一些社会现象：“一般有知识的教育家，只注重男子教育，因为女子教育难办，抛开不管。我朋友曾经听者教育行政官吏说：‘女子认识几个字，知道点家务就可以了，何必入师范学堂呢？叫她上学知识高了，反倒管不住’。”“如今‘平民主义’讲的极盛，转不过是男子的平民主义，何曾研究到女子身上，即使有人在言论上提倡女子解放，也并没有具体办法。”她鲜明地提出：“女子解放从女子（自身）解放做起，不要等着旁人（来）解放！”

中国妇女被束缚了几千年，并且被继续束缚着，要求全社会的妇女同时起来解放，是不实际的，不可能的。张若名主张，在这大变动的历史时代，中国妇女中的先进分子要勇当妇女解放的“急先锋”，为广大妇女的解放打头阵、开通路。她说：“女子现在应当全体解放，与黑暗势力战争，但是只有少数人能作到，多数人不能实行，所以先有少数人预备多数人的解放方法，才能有多数人同黑暗势力战争。要得一种好结果，这少数人必得先从本身预备，然后再推到大家身上去做。”张若名的这一思想切合现实，具有普遍意义上的价值。

张若名紧紧把握时代的变化，大声疾呼：“在新旧更代的时候，必定要有人作先锋，打前路。在这过渡时代的女同胞，应该尽自己天职，为女子开路也是件极快乐的生活。女子进步困难我们全知道的，然而应当向前进的事大家也都明白，所以女子必得具一种革命精神去实行解放。”

张若名是这样说，她本人也是这样做的。从她在五四运动中的行为表现可以看出，张若名正是一位以妇女解放事业为己任、为快乐，用革命精神致力推动妇女解放运动的人。

（二）张若名不是坐而论道，停留在空洞的说教上，而是努力探索妇女解放的具体途径。她主张，要打破对妇女的千年桎梏，实现妇女解放，第一步要进行“思想革命”。

所谓“思想革命”，张若名认为就是要破除三种旧的观念：

一是“破除迷信形式道德的观念”。张若名这里所说的“形式道德观念”，是指“男女授受不亲”、反对男女公开社交的陈腐观念。传统社会对“男女有别”一条看得特别重，统治者认为“男女有别，国之大节也”。他们用种种清规戒律将妇女紧紧禁锢起来，与社会严重隔离。在五四运动中，广大女学生为了挽救民族危亡，冲破了“男女有别”的传统网罗，与男学生共同战斗，实现了男女社交公开化。但就整个社会而言，“男女有别”的道德观念仍严重存在。张若名在文章中指出：“这次的学潮，学生的家长对女子的训话，都是说男女界限要严，虽然心地洁白，形式上却不能不注意。”她还提到，有些学生家长对提倡男女公开社交的人非常痛恨，他们居然咒骂说：“提倡这个的人简直不是人类，男女岂可这样乱七八糟混在一起。”可见，不破除这种传统道德观念，妇女解放的其他问题就无从谈起。

张若名指出，时代在发展，社会在进化，男女社交公开是大势所趋：“殊不知要打算女子进化，必定要求女子受同等教育，有同等操作。但是在国家同社会上经济支绌的时候，不能特为女子设立高深的教育机关同一切劳动团体，所以女子必须打破形式上的道德论，实行男女同校和共同操作。”她还从阐释“道德”的本质出发，驳斥形式道德的观念。她指出：“道德原来是精神表现，不是形式可以范围的。”所以，“有些道学先生，讲些三纲五常，规矩形式达到极点，但是实在的情形未必与形式符合，不过戴一副假面具，说出几句形式的话来，就算尽了道德的责任，这也是极可笑的。”张若名指出，是否发生不道德的事情，不在于男女是否公开交往，而决定于一个人有没有“良心道德”，即高尚的道德情操，而“男女有公开的交际，作到‘两忘’的地步，那才算有道德真精神”。张若名号召广大妇女解放思想，“要用良心道德的主张，铲除形式道德的观念”，冲出家门，走向社会，争取妇女正当的交际权利。

二是“铲除男女心理生理不同的理念”。张若名是从争取男女教育平等的角度阐述这个问题的。“五四”时期进步的社会舆论普遍认为，妇女解放首先应该从教育入手，妇女只有受到现代化的教育，才能够获得足够的知识和技能，才能在社会谋取维持自己独立生活的职业，这是实现男女平等的根本条件。即使是解决家庭问题、婚姻问题，也都以妇女是否能够接受相当教育为基础。张若名指出，在现实社会中，“男女不能受同等教育的基本观念，从男女心理生理不同发生出来的很多。有许多人说女子天性精细，不能让她作粗重的职业，身体不强健不能作费力的事，所以女子不能与男子受平等的教育。”张若名认为，这种男女心理生理不同的观念“真是很可笑的”。她说：“教育本能，可以保持人类的特长，改正人类的所短”，所以“假若察女子心理生理上有弱点，应当责教育不发达，不能说女子万不能受平等教育”。总之，“只可说教育不发达，不能用心理生理上关系来限制女子受平等教育。”张若名强调指出，女子“心理精细又何尝不可专研究高深学术呢？”张若名在提出这个问题时，其内心已经作出肯定回答，或许也已产生了躬行实践的想法，张若名后半生恰以不让须眉的高深学术为这一问题作了出色的诠注。张若名指出，女同胞要努力争取男女教育平等，千万不要相信这种男女心理生理不同的论调，“并且要用革命的精神推倒这个谬说”。

三是“打破男女职业不平等的观念”。“男主外女主内”的传统观念，在中国可谓根深蒂固，社会上“一班（般）人说男主外女主内，女子不必学习其他职业技能，一生一世掌家就完了个人义务”。张若名认为，这种论调是骗人的，目的是束缚广大妇女。她尖锐地指出："原来男子要想束缚女子，就凭空造出男主外女主内的论调，使女子没职业，没经济权；弄来弄去，女子没有一点自主权，男子反过来说，女子没能力，只会掌家务。"她说："男女义务不同的地方，只能在生产（育）上分别，主张男女职业不平等，是专制人的观念。"她号召女子要打破这种"男女职业不平等的观念"，"现在女同胞，不要被这话欺骗了，弄到自己没有经济权，受种种虐待"。她以"广西桂林乡下人，女子种田，男子治家"为例指出："女子义务不仅是生产，其他凡是人的职业大半都可以作的。"她呼吁社会各类职业向妇女开放。张若名从"经济权"角度分析考察妇女问题，代表了"五四"进步女青年的认识水平。

理论指导实践，思想支配行动。不解放思想，提高认识，打破旧的观念，妇女解放运动就不会有实质性进展。张若名把"思想革命"视为妇女解放的首要步骤，可谓远见卓识。

（三）张若名指出，要打破对妇女的千年桎梏，实现妇女解放，第二步是行动"革命"，即把妇女解放的思想付诸实践，"与黑暗势力战争"。

张若名认为，妇女解放的第一步"思想革命"是相对容易，经过努力"人人都能作到"的。但这第二步行动"革命"，则不可能是全体女子的同步行为，而是"有魄力有毅力"的先进女子的率先行为。她强调，这部分女子"不单求自己解放生活，要为大多数人开前路"。

张若名指出，要搞好这第二步的"革命"，必须进行三项工作：

第一项工作是"同志征求"。即联合志同道合者，结成妇女解放团体，依靠集体力量维护妇女权益。张若名提出，"要想打破女子的黑暗，必得征求当'先锋'的同志"。她认为，"同志的资格是有三种"：一是"真有提携女子心意的"。即全心全意为广大妇女的解放而奋斗。二是"有牺牲精神的"。因为提倡和实践妇女解放，是与社会风俗相悖的，所以"一定要惹出甚么'不是人类'、'伤风败俗'、'不守古训'的批评来，甚者大家不拿'人'看待他"。因此，对这些讥刺辱骂，没有牺牲精神的人是承受不住的。三是"抱独身主义的"。她认为，"按现在的中国情形说，要打算做'女子解放'急先锋的人，最合适的还是抱独身主义的"。因为这样的"女子解放急先锋"，没有自已婚姻的拖累，可以把妇女解放“做成终身事业，一心一意的去为大多数女子求解放”。

第二项工作是“知识预备”。张若名认为，教育是妇女解放的基础和先决条件，要提高妇女的知识能力，“应该由少数同志先求本身教育平等，谋高深知识，然后推到大多数的教育平等”。在知识的预备上，她指出要注重两个方面：一是学术方面的知识。她一向重视学术问题，认为“学术占智识最有价值的部分，人类进化的目标多半均从学术上规定的”。家庭如何改革？男女教育如何平等？女子劳动如何实行？都必须通过学术研究来解决。强调学术问题的重要性，是张若名后半生从事学术研究和教学工作的思想基础。二是工商方面的知识。张若名认为实现经济独立是妇女摆脱旧家庭的依附关系，恢复独立人格的关键，女子“经济上既不能独立，所以在家里要受男子的辖制”。因此，“求女子解放，先求女子得工商业的知识，开创女子经济的独立方法”。

第三项工作是“经济预备”。张若名认为，“职业上骤然提倡男女同工，资本家也不许可，女子也不敢实行”。所以，“应先有人组织劳动机关”，对女子进行培训，“经过多数的女子单独劳动，然后才能进到男女同地劳动。”而要做到这一点，“没有经济的预备，也是无用”。

综观张若名“五四”时期妇女解放的思想，可以得出如下结论：

第一，张若名对长期被传统礼教所束缚、生活在重重压迫下的中国广大妇女充满关怀。她以妇女解放为天职，站在时代前沿积极思考妇女解放问题，表现出强烈的妇女解放责任感，可谓妇女解放的急先锋。

第二，张若名有些思想观点已经属于或接近了马克思主义，如用“革命”方式解放妇女的思想、“开创女子经济的独立方法”思想等，代表了同时代妇女解放思想的先进水平。

第三，张若名具有从事妇女解放斗争的实践经验，能够实事求是、理论联系实际地分析问题。她对妇女问题的许多结论，如“女子解放从女子（自身）解放做起”“作妇女解放的先锋”“思想革命”等，对实际斗争具有普遍指导意义。有的观点，从微观角度看，也较为实际，是很有见地的。

当然，张若名“五四”时期妇女解放的思想，从总体上看，并没有直接触及社会政治制度，对其经济制度、思想文化制度的触动力度也不够，对制度的决定性缺乏认识，有的观点也带有主观空想色彩。这是同时代的先进分子几乎都难以避免的历史局限性。

作为妇女解放的急先锋，张若名没有也不会停顿对妇女解放道路的探索。

从实践上、从理论上，张若名在为中国妇女解放、中国社会解放继续奋斗着。

十一、“九一念九”，同周恩来等患难与共（一）

朔风夹杂着雪粒，巨蟒一般怪号着，在津埠的大街小巷穿窜。天空阴晦，如同一幅深灰色幕布，罩得树木房屋一片朦胧。枯枝败叶借助风威，四处狂飞乱舞。

突然，南开操场烈焰腾空，数堆熊熊之火，烧得暗淡的天地一片光明。十万之众的欢呼之声、鼓掌之声，山崩地裂一样震撼着这座灰蒙蒙混沌之中的北方巨埠。

自然界与人类社会的这一极大反差，发生在1919年12月20日。

此前月余，即11月16日，日本帝国主义者在福州公然枪杀我焚烧日货的学生和警察，制造了“福州惨案”。全国各地闻讯而起，抗议日本暴行和抵制日货的斗争汹涌澎湃。12月20日下午，天津各界约十万人聚集南开操场，举行了天津历史上第一次国民大会，抗议日本人惨杀我福州同胞，声援福建人民的爱国斗争。五座讲演台的讲者声声淋漓沉痛，围听万众人人愤慨万分。在雷霆万钧的“坚决抵制日货”的呼声之中，十数辆大车的日货，“分为数堆，以火引燃”。冲霄的巨大火舌，表明了天津人民爱国抗暴的决心。会后，举行了浩荡的示威游行，旌旗林立，喊声震天，壮阔的群众行列，在寒风粒雪中源源挺进。一位记者感慨叹曰：“吁！我国民爱国之心，可谓热矣！”

在这次声势浩大的反帝爱国斗争中，以周恩来为核心的觉悟社和以张若名为评议委员长的天津新学联，起了核心和先锋作用。

张若名和周恩来等，通过一次次会议，作出一个个重要决策。如派郭隆真、李毅韬、李之常等参加国民大会筹备委员会。在筹备会中，新学联代表同商会进行了不妥协的斗争："学生会代表并称，如至17日商家无具体办法（指不交出日货），该会必脱离筹备会，即行自动解决。"①他们的斗争直接促成了国民大会的召开。如派学联执行科长周恩来、调查科长沙主培等，到商会与卞月庭会长接洽抵制日货办法，在这次交涉中，周恩来和沙主培提到，新学联决定对购买老头票的银号处以罚款："学生联合会评议会议决，除张少舟罚洋1500元外，所有18家银号再罚5000元，均系办贫民学校。"②其他决策，如调查日货的方法，讲演的配合，国民大会的布置等，不一而足。

对群众性大规模的抵制日货运动，执政者决定严厉镇压。12月23日，直隶省省长曹锐发出布告，称国民大会焚毁日货，"实属侵扰商业，害及公安"。此后"不准再有前项逾越法律之举动"，否则"即属妨害治安。本省长即行执法相绳，绝不宽贷"。25日，北京政府发出2460号公函，称对抵制日货运动，"亟宜设法防弭，切实制止"。

政权势力向爱国运动猖狂扑来。

1920年1月23日晚上，天津新学联调查委员段鸿荫等，在东马路魁发成料器庄查出私藏日货——洋灯罩17篓。双方正在交涉之际，魁发成勾结的三个日本浪人突然闯入，对学生拳足交加，打伤三名学生，并抢走学生的调查证书，造成"魁发成事件"。

天津当局非但不惩办奸商和日本浪人，反而乘机向学生和各界爱国人士横加迫害。

魁发成事件发生后，国民大会委员会当即派学生将魁发成主事裴潭溪（唐仙）带来商会，交代问题。24日晨，警察厅派了大量保安警察，气势汹汹闯进商会，不容分说将裴潭溪抢走。国民大会委员会当即决定，由各界代表马骏、马千里、时子周、夏琴西等去省公署向省长报告魁发成事件真相。稍后，新学

① 天津《益世报》1919年12月17日。

② 天津《益世报》1919年12月17日。

联的李燕豪、师士范等学生也去警察厅和省公署交涉。结果，去往两地交涉的各界代表和学联代表共24人全部被捕。省长曹锐扬言：“学生对于我太不留面子了，抓人是我叫杨景林作的，要是他们还不服气，我的兵已经派好了，一定再抓一顿，顶多也得枪毙他们几个，我是拼着名誉和他们碰一碰。”[①]

25日，天津新学联、各界联合会同时被封。

而恰在此时，又一噩讯传来：1月初，“青岛问题，日使小幡已向北京当局提出直接交涉”，而北京政府的亲日派“安福系”竟准备冒天下之大不韪与日本直接交涉！

黑暗势力“排山倒海”地压过来了！

爱国民主斗争应该如何进行？周恩来、张若名等学生领袖都在思考这个迫在眉睫的问题。

政府的高压手段，绝不会使爱国民众屈服。学生说：“抓几个人算一回什么事，拿条件来要挟我们，我们是前仆后继不怕死的，性命要什么紧，叫我们不管外交不抵制劣货是不行咧。”[②]为民为国不计生死，这就是青年学生，他们是国家和民族的脊梁和希望。

天津新学联和各界联合会24位成员被捕以及两大团体被封后，革命力量在天津的华界地区已难以活动，张若名同周恩来、刘清扬、郭隆真、邓颖超、谌志笃等学生领袖被迫转入法租界坚持斗争。他们分析认为，山东问题事关我国生死存亡，因此必须把主要斗争目标放在坚决反对中日直接交涉上。如果外交事项解决了，则解决因魁发成事件而致众多代表被拘之事当不成问题。

25日，张若名在法租界主持召开天津新学联评议委员会会议，分析当前政治形势，商讨斗争对策。会议“对于山东问题中日直接（交涉）之说，全场一致反对，并于日内有一极大运动，以除鬼域之侵略政策”。[③]

这一“极大运动”，就是1月27日以天津学生为主体的国民游行大会。此

① 上海《时报》1920年1月28日。
② 上海《时报》1920年1月28日。
③ 上海《时报》1920年1月29日。

前，张若名等主持的天津新学联，已同其他爱国团体为这次游行做好了充分准备。27日下午，各校学生和各界公民数万人齐集南开操场，临时代表宣布了游行大会的宗旨，即“一为拒绝山东问题直接交涉；二为催办福州日人凶（手）殴击我国学警交涉”。[①]之后，各团体按照预定队序和路线，由天津新学联打头，井然浩荡而行。一面面上书“拒绝山东问题直接交涉”“催办福州交涉”等字样的旗帜迎风招展，一声声“救亡、爱国、牺牲、猛进！”等口号激昂悲壮，各色传单雪片般沿途飞散。

对这次爱国大游行，警厅曾令各区警察全副武装，伺机破坏。但因“学生等宗旨正大，虽欲禁阻，无所藉口”。

一月左右，进行了两次数万人规模的爱国大游行，天津人民的爱国觉悟、组织程度于此可见。张若名同周恩来、刘清扬、郭隆真、邓颖超等先进青年的组织领导能力于此可见。

然而，当局的严密控制，使学生领袖的活动越发艰难。1月25日，张若名等新学联负责人转移到法租界，权借一同学的家办公。邓颖超回忆说：“我们住在中国地界的代表都变成有家归不得，勉强在同学家里借住。”[②]

1月26日至28日，张若名同周恩来、刘清扬、郭隆真、邓颖超等觉悟社社员和天津新学联负责人，在法租界“维斯理堂”（位于今滨江道）的地下室，连续开了三天秘密会议。邓颖超回忆说，这“一丈见方的房子，成了十几个人的避难所，晚间大家倚拥着，蜷缩着，棉被也没有，只凭青年身上的暖气度过一个又一个漫长苦寒的冬夜。但热血是永远也冻不结的，爱国热情，被压迫的怒火，使我们更加不顾一切牺牲，勇往直前，不怕一切困难”。

摆在热血青年面前的急迫问题，是如何阻止政府与日本直接交涉山东问题，是如何打开当局对天津控制的沉窒局面。

斯时，国民大会委员会也在讨论外交问题及恢复天津原状各办法，多数人

---

① 《申报》1920年1月30日。

② 邓颖超：《漫话五四当年》，载《五四运动回忆录》，中国社会科学出版社1979年版，第527—530页。

主张“先请调人谒见省长，如无效果再作最后之牺牲”。28日，国民大会委员会中的学生代表来到“维斯理堂”地下室，向新学联评议部汇报了这一问题。张若名当即主持评议部讨论，“咸以直接请求省长为最是，并经全场主张单独进行”。[①]

“维期理堂”会议决定，1月29日发动天津中等以上学校全体学生举行大规模游行请愿。请愿之要求印成传单散发，其内容为两大方面：[②]

甲、对于外交方面的

一、监督北京政府对于山东问题不准与日本直接交涉。

二、要求陆征祥专使对于山东问题不与日本直接交涉。

二、请王正廷专使帮同陆专使办理拒绝山东问题直接交涉。

四、请顾维钧专使将中日两国间一切不平等条约提交国际联盟会。

五、催办福州（惨案）交涉。

乙、对于本津方面的

一、恢复各界联合会和学生联合会会所原状。

二、释放被拘代表。

三、恢复言论结社自由。

四、调查日货军警不得干涉。

五、惩办杨以德同殴伤代表的军警。

邓颖超回忆说：“我们十分明白，这是一次严重的斗争，必须最审慎最周到的布置。事先有系统的动员了各校的同学与各界市民，并且在请愿的领导上作了精密适当的分工。有选出向当局交涉的代表，有专任请愿群众队伍的指挥员，有留守会所准备供应粮食和动员后备队的人员；还有专司联络的脚踏车队和负责通电话的情报员。”

① 天津《益世报》1920年1月30日。

② 北洋政府档案，载《五四运动在天津》，天津人民出版社1979年版，第531页。

于方舟

“维斯里堂”会议对这次游行请愿的领导分工大体是：张若名和于方舟以新学联领导干部的身份作请愿代表；[1]周恩来为总指挥；邓颖超回忆说：“我和刘清扬、王天麟等是被派定留守的。”

于方舟，字兰渚，1900年生，直隶省宁河县人。1918年考入位于天津的直隶省立第一中学。五四运动爆发后，任天津学联评议部委员。在觉悟社成立前后，他倡导建立了新生社，该社在天津爱国斗争中也发挥了重要作用。

1920年1月29日早晨，张若名同周恩来、郭隆真、于方舟等走出“维斯里堂”，“五四”时期天津最后一次大规模的学生爱国斗争开始了！何谓爱国？“爱国者的责任就是保护国家不受政府侵犯。”（托马斯·潘恩）在对外关系上，爱国者的责任，就是监督政府，防止政府卖国。周恩来、张若名等“五四”青年，就是这样认识和实践的。

下午两点钟，总指挥周恩来一声令下，伴随着响亮的笛声，分散的学生小队迅速集中到东马路青年会门首。在各校学生集合后，由总指挥通告各校学生推讲演员出队讲演，故一时东马路两旁之听讲者异常踊跃。所讲演者，均系外交问题与请愿之条件，痛快淋漓莫不动容。

演讲半小时左右，在周恩来、张若名、郭隆真、于方舟率领下，五六千学生出发游行。各单位出发的次序为：（1）天津学生联合会；（2）中西女校；（3）第二师范学校；（4）贞淑女学校；（5）省立第一中学校；（6）第一师范学校；（7）第一女子师范学校；（8）电报学校；（9）直隶甲种水产学校；

① 廖永武：《天津现代革命运动史》，天津人民出版社1985年版，第13页。

（10）南开大学；（11）南开中学；（12）商业学校；（13）专门工业学生会；（14）新学大书院；（15）北洋大学；（16）南开红十字医院；（17）童子军；等等。旗帜迎着寒风飞舞，传单伴着雪花纷飞，口号之声震荡津城。学子爱国，其心切切，其情殷殷，见者无不钦佩。

游行队伍由东马路经金钢桥大胡同，过金华桥，然后径赴省长公署请愿。

学生队伍来到省长公署，早有卫队多名前来止进，但爱国力量不可阻挡。周恩来、张若名、郭隆真、于方舟身先士卒，率众从公署东西两辕门一拥而入。"卫队见人多，将（头）门关闭，门里边并有多人把守，外边有公署（邢）副官传达。"周恩来、张若名、郭隆真、于方舟上前与邢副官长交涉，说明来意，要求面见省长。邢副官长遂由旁门进去传报。"全体男女学生鹄立门外，一面要求谒见省长，一面在东西辕门演说，大略谓：山东问题岌岌可危，福州交涉亦将谈判，际此风云日益紧急，吾国民理应一致力争，以得最后胜利。今日来辕请见省长，要求两大端，即誓争外交及恢复天津原状。现吾等俱抱极大牺牲，省长不允，至死不去。"①

在黑暗统治极为严酷之时，张若名同周恩来、郭隆真、于方舟等青年领袖不惧一切，勇闯执政当局之巢穴，充分反映了他们为国为民不惜牺牲的精神和监督政府，防止其卖国的毅力和决心！

约半小时后，省署刘参谋长和邢副官长由旁门出署，对周恩来、张若名、郭隆真、于方舟说："省长近日患病，大家既来到这里，省长也准与诸位相见，但求诸位选三四代表，余者均退出辕门始可。"于是，张若名立即以学联会评议委员长身份组织推选代表，本着男女平等的原则，推选出男女代表各两位：女代表郭隆真、张若名，男代表周恩来、于方舟。学生们不为当局所骗，坚持在辕门内候等请愿结果。四代表对刘、邢交涉道："辕门内外没有什么分别，省长果准相见，我们负责维持秩序，请让我们立刻进去。"刘、邢持四代表名单重回请示。

① 此处及以下所引"九一念九"事件，参见周恩来《警厅拘留记》，载《周恩来自述》，解放军文艺出版社2002年版；另见天津《益世报》1920年1月30日。

时隔27分钟尚无回复，学生们乃鸣号敲门，异常激愤。周恩来对众大声说道："今日请愿，我学生固抱极大牺牲，然亦须听指挥命令，请各校维持秩序。"这时，刘、邢等终于出来回复："代表是可以见的；但是大家还得退出辕门。"经过一番商议，全体学生坚持不退。刘又一次回署内请示，并一去不复。

近一小时过去了，不见对方踪影，广大学生激愤至极。

周恩来、张若名、郭隆真、于方舟四代表紧急商议办法。下午5时左右，省公署的大门虽然一直关闭着，但因未到上门槛的时间，宽厚的门槛还没有上起来，门离地面有个一尺多高的空隙。于是，周恩来便对邢副官长说："你们既怕开门，我们四个人可以由门槛空儿钻进去！"邢副官长应允。周恩来遂俯身从门槛位置匍匐进入署内。张若名和郭隆真、于方舟三人也紧随其后，从门槛下钻了进去。

周恩来在《警厅拘留记》中记载：四位代表"进去后，当有杨以德儿子杨福培——在省公署当副官——穿着便衣，举起手来便向女代表打去。郭隆真脸上被打数下，张若名被他一推，险些跌倒在地。等到他们（指周、于）方一留神看他，他已经一溜烟跑了进去。门内卫队见代表已经进来，便将四个人陪往两厢兵棚外室坐着。里边的副官又让周恩来登在梯上，从门框上伸头出去，告诉众人在外边等候，省长一会儿可以见着"。

四位代表太善良了，他们不知道，在周恩来向外喊话之际，当局正速调军警，向爱国学生举起了屠刀。

大约在四位代表进入署内十分钟，从西辕门外闯入一连武装卫队，由连长持刀指挥，试图逼迫学生退出辕门，但请愿学生坚持等待四位代表的回来，不论卫兵怎样殴击，始终不动。接着从东辕门又冲进一连卫队，与西辕门的卫队相呼应，驱赶学生。

在公署之内，周恩来、张若名、郭隆真、于方舟"四个人在兵棚内又坐了半点多钟，连催多次（见省长），副官总是迟延着说一会就见。四个人急得了不得，又由周恩来要求再往梯子上去看大家。登上梯子后，只见外边辕门内外已经布满了卫队，将学生夹在中央。周恩来（向学生）说完还没有见着省长后，便下来质问副官为什么无故派兵围住学生。副官不理，并命卫队仍将周恩来拥往兵棚外室。这时候外边大呼，嚷声大作”。

此时，从正中头门又向学生冲来一连武装卫队，与东西两辕门闯入的卫队一起，向爱国学生“三面夹攻，以枪托刺刀横击直刺，三军官手持指挥刀在前率领，不分男女稚幼，刀刺抢打拳殴足踢。卧地不能起立者数十余人，头破血流腰折腿断者十数人，眼部刺伤，头顶穿透，膀臂手腕被击脱节者又十余人。一时风云惨黯哭声震天。卫兵如临大敌，学生赤手空拳，一片凄惨之状，笔难尽述。而男帽女鞋遗落满地，受伤学生多不能行走，架赴医院。呜呼惨矣！”据统计，军警“自殴击学生之时起至终止之时，共43分钟之久”。学生受重伤者六十余人，轻伤者不计其数。

军警镇压了外面的学生之后，旋又入内，将周恩来、张若名、郭隆真、于方舟四代表押解出门，两个架一人，先由西河沿架至警厅门前，倏又折入磨盘街，出东马路乐善好施胡同，囚于营务处。

这就是天津历史上震惊全国的“九一念九”（民国九年1月29日）惨案。

半个多世纪以后，邓颖超谈起这次斗争时说：“1920年1月29日，我们包围了省公署，派了四个代表要见曹锐，这四个代表是周恩来、于方舟、郭隆真、张若名同志。从早晨到晚上，曹锐先是不见，后来说同意见，又不开门，代表们就从省公署大门底下爬进去。恩来同志最先进去的，一进去，武装人员上来就打了他两耳光，然后把四个代表关起来。省公署外面的同学也遭到镇压，敌人用水龙头冲，用枪戳，用刺刀刺，不少学生被他们打伤，住进了租界医院。”①

张若名和周恩来、郭隆真、于方舟四人被关押进营务处后，立即给营务处处长写了一张字条：“今日之事，无论如何，一切举动，概由代表负责。此致营务处处长鉴。天津中等以上学校学生联合会代表周恩来、于兰渚（方舟）、张砚庄（若名）、郭隆真同具。民国九年一月廿九日。”

四人身陷囹圄，却心系请愿学生的安危。他们担心警方对学生施加迫害，愿意承担起一切责任。舍己为人，才称得上人民的真正代表。

① 张炜：《珍贵的会见》，《天津青年报》1984年7月7日。

张若名和周恩来、郭隆真、于方舟被捕后，负责后勤交通工作的觉悟社社员谌小岑，立即到法租界打电话报告北京学生联合会，他还油印了一份通讯稿，寄发给各地学生联合会和报社，以引起各地各界对这次天津学生斗争支持。

次日一大早，已任全国各界联合会成员的刘清扬，化装成天主教修女乘上南下的火车。她向南京学联报告了“九一念九”惨案的经过，南京学联立即动员万余名学生示威游行，声援天津被捕学生代表。刘清扬又来到上海，向全国学联以及全国学联随即在上海跑马厅举行的三万多人的集会，控诉天津当局镇压学生爱国运动的罪行。大会遂决定通电全国，强烈要求天津当局释放被捕学生代表。刘清扬的奔走呼号，激起了全国各界对天津学生的广泛声援。

“九一念九”惨案告诉人们：中国民主的道路是艰难曲折的，阻碍民主的势力是惧怕人民的正义斗争的，为了使自己的统治不受制约，他们甚至不惜对人民施以镇压。同样，爱国自由和民主权利，必须通过英勇的斗争去争取，绝不是不经过斗争和流血就能轻易得到的。

而坐牢，甚至砍头，对以国家兴亡为已任，追求社会民主、民生自由幸福的人来说，是无所畏惧的。苟利国家生死以，岂因祸福避趋之！

同样，铁窗生活对张若名和周恩来、于方舟、郭隆真等来说，只是磨炼爱国民主意志的一个特殊方式。

张若名同她的战友周恩来、郭隆真、于方舟等一起，勇敢地迎接着牢狱的考验！

十二、“九一念九”，同周恩来等患难与共（二）

一间破烂的小房子，里面有一张木床，两只凳子，一张桌子。地上的尘土有一钱多厚。

这就是张若名和郭隆真在警察厅营务处的囚室。1920年1月29日薄暮之时，她们两人被保安队押解至此。

周恩来和于方舟则被关押在不远处的另一间囚室之中。

张若名写有1月29日至2月6日的日记，记述了她与郭隆真在狱中的情况。后来，她把所记交与周恩来，周恩来把它冠以《张若名在营务处的日记》的标题，节录收入他编写的《警厅拘留记》里。七十多年后，张若名的长子杨在道对记者说：“可见母亲和周恩来是战友，又是难友，她把自己的私人日记都交给了周恩来。”①

同周恩来和于方舟一样，关进牢狱的张若名和郭隆真所思所想非为自己，而是外面被抓被打的战友。两人签署了从周、于那边传过来的写给营务处处长表示全权担负这次爱国斗争责任的纸条后，便挤在那块床板上，挂念起请愿的同学和战友们。张若名写道：“我们的精神，没在营务处内，更没在这间房子里，只想外边的同学们还是被打散的呢？还是自由走的呢？倘若

① 徐泓：《揭开一个历史的盲点——记我国第一位留法文科女博士张若名》，载徐泓《大人物·小人物》，人民出版社1995年版，第178页。

被打，又是什么景象呢？坐在那里呆想。”“当然可以想到学生是被强迫解散的；并且想象当时情形，从在省公署里边听见外边那种呼声上证明，一定是一场惨剧了。想到这里，真令人焦急，想着外边受伤的人，也不知是怎样的多呢！”①

时值隆冬腊月，滴水成冰，寒气袭人，破屋子冷如冰窖。狱方仅供给她们两人三件军人短皮袄和一床薄被褥，直到托人“到刘清扬家里取了几件衣裳，身体的温度才觉的适宜了”。这里不存在基本的生活条件，张若名写道：就连“梳头洗脸的东西都没有，我们只好先不梳头，仅仅用抹布样子的手巾洗一洗脸”。面对监狱极其恶劣的生存环境，她们毫不颓丧，更不悲观恐惧，而是充满革命乐观主义精神。张若名写道：“三十早晨起来，看看自己身上有好些白毛，隆真笑说：‘我们弄了一身军衣的毛，也算当了兵，入了伍了。’”“我们能尝到这监狱的滋味，（隆真却已是第三次了！）精神很是快乐的。”

2月1日下午，张若名在天津行医的二伯父张禔仁前来探监。张若名在天津求学期间，在物质上精神上得到了伯父的很多关爱。张禔仁眼见侄女现实处境如此悲惨，难过之余，表示要把张若名的实情写信告诉她的父母。张若名赶快岔开话题，“用话婉转地拦过去了”。她不愿意让父母知道此事，倒不是担心那位守旧顽固的父亲，而是忧虑母亲知情后会生出无限的苦愁与哀伤。

这营务处是警察厅监禁抢劫盗窃犯的地方，就在张若名和郭隆真被关进来的第三天，即1月31日夜间，她们两位便“忽然被一阵极凶猛极悲惨的声音惊醒，昏昏中只听得：‘呀！咳呀！我娘呀！我的娘呀！大老爷饶了！我没有作呀！’”原来是临近囚室正在拷打小偷。爱国学生居然被与小盗贼同押一处！

生活环境恶劣已使人难以忍受，把爱国学生视同小偷拘禁一起，这种对人格的侮辱，使爱国学生深受刺激，更是忍无可忍。2月1日清早，张若名和郭隆真便向营务处方提出抗议，要求停止在这里的监禁，“按我们所犯的‘罪’开

---

① 以下所引如无注明出处，均见于周恩来著《警厅拘留记》，载《周恩来自述》，解放军文艺出版社2002年版。

审”。2月2日，她们两人又一次提出抗议：“下午我们又写了一个条子要求过堂审问，限24小时答复。”

与此同时，周恩来和于方舟也多次向营务处提出同样性质的抗议。

警方被迫妥协。

2月6日，张若名和郭隆真搭乘马车，被押解移转到警察厅花园内的监房拘禁。周恩来和于方舟随后也坐着马车被押解来，两人分别被禁在警厅花园内不同的囚室。这里的条件比营务处要好些，张若名和郭隆真的囚室里放有两张床，两张桌子，几把椅子，还有一只洋炉子。每人供给一床新做的被褥。周恩来和于方舟的囚室条件也大体如此。

张若名写道：我们进入这新的囚室坐了十几分钟，“便向看守我们的警察说，要见厅长质问。一会儿杨以德果然来了。他说：‘我是戒严总司令。’我们说：‘你的职务我们不过问；但是拘我们在此地是根据什么理由？’杨说：‘你们写一个条子，我可以代达。’他走后，我们就照办了。”之后，杨以德又来到周恩来处，面对周恩来的质问，他也是说：“你有话尽管写出来，拿给我看。”张若名、郭隆真、周恩来写的抗议和要求自然是交给杨以德了，但却一直没有回复。显然，杨以德是故意敷衍搪塞，拖延不办。

张若名和郭隆真知道，周恩来和于方舟就被关在附近，她们也知道，因魁发成事件而被捕的马千里和马骏等24人也关押在这里，但他们彼此无法见面，不能交谈。

时间不会因人世有种种磨难而停滞不前。转瞬，传统的新年届临。

2月19日是旧历除夕，被囚禁在警察厅的全部请愿代表共26人（第一批被捕者，已释放两人），中午在花园内会议厅会餐。两批请愿代表在被隔断二十多天后，终于团聚一起。张若名和郭隆真同周恩来、马骏、于方舟、马千里等一如久别重逢的故知，欣喜非常，全然忘记了是在狱中，“互相说了很多话，很快乐的”。次日春节，午后26位代表，又到会议厅内会餐一次。利用这次见面的机会，周恩来交给张若名和郭隆真两篇手稿——《独身主义》和《我的忏悔》，请她们阅后提出意见，并寻机带出，在《觉悟》第2期上发表。

从2月19日至3月7日，即腊月三十到正月十五，警厅对各位“政治犯”看押的宽松了一些，“犯人”的家属、亲戚、朋友也可以来厅中探视。一天，郭隆真家住北京西城的妹妹郭蔚庭来天津警厅看望姐姐，于是，“郭、张两人将周恩来在阴历年会餐的时候，交给她们的他所做两篇稿子——《独身主义》同《我的忏悔》——让伊带去，预备登在《觉悟》杂志上。当时有在旁边监视谈话的三四队副官焦宝珍，说须得经过司法科长的检查。当下张、郭两人遂将两篇稿子交与焦副官；郭隆真的妹妹也随同他去。到了司法科，司法科长说稿子太长——约有四万多字——等看完后再去取，郭君遂没取走。”

隔了些日子，郭隆真的妹妹又来探视，并告知周恩来的两篇稿子被扣的事，“张、郭两人方知稿子还没带出厅，便向司法科长交涉”。“张、郭两人愤怒得了不得，恐怕司法科骗去那两篇稿子，不想发还，连着同司法科长交涉多次，司法科也总没有将稿子发还。”不久，“张若名、周恩来又当面同赵视察长交涉。赵视察长拍胸担保出厅的时候，必给他们。”但等到后来被拘的人移送检察厅时，周恩来、张若名、郭隆真去要这两篇稿子，仍未获得，而且，永远消失了。

正月十五过后，警厅对这些请愿代表的监禁又严厉起来，不准彼此来往，并取消了外界的探视。“内外消息重新隔断，被拘的人又要重新度他们的烦闷生活。”

狱中的折磨和虐待，使一些代表身染疾病，如李权精神紊乱，王墨林便血，杨晓林吐血，郭隆真也患上了喉症。为了抗议长期非法关押，4月1日晚，代表们经过秘密联络，决定次日每人都给警厅一张最后通告，要求限三天内公审，否则全体绝食自毙。

春寒料峭，津埠如眠。天津警察厅内被拘禁的各界代表开始了一场绝食斗争。

4月2日早晨开始，各位代表按预定计划，将通告书陆续交予警厅司法科。通告书大意为：民国约法和新刑律都载有人民身体自由，无故不得受逮捕拘禁的干涉。我们被拘七十多天，没受正式审判。这种非法对待，忍无可忍！众人为尊重人权国法起见，限警厅三日内公审，否则就全体绝食，以存人格！

狱中形势顿时紧张起来。一名警察竟口出狂言：“厅长还怕你们吗？都有玩儿票的啦！”[①]这话刚好让被拘代表尚墨卿听见，他立即警觉起来。为了把这一骇人听闻的消息告之各位代表，他马上写了几张字条缝在自己的衣服上，然后站在自己囚室的门口来回晃动，以引起囚于别处的代表的注意。人们看到字条上写的是“杨梆子玩儿票啦！”“杨梆子快来吧！”“我们绝食了！”于是，见到这些字条的代表，便将原计划三日后绝食改为当日进行。午饭后，尚墨卿因挂字条被关进拘留所。

《警厅拘留记》

4月3日中午，周恩来在厕所遇到已绝食的马骏和李燕豪，才知道他们昨日已开始绝食，且尚墨卿已被关进拘留所。他们立即商定，马上通知各处被拘代表，全体绝食，一齐去拘留所，誓与警方较量一番！

为了争人权，救战友，周恩来一马当先，火速行动。他在《警厅拘留记》中写道：“周恩来回过大堂，敲马千里、时子周住室的窗户，马千里住室的窗户敲破了，嚷着让他们投入拘留所；回到花园后边，又嚷着告诉郭绪荣、于骏望、李培良，但是那时三四队的副官正在他们那里。返转身来经过花园门外，又嚷着通告张、郭两女代表，自己一直闯入男待质所，看守他的警察仅仅是一个人，所以始终没能拦住。这时候陶尚钊、于兰渚也都跟着闯入，时子周、李燕豪与警察挣扎多时，才能闯入。别的人都被警察拦住。”

这样，周恩来等五人闯进拘留所，马骏、张若名、郭隆真被警察堵在拘留所外。他们与随后到来的杨以德厅长以及一大帮警察、巡长、队长、副官等形成了尖锐对峙。

较量的结果，杨以德被迫把尚墨卿从拘留所放出；允许各代表互相往来；惟公开审判，法律解决的要求称须上报省长定夺。于是，代表们决定绝食之事暂时停止，俟省公署的消息再定。3日晚，众人恢复进食。

以上所述绝食之事是根据周恩来在《警厅拘留记》的说法。请愿代表之一

① 玩儿票：天津土话，意思是杀了你们，都有人预备偿命了。

夏琴西的回忆与此稍有出入：4月2日全体绝食。杨以德为了阻止绝食，耍尽手段，但都无效果。“最后他才向大家声明已向省长请示，保证在一、二日内必移送法院。4日上午大家才进食，等候移送法院。”①

郭隆真和张若名身陷囹圄，正气凛然。她们对警察厅对被拘代表既不转交法庭“审讯”又不释放的卑鄙行为愤怒至极，多次向司法科长提出质问，但都没得到回答。4月4日午后，当司法科长从张若名、郭隆真的囚室前经过时，郭隆真便从窗户里大喝一声：“请司法科长站住！我们有句话说！”对方战战兢兢，尚未回过神来，郭隆真和张若名已经走了出来向他提出质问。司法科长支吾道：“你们女学生们，我同你们说什么话？”说完转身溜走。郭隆真、张若名一听更加恼火，立即写了一张条子让看守送去，质问司法科长，何以这样蔑视女子人格？司法科长无可奈何，宣布“郭、张两人以后有什么交涉，不找司法科长，直接向赵视察长同杨以德说话”。郭隆真和张若名对司法科长的喝问，显示了革命志士大义凛然的气势和新女性捍卫自身人格的精神。

警察厅被拘代表绝食的消息传到外面，觉悟社社员和天津学联干部都非常惦念绝食代表们的健康和生命安全。由于周恩来、马骏、郭隆真、张若名被捕，刘清扬也于“九一念九”惨案当夜化装成修女南下争取全国声援，因此，领导天津学生运动的重任就落到谌志笃和邓颖超等人身上。“九一念九”惨案发生后，他们领导了天津全市学生罢课抗议、上书北京政府提出严办杨以德等七项要求、派代表去外地请求支援等一系列斗争。当得知狱中代表绝食的消息，他们立即发动自愿签名，以替代被捕代表受监禁。

4月5日下午，谌志笃、邓颖超、赵光宸、王天麟、吴瑞燕、郑季清等24名新学联代表，备了公文、扛着行李，来到警察厅，“要求将被拘代表24人换出，情愿代为执行”。被拘26位代表中李权、王墨林因病获释，故剩24位。邓颖超回忆说：“我们向警察厅长杨以德提出两点理由：第一，我们的代表因为爱国，横遭逮捕。他们是我们选出来的代表，不能只让他们饱尝铁窗风味，我们大家要轮流受监禁，不能叫他们单独担当。现在我们就要求入狱替换他们。

① 夏琴西：《警厅拘留中的斗争》，载《五四运动在天津》，天津人民出版社1979年版，第813页。

第二，对于非法捕人，长期监禁，既不宣布罪状，又不送到法院审判，提出严重的抗议。”①

周恩来在《警厅拘留记》中记载了狱内外代表间及与狱方的几段对话，表现了爱国民主志士相互关爱、患难与共的决心。周恩来写道：24位学生代表来到警厅后，厅长杨以德出来相见。学生代表说道：“我们的代表在此押了70多天，我们心里实在不安。现在我们来要求替代他们，请厅长把我们24人留下，把他们24人放出去。”杨以德说道：“我没有这个权力，请诸位暂且回去等一等，我一定请示省长。省长要是准了，我必请你们去。你们可以把姓名住址写下来，可得写真的，不要教我们没地方找去。”谌志笃回答道：“我是谌志笃，找我一人，我们全来。我们要是害怕，何必来呢？”杨以德说道：“你是谌志笃，好好！大名鼎鼎！我一定禀明省长。我要不禀明省长，我是禽兽。”于是黄辉、赵光宸、郑岩诸人，陆续说明替代的意思。最后时子周插言道：“请诸位回去吧！不必说啦！别说诸位进不来，就是能进来，警察厅内不过又多添24个人，有什么用处呢？我想警察厅决不能因为你们诸位进来，就让我们出去。我们亦没有出去的道理。我们在里边无论受什么罪是为国，就是牺牲了生命亦值得；你们诸位进来是为我们，太不值得了。你们诸位何不把为我们的心移到为国上头呢？再说何必全进来呢？”他又转向杨道：“最好让你（他）们诸位进去看看，也就放心啦。”杨以德道：“可以。你们商议分班进去的法子吧！”

谌志笃、邓颖超等终于在警厅花园内见到了被拘代表。他们痛心地看到，周恩来形容憔悴，马骏胡子拉碴，郭隆真和张若名脸色苍白。双方强忍悲愤，迅速商定，聘请著名大律师刘崇佑②为这批被拘者辩护。

谌志笃、邓颖超等要求替换被捕者坐牢的事迹迅速传开，进一步激发了全社会对爱国学生的支持和对天津当局的谴责。这种甘苦与共、同担国难的崇高行为，也在五四运动史上传为佳话。胡适说过，青年要负起公民责任，做一个

---

① 邓颖超：《漫话五四当年》，载《五四运动回忆录》，中国社会科学出版社1979年版，第529页。

② 刘崇佑（1877—1941），字崧生，福建闽侯人。曾任福建省咨议局副议长、福建省民政司次长、国会众议员、北京执业律师等。

为民主而奋斗的真正爱国者："凡在变态的社会与国家内，政治太腐败了，而无代表民意机关存在着；那末，干涉政治的责任，必定落在青年学生身上了。""争你自己的自由就是争国家的自由，争你自己的权利就是争国家的权利。因为自由平等的国家不是一群奴才建造得起来的！"周恩来、张若名、邓颖超等，就是具有鲜明担当精神的"五四"青年公民的杰出代表。

牢狱内外的斗争，迫使当局终于答应了被拘代表"法律解决"的要求。

周恩来在《警厅拘留记》中写道：4月7日晚上8点多钟，"各队的人通知被拘的人，说众人的第三件要求（公开审理）已经达到目的了。不多时厅中预备6辆汽车，将杨晓林、时子周、马千里、孟震侯、夏琴西、马骏、郭隆真、李散人、师士范、周恩来，陈宝骢、李燕豪、郭绪荣、于兰渚、尚墨卿、吴世昌、张若名、祁士良、吴凤岐、于骏望、李培良21人，送往河北地方检察厅。"

夜色之中，张若名同21位代表（当日24位代表中陶尚钊等3人获释，故剩21位）乘汽车，被押送到位于天津河北区三马路上的地方检察厅。

一场新的斗争又开始了！

十三、“九一念九”，同周恩来等患难与共（三）

监狱是关押犯人的场所。

监狱中所囚禁的人可分为政治犯和非政治犯两种。

政治犯的概念提出于法国大革命时期，意指有反抗现时政权行为的人。

政权的性质不同，决定了政治犯的价值不同。为了追求民主自由、反对独裁专制而入狱者，其行可歌，其为可颂。

1920年4月7日晚上，张若名、郭隆真同周恩来、马骏等被捕代表被解至天津检察厅。同警察厅一样，检察厅实际上也是监狱。为了维护正义，争取爱国民主权利，二十余位各界代表在这个特殊环境里，同检察厅继续抗争。

在检察厅，张若名和郭隆真两位女代表，被囚于外院检查室旁边的一间房子里，“闻有三个女所丁轮流看护”。周恩来等19位男代表则被囚于里院看守所内五间房子之中。

检察厅关押着许多上诉未决的刑事犯人，刑种复杂，从死刑、无期到有期徒刑都有，都在等候上诉判决。每个房间都无电灯，漆黑一片。每个房间都置一粪桶，满屋潮湿恶臭。对爱国人士人格的污辱，对各界代表生命的蔑视，这是张若名、郭隆真同周恩来等每位代表所坚决不能容忍和接受的。在入住第一天的夜晚，经过坚决斗争，代表们便争得了一些权利：男代表可在所居五个房间自由活动；男女代表可以购买书报杂志，家属同学送来书报亦准予递入（8日晨就看到了报纸）；尽快安排起码的生活卫生设施（不久每室都安上了电灯）。对方还表示，将按程序，抓紧对案件进行侦查。自由和人权，必须通过斗争才会获得。

在共同的斗争中，代表们互相照顾，互相鼓励，结下了深厚的友谊。4月11日是郭隆真26岁生日，事先，男代表等推举周恩来和李散人筹办贺礼。他们买了一面四周有花边并镶有国旗的玻璃镜子，“并列同拘人的姓名”，托看守人员送交张若名。这天早晨，张若名手捧这份贺礼，代表狱中全体代表，恭恭敬敬地给郭隆真行了个祝贺礼，说道：“送上寿礼，我也算一份。”久系狱中的郭隆真这才想起今天是自己的生日。她当即提笔，兴奋地给大家回了一封短信：

“蒙你们诸位祝我的生日，我实在感谢！一鞠躬。”

“劳你们诸位的精神，作个纪念品！二鞠躬。”

“叫我的精神愉快百倍！三鞠躬。”

张若名也给男代表回了个纸条：“你们替我制一个庆祝生日的镜子，我代表你们行了个祝寿礼。”①

从4月12日开始，检察厅的侦查庭开庭，对21位各界代表分别讯问，开始对魁发成事件引发的爱国民主斗争和“九一念九”斗争进行所谓侦查。侦查庭的侦查工作因循拖位，断断续续。也许连着几天上下午都开庭，亦许只是上午或下午开庭，亦许隔几天不开庭。此前，警察厅制造了一堆似是而非的供词随同送案文件一同移送到检察厅，侦查庭反复讯问的内容，不外乎这些东西。

4月13日，代表们根据事实和法律条文写了一个21人辩诉状递交给侦查庭，驳斥其欲加之罪。自此以后，大家把侦查时的问话一一汇集起来，每天在法律研究会上分析讨论，决定进一步的对策。

检察厅的开庭侦查从4月12日起到5月26日止，共进行了一个半月。至6月28日检察厅才正式提起公诉，将全案移送审判厅。

---

① 周恩来：《检厅日录》，《周恩来早期文集（1912.10—1924.6）》上卷，中央文献出版社、南开大学出版社1997年版，第539页。

代表们在认真应付狱方侦查的同时，进一步组织起来开展各项活动。男代表的日程为：早7点30分起床；8点柔软体操；上午预备接受检厅侦查；下午读书，课程有经济学、心理学、历史、地理、数学、英文、日文等；晚7点政治、学术、社会问题讨论会；20点全体会；21点娱乐会；23点就寝。周恩来在5月28日、31日，6月2日、4日、7日，用五个全体会的时间作了介绍马克思学说的讲演，所讲内容根据周恩来编写的《检厅日录》记载，有历史上经济组织的变迁同马克思传记，唯物史观，阶级竞争史，经济论中的余工余值说，资本论同资产集中说。在当时的中国，能作这样的关于马克思主义的系统讲演的人是不多的。而允许被监禁者自由讨论带有颠覆现政权性质的政治问题，则反映了专制向民主转型这一社会大变迁背景下对政治犯权益的尊重。

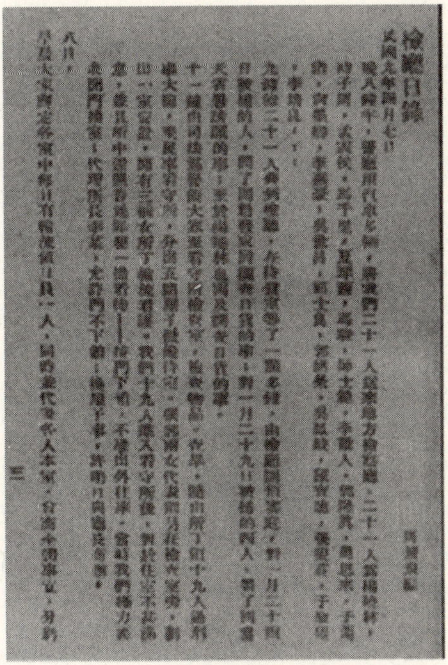
檢廳日錄

《检厅日录》首页

郭隆真和张若名被囚禁在前院，她们的学习情况已无从查考。经多次交涉，端午节即6月20日，她们才被允许到后院男囚室，和周恩来等男代表一起进行了五个小时的娱乐活动。

在监狱这个特殊场所，二十余位各界代表，一面同检厅当局斗争，一面互策互励，以艰苦奋斗的精神锻炼自己，以新的思想武装自己，预备出狱后为爱国民主事业做出更大的贡献。

张若名入狱的消息，最终还是传到了清苑老家。在春末夏初的一天，张若名的父亲张绍文来到天津地方检察厅拘留所，向女儿进行“说降”。他叫张若名“承认错误”，以求对她单独提前“取保释放”。张若名义正辞严地说：“学生抵制日货游行请愿，是应该的，是爱国的，是合法的，是正义的。”张绍文听罢鼻子都气歪了，他气急败坏地对在场的官员大声说："我不认这个女儿了！你们把她枪毙算了！"①

虽说通过斗争，狱中的基本生存条件有所改善，但随着天气渐热，狭小的房间室温过高，再加上臭虫肆虐，蚊蝇狂舞，生活环境总体上仍是恶劣的。有几位代表因之患病，郭隆真和张若名也病了。周恩来在《检厅日录》中的4月27日记载："郭隆真自25日有了病，大家今天才知道。去信问伊的病状，接伊的回信知道好了点。"6月12日记载："女代表张若名病了几天，今天才知道，由马俊、周恩来往视。"6月23日记载："张砚庄、郭隆真两人全病了的消息传来，大家深以为念，公举时子周、杨晓林两人往视。"郭隆真和张若名是不会被疾病削弱斗志的，两人互相关心、互相帮助，在共斗人魔的同时共战病魔，成为生死与共、亲密无间的难友。

随着公开审理案情日期的临近，狱外谌志笃、邓颖超等聘请的辩护律师已介入此案。谌志笃、邓颖超等一共聘请了四位律师，即天津的钱俊、兰兴周、梁锡纶（未到），北京的刘崇佑。大名鼎鼎的刘崇佑律师出于爱国之心，对天津当局非法拘禁长期关押爱国人士十分愤慨，对被拘人士寄予深切同情。他自愿为被捕的二十余位代表出庭，义务辩护。他不仅指导周恩来、张若名等进行申辩，还帮助谌志笃、邓颖超等熟悉诉讼知识和程序，以便开展合法斗争。

6月30日下午，刘崇佑来到检厅，与被拘代表相见。此时，被拘代表已开释两位（吴凤岐、吴世昌），5月下旬又转解来学联调查科科长沙主培，共20位。刘大律师告之，检厅对20位代表起诉的罪名有五类：（一）妨害公安罪（指调查日货）10人；（二）私擅监禁罪（指魁发成主事被带到商会）9人；（三）妨害公务罪（指学生询问警厅是否代表被捕）7人；（四）骚扰罪（指周恩来、张若名等进入省署请愿）4人；（五）侮辱官吏罪（指尚墨卿与杨以德发生冲突）1人。这20人当中，有9人被诉两种罪名，1人被诉三种罪名，其余10人均系单独一种罪名。他要求周恩来、张若名等提供一些事实依据，以为

① 杨在道：《张若名研究资料》，中国妇女出版社1995年版，第71页。

庭上辩护的佐证。

刘崇佑走后，各位代表即准备申辩材料。周恩来、张若名、郭隆真、于方舟早已胸有成竹，四人商议了一番申辩要点，次日由周恩来执笔给刘崇佑律师写了一封信，全文如下：

为省署请愿一案声明①

崇佑先生：

省署请愿一案，检厅起诉案由，系注意在“强暴胁迫，不服解散”。从此点上，我们愿意与先生声明者数事：

1. 我们请愿省长的目的，检厅既认为合法，当然无所谓“强暴胁迫”的意思了。

2. 我们要求往见省长，邢副官长屡次传达，均言省长可以接见，但是让大家退出辕门外。我们的回答是，我们的责任是见省长的代表，大家秩序很好，我们不能让他们退出去。

3. 大家到省署时，卫队因人多，便将大门紧闭，并无上门限的时机。并且我们四人钻进去的时候，确得邢副官长的许可，因为我们本是见省长的代表——名单上有四人的名字，报纸也有可证（九·一·三〇的《益世报》）——假若我们要是闯入的，何以门不破而限破，并且进去的恰是见省长的代表，大家并未跟着进去呢！并且卫队在门里的人很多，断无能让大家将门限撞破的道理；加着学生赤手空拳，何能将极厚的木门限撞破呢！

4. 四人进去后，邢副官长又让周恩来登梯子上，从门槛上边告诉外边的人，省长一会就见。但始终邢副官长没有向我们四人说解散大家的事；并且我们在门里边，又在兵棚里坐着，有许多兵守着，更无对外边负解散责任的道理。

① 《周恩来书信选集》，中央文献出版社1988年版，第12—13页。

以上四项，或者于先生辩护第四项“骚扰罪”时，不无补助。略举如前，以供先生采择；并颂

先生健康！

郭隆真

张砚庄

于兰渚

周恩来

九·七·一

这一声明书，以严正的事实，批驳了检厅强加给他们四位的莫须有罪名。

经过狱内外的斗争，在全国人民声援的压力下，检厅当局终于决定对被拘代表进行公审。

1920年7月6日一早，天津地方审判厅门口便悬挂出一张布告：“自早7钟公开审理马千里等妨害安全及骚扰一案。”

各界前来旁听的人异常拥挤。限于厅内容量，最后发给男女学生旁听券各20张，发给各界其他人士旁听券50余张，入庭旁听者约百人，余者只能拥立在门窗之外。

9点30分开庭。刑庭庭长俞钟主审，陪审推事二人分坐俞的左右，检察官及书记官坐在推事身旁。被告律师刘崇佑、兰兴周、钱俊也就座。

宣布开庭后，周恩来、张若名、郭隆真、于方舟、马骏、马千里等20位被告，先后从容走上被告席，俞钟逐一讯问每个人的姓名、年龄、籍贯、住址、职业等项，继之检察官杨占鳌分别宣布起诉理由：“……周恩来、于方舟、郭隆真、张若名，犯骚扰罪，依刑律第164条之规定，提起公诉……”

第二天继续开庭。7点钟开始，旁听的男女学生及各界人士陆续到厅，较昨天愈加拥挤，9点15分开庭，周恩来、张若名等又一次昂首出庭，他们本着事实经过，义正词严，把一切歪曲事实的讯问都给顶了回去。

周恩来在《检厅日录》中记载了他代表张若名、郭隆真、于方舟回答对方的询问：“1月29日，因感外交失败，请愿省长，拒绝直接交涉，并请释放代

表，恢复天津原状。到省署辕门时，有邢副官长接洽，据云见省长是可以的，唯须举出代表来。吾们举了四人出来，彼时大门已毕（闭），叫我们绕走便门。吾们因外交所迫，故要求由门槛下进内，亦得邢副官长之许可。进署后，邢副官长叫吾登梯报告大家静候回信，又将吾们让到卫队棚中，给以茶水极为和平。约有一时许，突有保安队来叫吾们走，两人架一人，送到营务处，此是始末情形。”

7月8日是公开审理的第三天，这一天法庭要进行辩论。前来旁听的人较前两日增加一倍之多，庭上的旁听席不但坐满，伫立门外窗边者也有数百人。人们关心着为爱国而被拘的代表们，以激愤之情目睹法庭如何审理这一爱国事件。

8点40分开庭。开庭辩论的次序是：审判长请检察官按所定五类罪名逐一陈述起诉大要，继请三位律师分项辩护，之后各被告陈述理由逐项辩论。

审判长俞钟宣布开庭后，五案被告分别被召入庭，然后检察官杨占鳌逐一陈述起诉状。进入律师辩护之序后，三位律师依次起立发言，都对起诉理由痛加驳斥，揭穿其所举“事实”，皆系牵强附会，推测比拟，不足为判罪根据。特别指出警厅非法拘押，压制民气，背乎全国一致的爱国心情，即是与民为敌。尤其是刘崇佑律师，他这天的辩论共计两个多小时，词意生动，正气逼人，对起诉理由及拟刑根据，逐项加以反驳，把悬揣臆断、故入人罪的论据，全部驳倒。

第四案，即周恩来、张若名、郭隆真、于方舟的所谓“骚扰罪”，是下午辩论的。四人精神抖擞地走上被告席，旁听的谌志笃、邓颖超等看到，张若名和郭隆真两位女代表因狱中几次患病，身体显得十分羸弱，但她们的神情同周恩来、于方舟一样镇定而坚毅。战友之间亲切的眼神，交流着情感和鼓励。

检察官宣诉后，审判长请律师辩护。

周恩来在《检厅日录》中收录了刘崇佑律师的辩护意旨书。刘崇佑以严密的逻辑和不可辩驳的事实指出：“起诉文（第四）周恩来等四人骚扰省长公署，犯第164条之罪。查本条之骚扰罪，一为聚众，二为意图强暴胁迫，三为不服解散命令，缺一即不能成立。当日省长公署之请愿人集至数千，各团体皆有，足见公意之所在，决非周恩来等区区男女学生之所为。集聚目的在于请愿，在于求见省长，以述舆情，并无他意，非可厚诬，省长已许进见，且已遵命举出代表，始终无被拒之事，更无所谓解散，是条件之无一合也。周恩来等系省长许见时举出之代表，无论如何进门，皆不能影响于许见之事实。若谓大门关闭，由门槛钻入，即为不许见之征凭；然不惟邢副官长自称实曾许见，且周等入门之后，卫队不予驱逐，反加招待。邢副官长又以门外拥挤，使周恩来登梯劝止之。则周等四人之入内，不得谓非经代表省长之邢副官长之同意也。”

针对起诉书所说周恩来、张若名、郭隆真、于方舟“损坏门槛”之事，刘崇佑辩护说：“省署门槛，日间向不安设，尽人知之。惟无门槛，故周等可从而钻入。否则欲破槛，不如破门之为易，岂有门则无恙，而门槛独被取去之理。故门槛损坏，决不得谓由于周等四人所为。检厅似未可以此浅而易见之事实，轻以诬人。且所损坏之门槛，是否年久失修之自然损坏，抑因人为之损坏，且为何时损坏，检厅虽经调查，而全无以证明之。又何见今日损坏，即为前日钻入者之所为。”

刘崇佑指出：“至若门外之人为骚动之事，则其时周恩来等已属槛内人，不能负槛外之责任。”

刘崇佑的语气越发凝重而慷慨：“辩护人以为因省长许见，而始进见；被告人等即服从命令，非不服从命令；省长既已许见，后又不见；且因门外骚动，乃捕遵命进见之被告人，则其过实在省长。即令门外之人有过度之举动，被告人且徇邢副官长之请，登梯而劝喻之，何以反以被告人为门外骚动者之替人。检厅此项起诉，尤属滑稽毋庸讳矣。”

刘崇佑的有力辩驳，把检察官的起诉理由击得粉碎，使推事检察官们的威风顿时扫地。接着，钱俊、兰兴周两位律师也作了类似的辩护。

轮到被告人答辩了。周恩来在《检厅日录》中写道：“周恩来四人答辩云：检察官以学生请愿为合法，而又依据刑律164条起诉，是检察官自相矛盾。去岁各省代表请愿总统数次，亦未闻有加以刑事处分者。以总统之尊严，尚且如此，况一行政官吏乎。若谓省署门外有骚扰行为，即宜捕获治罪，代表等彼时已在省署之内，焉知署外情形。”

周恩来、张若名、郭隆真、于方舟严正指出，自己是各界群众举出的代表，进入省署要见省长，怎么是“聚众”呢？他们在省署里等候接见，又何来什么“骚扰？”

在辩护律师和各位被拘爱国人士的质问谴责下，庭上几个装腔作势的司法官吏面红耳赤，不敢向庭上的人们正视。

7月17日是开庭宣判的一天。

这天下午两点开庭。旁听的人，不独庭上、院内站满，就连检察厅大门外的马路上亦站了很多人。谌志笃、邓颖超、陶尚钊等都在旁听席上就座。

审判长俞钟宣布开庭后，周恩来、张若名等20名被告依次步入庭中。俞钟一一点名后，即宣读判决书：

妨害公安罪10人，无罪。

私擅监禁罪9人，3人无罪，6人即马千里、马骏、孟震侯、夏琴西、杨晓林、时作新（子周），各处五等有期徒刑二月。

妨害公务罪7人，无罪。

骚扰罪4人，周恩来、于兰渚（方舟），各处五等有期徒刑二月。张砚庄（若名）、郭隆真，各科罚金60元。

违警罪1人，尚墨卿，处拘留十日。

羁压期内日数，均准折抵。以上被告人在押二日折抵一日，在押二日折罚金一元，均足执行刑罚终了之期。

宣判完毕，审判长照例征求检察官意见，检察官徐家驹表示同意后，俞钟即当庭宣布：所有被告，即日起予以开释。

就这样，当局故意变些花样，以法庭名义作出判决。实际上，这是在正义的压力下，不得不变相地把全体代表释放。

遭受将近半年非法拘押的代表们终于获得了自由，审判厅外顿时鞭炮齐鸣，锣鼓喧天。天津新学联、各界联合会、商会、女子十人团等团体的代表，在一片欢呼声中纷纷拥到代表身前，给周恩来、张若名、郭隆真、马骏、于方舟、马千里等20余位代表，佩戴上大红绸花和铸有“为国牺牲”四字的纪念章。

邓颖超拉着郭隆真、张若名的手，兴奋地说："你们受苦了！"郭隆真和张若名激动得说不出话来。周恩来拉住邓颖超的另一只手，说出了张若名、郭隆真等出狱代表的心里话："没有你们背着铺盖来坐牢，我们怎么能这样快地出来呢！谢谢你们，谢谢天津各界同胞。"①

这时，学联和各界联合会准备的九辆小汽车开到审厅门口，每辆车上均竖有两杆白旗，上书"欢迎代表出狱"字样。周恩来、张若名等获释代表分别乘上汽车，摄像机的镁光灯顿时闪烁起来。在百余人步行护送下，小汽车缓缓经过大胡同、北马路、广生行、商务印书馆、华洋书庄、售品所，驶向总商会。沿途群众自发列队热烈庆迎代表出狱。

在商会大院，各团体联合举行了隆重的欢迎会，数百爱国群众把大院围得水泄不通。周恩来在《检厅日录》中记载，会上马千里代表被拘人演说，谈出狱后志愿。宋则久、卞月庭等五位知名爱国人士致欢迎词。时子周致谢词。"周恩来报告在狱中情形。张若名女代表报告入营务处情形。"

会后，国货售品所和公教耶稣教慰劳会分别赠送每位被捕代表玻璃镜子一面，喻"心如明镜"。

老绅士冯骏甫送给每位被捕代表一把纸折扇，并在扇面上亲笔题诗一首：

图圄羁縻半岁余，群公何事掷居诸。
多因爱国遭兵警，翻被抛家厄吏胥。
志士同心光历史，谳员无法定爰书。
愿得民意回天意，瀛海澄清捕鳄鱼。

中午，由天津各界联合会会长、天津商会会长卞月庭，水产学校校长孙子文，在天津最大的著名饭庄"会宾楼"宴请全体获释代表，以示慰劳。

在这次欢迎活动中拍摄了不少照片。天津历史最久的鼎章照相馆，免费为24位被捕代表拍摄了一张十分成功而珍贵的合影。这就是目前在各博物馆里，

① 金凤：《邓颖超传》，人民出版社1993年版，第53页。

全体被捕代表出狱合影（前排左为张若名、右为郭隆真，四排右二为周恩来）

和有关五四运动与周恩来的书上都能见到的那一张。照片上，每位被捕代表胸前都佩戴着“为国牺牲”的纪念章，最前排是两位女英雄，右为郭隆真，左为张若名。

张若名和郭隆真是冲破传统专制牢笼和枷锁的英勇的妇女代表！是觉醒起来的争取民主、平等、人权的妇女代表！是与爱国男同胞一同起来保卫国家主权的妇女代表！

十四、为抗婚与家庭断绝关系

1920年夏秋之交。

久旱无雨，大地龟裂，庄稼枯萎。蝗虫如麻，起落之间，草木青苗的叶子一扫而光。

直皖奉三系在京津保之间大动干戈，结果，皖系战败，直奉两系接掌政权。

天灾人祸，民不聊生，中国社会如晦如磐。

中国的希望何在？救国救民的路径何在？这是张若名与周恩来、郭隆真、马骏出狱以后，同邓颖超等其他觉悟社社员迫切需要回答的问题。

8月初，周恩来召集觉悟社社员，在天津法租界一幢小楼里召开年会，出席的社员有14人。据谌小岑在《回忆天津五四运动及"觉悟社"》中回忆："当时，有两个社员已经出国，一个社员在南京投考高等师范，一个社员回家省亲患病，有几个社员因家庭关系半年来退出了各项活动。那次年会，14个人参加，在法租界一间小楼房里开了三天，每一个社员都谈了一年多来的思想变化和感受。"

最后，周恩来做年会总结。他总结了一年多来天津学生和各界救国运动的经验教训，认为只有把五四运动以后的全国各地产生的大小进步团体联合起来，采取共同行动，才能改造旧的中国，挽救中国的危亡。并指出，当时团体虽多，但思想复杂，必须加以改造，才能真正团结起来，为这个目标而奋斗。他把这一切概括为"改造""联合"四个字。这大体反映了当时先进青年的认识水平。

1920年8月觉悟社部分社员合影（前排右二为刘清扬、右三为邓颖超、右四为张若名，后排右一为周恩来、右三为郭隆真）

会后，觉悟社立即行动，有11人去北京联络进步团体。

8月16日上午，觉悟社在北京城南偏西的慈悲庵召开茶话会，商讨今后改造中国的方向及联合斗争问题。慈悲庵是创建于元代的古刹，已有六百余年历史，主要建筑有观音殿、准提殿、文昌阁、陶然亭等。会议在准提殿后的西配殿召开。李大钊出席了会议，受邀与会的包括北京少年中国学会、青年工读互助团、曙光社、人道社四个团体的代表共二十余人。

北京慈悲庵会议

会议由刘清扬主持，邓颖超介绍了觉悟社成立的经过和一年来的活动情况，周恩来则对觉悟社提出的“改造联合”的主张作了说明，郭隆真、张若名等也作了发言。李大钊讲述了世界潮流的发展趋向，他强调各团体有标明主义之必要，“主义不明，对内既不足以齐一全体之心志，对外又不足与人为联合之行动。”会议决定由到会团体各推三名代表继续讨论联络问题。

8月18日，这五个团体共同发表了《改造联合宣言》和《改造联合约章》，宣布要联合各地主张革新的团体，分工合作，以实行社会改造。并且喊出了“到民间去”的口号。

李大钊这里说的“主义”，即他在1918年11月于《新青年》发文所提到的“布尔什维主义”，实际是以阶级斗争、暴力革命、无产阶级专政为核心内容的列宁主义。前面提到，在新文化运动中，宣传民主的知识分子倾向于把民主理解为“平民主义”或称“庶民主义”，带有直接民主或民粹主义倾向。平民主义到无产阶级专政仅一步之遥，在十月革命的示范下，这些知识分子把苏维埃俄国视为“劳农专政”（或“劳工专政”），他们相信，“劳农专政”正是实现平民主义、亦即他们所谓的“平民政治”或“劳工政治”的必不可少的阶段。于是，李大钊、陈独秀等五四运动后迅速转向信奉布尔什维主义。李大钊在1919年5月《新青年》“马克思主义研究”专号发表《我的马克思主义观》，强调阶级斗争学说是贯穿马克思主义的“一条金线”。陈独秀1920年9月在《新青年》第8卷第1、3期上，发表《论政治》和《国庆纪念底价值》等文章与通信，仿照列宁主义，强调民主是“资本阶级……欺骗世人把持政权底诡计……民主主义只能够代表资产阶级”。“什么民主政治，什么代议政治，都是些资本家阶级为自己阶级设立的，与劳动阶级无关。”而要实现“劳农专政”，重要措施自然是知识分子必须到工农之中去，做到革命理论与革命实践相结合。陈独秀到晚年才“从苦痛经验中悟得近代民主政治的基本内容”。

陶然亭会议，是觉悟社社员最后一次集会，此后社员们便分散开来，投入到改造社会的新的斗争之中。

5号周恩来、13号郭隆真和36号张若名本书还将详述，觉悟社其他社员此后的基本情况如下：

1号邓颖超（1904—1992），天津女师毕业后，1920年8月到北京高等师范学校附属小学任教。1922年夏应天津达仁女校校长马千里之聘到该校任教。

1923年参与组织女星社和女权运动同盟会直隶支部。1925年由青年团员转为中共党员，任中共天津地委妇女部部长。7月奉命南下广州任中共广东区委委员、妇委书记等职。8月与周恩来结婚。1926年任国民党候补中央执行委员。1927年任中共中央妇委书记。1932年至1934年任中共中央机关总支书记、中央局秘书长、中华苏维埃共和国中央执行委员等职。1934年参加长征。抗日战争时期任中共南方局妇委书记、中共中央候补委员、中央妇委副书记等职。1949年后，任全国妇联名誉主席、全国人大常委会副委员长、中央政治局委员、全国政协主席等职。

3号周之廉（1902—1956），河北南宫城庄村人，从天津女师毕业后，曾与邓颖超一起在天津达仁女校任教，又在北平香山慈幼院任女校主任、北平五省灾童教养院教务主任。后考取北京师范大学教育系，毕业后任河北女子中学校长、河北省立第五女子师范学校校长。1933年考取美国哥伦比亚大学庚子赔款留学官费生，获硕士学位。抗日战争时期在重庆北碚创建北泉慈幼院并任院长。1946年后在美国教育界任职直至逝世。

9号赵光宸（1902—1965），天津人，1918年进入天津南开学校读书。五四运动时期任《天津学生联合会报》记者，与周恩来私交甚密。后赴欧勤工俭学，先后入甘百耳大学、巴黎大学学习，并加入中国共产党旅欧组织，后脱党。回国后，他历任山东烟台市社会局局长、天津工商学院教授、河北省农垦局局长、天津市临时参议会议员、中国国民党天津市党部委员。1948年被选为国民党中央监察委员，同年赴台湾。

11号薛撼岳，天津市人，后来投靠吴佩孚。

18号关锡斌（后名管易文，1896—1995），广东廉江人，1917年考入天津直隶第一师范学校。1919年底与徐特立、向警予、恽代英等同船赴法国勤工俭学，1921年转赴美国，先后在爱荷华州师范学院和耶鲁大学完成学业。1926年回国后，曾在南开大学、岭南大学、青岛教育局等地工作。1939年加入中国共产党。后任中央统战部接待处处长、上海市军管会交际处长、上海市政府办公厅副主任、上海市政协副秘书长等职。1958年任国务院参事。

19号潘世纶（1898—1983），浙江杭州人，1913年考入天津南开学校，系周恩来同班同学，曾协助周恩来创办《天津学生联合会报》，为该报副刊负责人。南开中学毕业后，考入南京金陵大学，后赴美国留学，攻读经济学。在美期间与在法国的周恩来保持书信往来。回国后，历任中国银行香港分行副经理、中国银行天津分行经理等职。1958年从天津迁居北京，任中国银行总行顾问、监事等职。周恩来多次请他到中南海共叙同学之情。

20号胡维宪，天津南开学校毕业后，1920年10月与张太雷、吴南如、谌小岑等，创建天津社会主义青年团。其他情况不详。

25号刘清扬，除前面本书提到的之外，刘清扬曾在1920年11月与张申府等一同赴法留学。1921年2月经张申府介绍加入旅法中共组织，不久，与张申府一起介绍周恩来加入中国共产党。1923年冬回国。1924年元旦《妇女日报》在天津创刊，刘清扬任总经理，邓颖超等为编辑。1924年6月与李大钊、王荷波等出席在莫斯科召开的共产国际第五次代表大会。1927年后脱党。1944年在重庆加入中国民主同盟，任民盟中央委员和妇女委员会主任。1949年后曾担任全国政协常委、全国妇联副主席、中国红十字会副会长等职。

26号吴瑞燕（1904—1981），广东人，1918年考入天津女师。在觉悟社活动期间，编导话剧《木兰从军》和《伊藤博文》。后考入北京人艺戏剧专门学校，她与丈夫汪泊生均系该校培养的出色人才。后夫妇同创山东省立剧院，抗战时在重庆创办歌剧学校。周恩来、邓颖超多次邀请吴瑞燕夫妇把京剧院、歌剧院搬到延安，终因国民党张道藩等人破坏，未能实现。

28号李震瀛（1900—1937），天津人。南开中学毕业后就读南开大学。1921年在北京加入中国共产党，旋奉派上海，任中国劳动组合书记部干事。1922年7月出席中共“二大”。1923年2月任京汉铁路总工会秘书长，参与组织京汉铁路大罢工。1925年参与领导五卅运动。1926年9月起任中共上海区委军事委员会主任、上海总工会组织部部长等职，参与领导上海工人第一、二、三次武装起义。1927年3月任上海临时政府委员。5月在中共“五大”上被选为候补中央委员。6月任中华全国总工会执行委员、中共湖北省委职工运动委员会书记。8月年出席八七会议。10月与向忠发率代表团和中国工人代表团赴苏联，参加十月革命十周年纪念活动、出席共产国际执委会第九次会议和赤色职工国际四大。1929年任中华全国总工会组织部部长、中共中央长江局委员等职。1931年1月在上海出席中国共产党六届四中全会，4月参加罗章龙为首的反对王明路线的“中共中央非常委员会”，7月被开除党籍。在此前后在上海被国民党逮捕，因未暴露身份而获释。之后回天津，不再参加政治活动。

29号马骏（1895—1928），吉林省宁安县（今黑龙江省宁安市）人，1915年入读南开中学。1921年加入中国共产党。1922年去东北从事地下工作，组建了东北地区第一个中国共产党组织“宁安党小组”。1925年上海五卅惨案发生后，发起组织“吉林沪案后援会”，任会长，组织了吉林第一次大规模示威游行。同年10月，赴苏联莫斯科中山大学学习，任中山大学学生公社书记。1927年夏，奉命回国，任中共北京市委书记兼组织部长。同年12月被捕。1928年2月英勇就义（墓地在今日坛公园西北角）。

31号李锡锦（1892—1979），浙江绍兴人，早年毕业于天津中西女校。1921年初，经李大钊介绍，去北京饭店与第三国际代表维金斯基见面。后来情况不详。

34号郑季清（又名郑漱六，1897—1962），江苏扬州人。天津女师毕业后，主要从事工商业，曾在长沙担任一纱厂厂长。1949年其夫带养女赴香港，她独留桂林。后在桂林西郊茶洞乡任教。1960年周恩来和邓颖超在桂林会见了她，赠其200元，后派专人接其进京养病。一年后返桂林，不久去世。

37号张嗣婧（1901—1922），河北安肃（今徐水）县人。在天津女师尚未毕业，便屈服于“父母之命”，于1920年春天饮恨嫁与儿时包办的患有癫痫病的表哥刘赓勋。天津女师毕业后到北京公立第七女子小学任教，半年后被夫家逼回天津，饱受虐待。1921年生下一女，婆母重男轻女，对产妇不闻不问。一年后又生下一男孩，夫家重子轻妇，没有给她最基本的照顾。产后11天即一病不起，夫家为了节省开支，在其重病时才给她买来廉价药物，但一切已无济于事。年仅21岁的一代新女性就这样成为传统礼教的牺牲品。

41号谌小岑（1897—1992），湖南安化人，1916年考入天津高等工业学校，次年入北洋大学特别班。1921年任华俄通信社翻译、上海分社中文部主任。1923年在天津协助邓颖超创办女星社、女星成年妇女补习学校。后任国民党中央党部工人部指导主任、国民党上海市党部监察委员、国民政府铁道部劳工科科长等职。1936年任国民党广东省党部书记长兼民众训练科科长。1942年后任立法院立法委员、交通部顾问等职。1949年后先后在国家出版总署编译局、文化部出版局从事翻译工作，1957年任国务院参事。1967年6月，他被隔离审查，关进秦城监狱。平反后，他回到国务院参事室，后任民革中央监察委员会常委。

43号李毅韬（1896—1939），河北省盐山县人。17岁时全家迁居天津，遂考入直隶女师。1922年，李毅韬与觉悟社成员谌小岑成婚。1923年夫妻二人到天津与邓颖超等共同发起成立了女星社和女星成年妇女补习学校，并出版《女星》旬刊，李毅韬担任主编和校长。1924年元旦，李毅韬又协同刘清扬、邓颖超等出版《妇女日报》，任总编辑。1927年，夫妻双双加入了国民党。七七事变发生时，李毅韬正在广州抱病参加抗日救亡工作。1939年7月病逝。

50号谌志笃（1896—1970），号石僧，贵州织金县人。1916年就读直隶公立工业专门学校（河北工业大学前身）机械科。1920年秋毕业后回贵州，任过中学学监和教师，创办革命刊物《黔声报》。30年代先后出任贵州省教育厅秘书，建设厅机要秘书、技正（总工程师），度量衡鉴定所所长，国货陈列馆馆长等职。后长期乡居。1949年后任贵州省政府参事室副主任。

陶然亭会议后，张若名的个人生计问题，已成为她不得不时常考虑的一个严峻现实。张若名出狱后，她所在的直隶女子师范学校第十学级已经毕业，张若名因入狱半年，未读女师最后一个学期，因而没有获得毕业证书，只得到了一张结业证书。此时，同学们早已离校，同窗战友邓颖超、王贞儒、张嗣婧都到北京任教，其他同学也星散各地，多已就业。张若名如何维生呢？

关键时刻，张若名的二伯父张褆仁又一次鼎力相助，经过一番周折，他为侄女在保定找了一个教书的工作，月薪30元左右，总算使侄女有了安身立命之处。张若名来到保定后，就住在二伯父在保定的家里。

在外求学，很少回乡，况且家里早已知道她入狱的情况，不管父亲如何绝情，母亲肯定是一直挂念女儿的，所以张若名少不了要回清苑老家看望父母，话叙亲情。

在清苑县温仁村丁未号，张若名终于见到了思念的母亲。但此时的张伯英在传统礼教的长期束缚下，已经失去了做人的起码权利，她神情呆滞，木讷寡言，见到女儿也只是戚苦的眉头稍有舒展，旋即沉吟不已。当然，张若名也很快见到了父亲。与外面骄阳似火的天气相成鲜明对照，张绍文见到女儿后却冷若冰霜。他斥责张若名在天津“不好好念书”，尽在外面“胡闹”，甚至“惹是生非”以致进了“班房”！他越说越愤怒。张若名没有辩解，因为对“三从四德”观念根深蒂固的张绍文来说，女儿的辩白只意味着对父亲尊严的冒犯。

但是，张绍文接下来的话，却着实令张若名大吃一惊：张绍文说，张若名已经18岁了，“女大当嫁”，为了防止她继续在外“胡闹”，“惹是生非”，他和张伯英正在极力设法为她“找婆家”！[①]张若名惊愕地望望父亲，张绍文脸色铁青，一副不容置喙的样子。看看母亲，张伯英嗫嚅着，瞟一瞟丈夫，便又低下头去啜泣起来。张若名内心想必十分凄楚，她对这个家庭彻底绝望了。

如前所述，张若名不仅对妇女解放问题有着独到深刻的认识，而且躬身实践，在五四运动的大潮中，使自己锻炼成长为妇女解放的急先锋。作为有觉悟的知识女性，她对传统婚姻痛恨至极，绝不会在自己的终身大事上接受父母之命。于是，张若名返回保定之后，使采取了抵制父母包办婚姻的措施。

五四运动启发了以青年学生为先锋的广大人民的觉悟，显示了中国人以天下兴亡为己任的公民品格。但是，由于救亡压倒了启蒙，使五四运动所昭示的民主、科学和打倒孔家店的时代精神，并没有对中国社会产生振聋发聩、深入人心的作用，传统习俗和思想意识，依然盘根错节般深深植根于中国社会之中。

在婚姻方面，尽管自由恋爱、自由结婚成为青年的普遍呼声，但传统婚姻仍在吞噬着无数人的生命。

1919年11月，长沙少女赵五贞被父母包办婚姻强迫出嫁，反抗无效，便在迎亲花轿之中用剃头刀割破喉管自杀身亡。长沙《大公报》等曾就此展开讨论，毛泽东在12天中连续发表九篇文章，指出：“这件事的背后，是婚姻制度

① 杨在道：《张若名研究资料》，中国妇女出版社1995年版，第73页。

的腐败，社会制度的黑暗，意志的不能独立，恋爱的不能自由。”他分析了逼迫赵五贞求死的环境，指出有母家、夫家及社会这“三面铁网”“坚重围着”。“这三面铁网，归结起来，根源在于社会”，这社会“可以使赵女士死，他又可以使钱女士、孙女士、李女士死，他可以使‘女’死，他又可以使‘男’死”。因此，“就不能不高呼，‘社会万恶’”。[①]毛泽东将传统婚姻与社会制度联系在一起，击中了问题的要害。

和张若名1915年秋同时考入直隶女师的同班同学（曾与张若名合写《阴阳历考》）、觉悟社37号社员张嗣婧，是一位学业优秀、个性诚厚谦和的学生，在五四运动中，她对“几次的大奋斗大流血的惨剧都曾参加”。但是，就是这样一位经过觉悟社熏陶的人，却最终也没有跳出传统礼教的束缚。

赵五贞的自杀、张嗣婧的遭遇、张若名目前的处境，充分说明，五四运动以后，传统婚姻依然像铁网一样紧箍着国人，而在当时的历史条件下，单个女子要冲破这张巨网是十分艰难的。

张若名不会被这张传统婚姻的铁网缠绕住，她自幼产生的强烈的独立人格意识，五四运动中表现的妇女解放急先锋的精神以及革命的勇气和斗志，使她敢于顶着巨大的社会压力，与家庭决裂。

张若名决定离家出走！

如前所述，1917年郭隆真在大名坐“亮轿”到“男家”发表抗婚讲演，然后与家庭断绝关系返回天津。1920年春，长沙自治女校学生李欣淑，为反抗父母包办的婚姻，登报声明“我于今决计尊重我个人的人格，积极地同环境奋斗，向光明的人生大道前进！”她毅然出走，“到北京实行工读去了”。[②]张若名的离家出走决定，显然受到这些先例的启发和影响。为反抗传统婚姻而从旧的传统家庭中出走，这是五四运动前后，中国知识妇女个性解放的突出表现。

然而，出走何方？出走后面临的经济等问题如何解决？

张若名给郭隆真、周恩来等觉悟社社员写信，争取他们的帮助。

---

① 毛泽东：《“社会万恶”与赵女士》，《大公报》1919年11月21日。

② 《长沙第一个积极奋斗的——李欣淑女士》，《大公报》1920年2月27日。

周恩来出狱时，南开大学校长张伯苓迫于当局压力，已将周恩来和马骏开除了南开大学学籍。出狱后，马骏回东北老家省亲，周恩来陷入失学失业困境。南开大学校董严修（字范孙）出于惜才，努力为周恩来创造进修机会，大概在9月中下旬，他捐资7000银元，设立了“范孙奖学金”，并举荐周恩来和李福景两人出国留学。周恩来早在出狱前就产生了赴欧求学的想法。6月初，准备去法国勤工俭学的李愚如在行前到监狱看望周恩来，周恩来用两个小时写了一首白话诗送给她。诗中说道：“三月后，马赛海岸，巴黎郊外，我或者能把你看。”如今，严修之举，正合周恩来之愿。

郭隆真出狱后也处于失学失业境地，此时住在北京妹妹郭蔚庭家中，也在准备着赴法求学事宜。

两个月以前觉悟社被捕社员出狱时，所有在津社员考虑到周恩来、张若名、郭隆真、刘清扬的安全，一致主张他们四位赴法远学。但因出国费用等问题一时没有着落，故未形成决议。当时张若名有无周恩来那样出国学习的明确设想，已不得而知。

保定育德中学大门

如今，传统婚姻已迫在眉睫，周恩来、郭隆真、刘清扬三位战友都在准备出国，张若名也就无暇他顾，毅然把抗婚出走的方向定位在遥远的法国，她要和战友们一道去自由的法兰西探真理，求实学。

1920年9月，张若名背着家里人，到设在保定育德中学的留法高等工艺预备班报了名。[①]

留法勤工俭学运动实际肇始于1915年。该运动的主要发起人李石曾，祖籍直隶高阳县，系清末大学士李鸿藻之

① 杨在道：《张若名研究资料》，中国妇女出版社1995年版，第73页。

子。高阳县与清苑县交界，张若名家乡不少人都知道邻县有这样一对父子闻人。李石曾1902年留学法国，主要研究生物化学，著有《大豆的研究》。1909年他在法国巴黎西郊创办了一家“巴黎中国豆腐工厂”，并从故乡招募来四十余名农家子弟进厂为工。为了提高这些人的文化知识和工艺技能，他在工厂内设了一所夜校，让工人白天做工，晚上学习。这一做法不仅提高了员工的综合素质，也使该厂的产品提高了质量，在万国食品展览会上获得了盛誉。受此启示，李石曾与蔡元培等人1915年在巴黎发起成立了“勤工俭学会”，倡导“勤于做工，俭以求学，以进劳动者之智识”，旨在让更多的普通中国人通过半工半读的方式达到留学的目的。1916年又成立了“华法教育会”，以推动留法勤工俭学运动的开展。

在国内，1917年成立了“北京华法教育会”，并在北京、直隶省蠡县布里村（今属高阳县）、保定育德中学设立了三个留法勤工俭学预备班（学校）。此后，其他省市也设立了类似性质的机构和学校。但在1918年底以前，因欧战正酣，往法国者不多，留法勤工俭学运动只停留在酝酿发动阶段。随着第一次世界大战的结束和五四运动的爆发，中国青年渴望去法国这个“思想自由甲于世界”的国度，学习科学文化，研究“主义”“学说”，考察社会变革之源。于是，从1919年3月开始，国内掀起了一场大规模的留法勤工俭学运动，到1920年底，不到两年时间，赴法勤工俭学的学生即达到20批，1700余人。

保定育德中学留法班从1917年8月到1920年9月共招收了四期学员，其中第二期学员有李维汉、李富春、张昆弟等，刘少奇则是第三期学员。张若名报名参加的是最后一期留法班。

但育德中学留法班第四期开办以后不久，大概在9月底10月初，张若名的赴法求学计划便暴露了。原来，张若名的二伯父张褆仁，有一位叔伯内弟叫赵曾隆，也想去法国做一名“俭学生”。他在去育德中学了解留法俭学事宜时，偶然间在留学预备班名册上见到了张若名的名字，他是知道张若名与张褆仁的关系的，于是便将这一情况告诉了张褆仁。张褆仁清楚张若名的这一大胆行为肯定是瞒着他父亲做出的，而一个女孩子孤身远涉异国岂非小可之事！他立即写信将这一消息告诉了张若名的父亲。

张绍文得知张若名竟欲违抗“父母之命”，抗婚出逃，想必气得暴跳如雷。他火速派人赶到保定，谎称张若名的母亲病重，企图把张若名“接”回温仁村。

张若名知道，这是父亲的骗局，她由此判断自己的赴法求学计划已经泄露，于是当机立断，决定离保赴京，提前出走。“她告诉家中来人，说要在保定为她母亲买些食品和药物，两天以后就回温仁。接连两天她真的手提网篮外出，晚上带些食品等物回来。实际上，她是以‘购物’为掩护，争取时间，紧张地进行赴法勤工俭学的准备。第三天一大早，张若名用一个装墨盒的小口袋装了她（教学）的工资二三十元（银元）毅然决然地‘不辞而别’了。”①

几天以后，张若名家中每个识字的人都收到了张若名写来的一封信，信中张若名声明从此与家庭断绝关系。她在给父亲的信中写道：“你们不要追我，你们若是追我我就跳海了。”张若名还郑重地把自己断绝家庭关系的声明投寄报纸发表，很快创刊不久的天津《新民意报》便刊登出张若名和郭隆真与家庭断绝关系的消息。多少年之后，张若名的堂姊妹们说起这件事仍啧啧赞许，称张若名为女中豪杰。②

张若名来到北京以后，找到郭隆真，两人一起住在北京西城区郭隆真的妹妹郭蔚庭的家里，继续筹划勤工俭学事宜。

10月8日，周恩来和李福景两位南开学校推荐的赴法俭学生，来到设在北京东单大方家胡同的北京华法教育会，开具了赴法留学证明书。爱国大律师刘崇佑得知他们要赴法求学，非常支持，他慷慨解囊，捐赠周恩来500元，捐赠张若名、郭隆真300元。

经过联系，北京《晨报》聘请张若名为驻欧特约通讯员，张若名可以通过撰写旅欧通讯得到应有的稿酬。

10月中旬，周恩来和李福景到严修府上辞行。严修交与两人旅费1000元和第一年度的用款，并约定以后每半年给他们汇一次学费。严修还交给两人

---

① 杨在道：《张若名研究资料》中国妇女出版社1995年版，第74页。

② 徐泓：《大人物·小人物》，人民出版社1995年版，第179页。

一封写给北京政府驻英公使顾维钧的亲笔信，信中请顾维钧对周、李予以照应。

天津《益世报》也与周恩来商定，聘请他为该报驻欧记者。

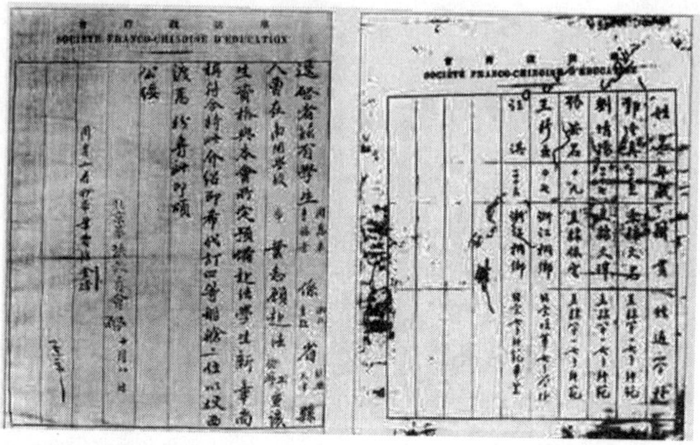

北京法华教育会为周恩来、刘清扬、张若名、郭隆真等人赴法留学开具的介绍信

一年以前，在抵制日货的斗争中，天津新学联保管了几笔对一些商号的罚款。到今天，其中一部分罚款也派上了用场。张若名和郭隆真在北京办完各项出国手续后来到天津，然后按照严格的程序，由天津新学联周恩来等推荐，由张若名出面，由刘清扬的父亲担保，张若名和郭隆真向天津新学联借支了由学联保管的“万德成”罚款中的1000元。至此，张若名和郭隆真总算凑够了出国的最基本的费用。

10月中下旬，周恩来、张若名、郭隆真、李福景分别离津去沪候船赴法。10月25日经北京华法教育会审查后为其办理了出国手续。10月31日，一行人汇聚上海。

1920年11月7日清晨，作为中国第15届赴法学生团，周恩来、张若名、郭隆真、李福景、傅钟、王守义等197名中国青年学生，从上海汉口路码头，乘黄浦小轮到杨树浦，登上法国邮船“波尔多斯”（Porthos）号。10时整，邮船缓缓离岸，驶向茫茫大海……

拒绝传统婚姻和家庭，远适异国求学，反映了张若名反对旧的伦理道德和思想观念的彻底性，显示了这位妇女解放急先锋的倔强性格和个性魄力，表现了她不畏艰难，勇于探索真理，求实学以谋自立的可贵品格。

十五、远航法国，勤工俭学（一）

……

出国去，
走东海、南海、红海、地中海；
一处处的浪卷涛涌，
奔腾浩瀚，
送你到那自由故乡的法兰西海岸。

到那里，
举起工具，
出你的劳动汗；
造你的成绩灿烂。
磨练你的才干；
保你的天真烂漫。
他日归来，
扯开自由旗；
唱起独立歌。
争女权，
求平等，

来到社会实验。
推翻旧伦理，
全凭你这心头一念。
……①

这是1920年6月8日周恩来在狱中写给赴法勤工俭学的觉悟社社友李愚如送别诗中的几句。

五个月以后，张若名和周恩来等，为了他日回国后“扯开自由旗，唱起独立歌，争女权，求平等”，“推翻旧伦理”，也行进在去往自由故乡法兰西的浪卷涛涌之中。

“波尔多斯”号是一艘两万吨级的大型邮船，上下共分十层，可载旅客四五百人。船上“俭学生”和“勤工生”共计197人，这是赴法勤工俭学史上人数最多的一批。船上女学生共三位，除了张若名、郭隆真以外，还有一位来自河南的李昊。

周恩来、张若名等所乘“波尔多斯”号

① 《周恩来书信选集》，中央文献出版社1988年版，第8—9页。

“波尔多斯”号邮船经香港、西贡、新加坡，穿过马六甲海峡，横渡印度洋，再经红海，穿过苏伊士运河，进入地中海，直趋法国马赛港。

沿途中，张若名和周恩来、郭隆真等在饱览水天相连的自然景色和异国他乡的多彩风光的同时，更注重考察各地社会和生活的实况。邮船经过各地大海港时，都要停泊不等的时间，以装卸货物、补充煤炭和水等物品，张若名同周恩来、郭隆真等便借此机会上岸观察了解当地社会情形。在香港，他们见到了鳞次栉比的高楼大厦，也目睹了蜷缩着蓬头垢面黎民百姓的贫民窟，更注意到了肩扛大枪四处游荡的廓尔喀雇佣兵。在西贡，他们看到一个奇怪的现象，即港口停泊着的许多华人船只，却不挂中国国旗，一问才知道，因中国国际地位太低，若挂上国旗，不但得不到应有的保护，反会招致意想不到的麻烦。看到这些现象，他们十分感慨，进一步认识到积贫积弱的中国已经到了国势危殆的严重关头，非根本改造，不足以图存。

横渡印度洋是历时最长、风浪最大的一段航程。一连数日，偌大的邮船犹如一叶扁舟，在汹涌澎湃的波涛之中摇荡颠簸，艰难行进。许多人晕船呕吐，不能进食。张若名强打精神，时常与周恩来、郭隆真一起迎着大风大浪，跑到船头甲板上踱步，眺望那浪卷涛涌、奔腾浩瀚的壮丽景色。

张若名和周恩来、郭隆真同是学生运动领袖，又都是觉悟社的创办人及其骨干成员，尤其是共入大狱的经历更加深了彼此的认识和革命友谊。他们是志同道合的战友，此次虽然天涯孤旅，西去异国他乡，但胸怀远大抱负的人是不会郁闷惆怅的。“他们三个人天天在船上畅谈‘五四’运动，畅谈救国强国的远大理想。”[①]周恩来还挤时间续编《检厅日录》。

“波尔多斯”号邮船历时36天，航程近1.6万公里，在12月13日抵达法国最南端的著名港口和工商业城市马赛。

马赛是一个英雄的城市。法国的国歌《马赛曲》，原名《莱茵军进行曲》，即因马赛人在法国大革命中把它唱响全国而改名《马赛曲》。歌曲气势激昂，令人热血沸腾：“前进，祖国的儿女们，那光荣的时刻已经来临。

---

① 杨在道：《张若名研究资料》，中国妇女出版社1995年版，第75页。

20世纪初的法国马赛港

你看，那专制暴君已经扬起血染的旗帜；你听，那凶残的敌兵嗥叫着在屠杀你们的孩子和伴侣！公民们，拿起武器！公民们，投入战斗！前进，前进……”这是自由的战歌，冲锋的号角！

登上马赛码头，张若名和周恩来、郭隆真等终于来到了令人向往的法兰西。

长时间的艰难旅程，使张若名两腿肿胀，全身酸疼，但一踏上英雄的巴黎公社的故乡，她便忘记了途中的劳顿，胸中充满了激情和活力。

“波尔多斯”号邮船靠岸时，留法华法教育会的学生部干事早已在码头殷恳迎候，热情地帮助这些来自故土的同胞换乘上开往巴黎的火车。在途经里昂时，张若名同周恩来、郭隆真等便下了火车，临时下榻在车站对面的大旅馆里。他们一行早已计划好，张若名和郭隆真将在此转往蒙彼利埃，向正在该城一农校读书的盛成学习法语；周恩来则去往巴黎，准备在巴黎短暂停留后去英国首都伦敦留学。此前，周恩来已致信盛成，让他在蒙彼利埃为两位女士租好住处，并届时前来里昂迎接。

次日，盛成来到里昂迎接张若名和郭隆真。

盛成（1899—1996），江苏仪征人。1910年加入同盟会，1911年在光复南京战役中被誉为“辛亥三童子”之一，受到孙中山褒奖和鼓励。1914年考入上海震旦大学法语预科，三年后在长辛店京汉铁路车务见习所任职。参加五四运动，期间结识周恩来。1919年底留法勤工俭学。此时的盛成正在蒙彼利埃农业专科学校学习蚕桑学。

盛成回忆说，他来到里昂车站对面的大旅馆，“到了客厅，周恩来便给我介绍郭隆真和张若名，并说：‘这是张砚庄（若名），你要带她们到蒙白里去。”盛成对天津五四学运负责人是了解的，对郭隆真和张若名在天津狱中的表现也知道，所以对两位女士并不陌生。他已按照周恩来的嘱托，为郭隆真和张若名找好住处：“我告诉周恩来和郭、张二位女士，在蒙白里房子已租好，一切没问题。”①于是，两天以后，郭隆真、张若名随同盛成乘车南下，周恩来和随后而至的刘清扬等送他们上车后则转赴巴黎。

1923年，盛成于法国南部地中海沿岸采集植物标本。

蒙彼利埃位于美丽的地中海之滨，盛成已经提前为她们两位租借了一处“一居室”的单门独户住房，环境幽雅。时值元旦前后，盛成带她们去商场买了些日用品，还游览了名胜古迹。盛成的住处离此不远，他经常过来帮助张若名和郭隆真学习法语。

盛成回忆说：“这也是我初次教人法语，并且还买了一块黑板。隆真比我大六岁，她学习进度很慢。若名比我小三岁，她聪明过人，举一隅，则以三隅返。最初每日上午必教两小时课，后因我自己功课太紧，改为隔日教一次，最后改为每周教两次。至于隆真的法语后改由若名直接教她。在授课以外，我还陪她们去买菜，以及去参观博物馆，随时教她们应用的语句。后来就由她们自己去料理一切生活。我还介绍给她们我的法国朋友，使他们有练习法语的机会，又介绍与我法国老朋友通信练习法文写作。若名法语的进步，可称一日千里，到1921年暑假时，她的法语已经达到相当水平了。”

在蒙彼利埃学习了几个月的法语之后，张若名和郭隆真便迁往法国中部的布卢瓦城，同已在那里的周恩来一起继续学习法文。②

盛成在1921年暑假和张若名见过一面后即失去联络。直到后来他们回国

① 盛成为张若名著《纪德的态度》所作的《序》，生活·读书·新知三联书店1997年版。以下所引盛成的话，均见于此。

② 《周恩来年谱（1898—1949）》，中央文献出版社、人民出版社1990年版，第46页；《周恩来传（1898—1949）》，人民出版社、中央文献出版社1995年版，第56页。

后，在北京相见。盛成回忆说：见面时，“她说：我的法文是你教的。言下之意，好像我是她的伯乐。”

盛成在蒙彼利埃农业专科学校毕业后，入意大利帕多瓦大学学习，后又在蒙彼利埃大学学习，获高等理学硕士学位。他不仅参加了历次维护留法学生合法权益的斗争，而且投身于国际左翼进步组织的社会活动。他加入了法国社会党，并参与创建了法国共产党。1927年应法国文豪罗曼·罗兰邀请，出席了在日内瓦召开的“世界妇女自由和平促进大会”。但由于盛成“天下殊途而同归”的言行和思想与当时完全听命于苏共的法国共产党存在很多分歧，在一阵迷惘之后，他告别了政治舞台，开始潜心于学术研究领域。1928年，盛成应聘到巴黎大学主讲中国科学课程。同年其自传体小说《我的母亲》在巴黎出版，震动法国文坛，获著名作家纪德、罗曼·罗兰、萧伯纳、海明威、罗素等高度评价。上世纪30年代初回国，先后在北京大学、广西大学、中山大学和兰州大学执教。1948年应聘到台湾大学担任教授。后去美国、法国从事文学创作和学术研究，成为集作家、诗人、翻译家、语言学家、汉学家为一身的著名学者。1978年回国后，长期在北京语言学院担任一级教授。1985年法国密特朗总统授予他法兰西荣誉军团骑士勋章。1992年6月13日，年已93岁高龄的盛成应张若名长子杨在道之邀，欣然为张若名的论文集《纪德的态度》作序。

周恩来与郭隆真和张若名在里昂分别后，1921年1月5日至伦敦，准备投考苏格兰首府的爱丁堡大学。因爱丁堡大学入学考试在秋天，加上英国生活费用昂贵，于是2月中旬，他又返回法国，在巴黎补习了几天法文，大概在2月下旬来到布卢瓦城。此前他考察了留法勤工俭学学生的境遇，指出“留法界最大问题即勤工生不易寻找工作”，主要原因则是勤工生“法语未谙，技能未具，而身体又不强壮”，另外，法国工人也“不甚欢迎中国人之以贱资夺其地位也”。因此，“按现状论之，凡勤工者即无复有相当之读书机会”。张若名日后对此问题的认识与周恩来的这些观点几近相同。

布卢瓦坐落在卢瓦尔河畔，是一个人口只有二三万的小城，中世纪法国许多王朝的国王大臣都曾在这里住过。该城居民的语言为法国标准语。

张若名和郭隆真迁到布卢瓦城后，经常和周恩来一起研究问题。

张若名在努力学习法语的同时，和周恩来、郭隆真一样，注重社会调查和研究，经常通宵达旦地撰写文章。1921年上半年，她给北京《晨报》以及上海《时事新报》等报纸寄回了大约20篇通讯报道稿件。

北京《晨报》1921年4月3至8日，连载了张若名署名“V女士”的《华人在法经营之各种组织》的长文。文章对中国人在法国建立的各种组织的现状，即“仅就近日所探悉者”作了详细介绍和评论。她在介绍“华法教育会”后指出，蔡元培、李石曾等“极力作中法教育上的运动，实在于华法文化贯通上，有好多的贡献”。在介绍一些华文报纸时，她均予点评，如认为《旅欧周刊》“限于篇幅，限于时日，实少精彩之作”；《华工杂志》“末尾附有华法英会话，以资练习言语，可惜工人不识字，不懂文字，不能领略编辑者之苦心”。在介绍华人实业时，她也表露了鲜明的立场，如认为“万华酒楼”，可谓生意兴隆，但“每吃一次饭，要15佛郎以上。在巴黎的大人、公子、小姐们，常享到这种幸福。苦学生可就不能了”。张若名对留法学生中一些富家子弟的吃、喝、嫖、赌等现象甚为不满，她把中国留法学生分为四派，即公子派、流氓派、俭学派、勤工俭学派，指出后两派“是好学生，一切费用务求节俭”，“格外的克已，格外的努力”。对留法学生中不良行为的抨击，显示了张若名疾恶如仇的品格。

张若名对正在筹办中的中法大学海外部，又称里昂中法大学非常重视。该文提到她曾对筹备者“有一度的探询”，并亲临校址视察。文章中收录了筹备者给她的“答函”，为我们了解这所学校的历史提供了一则史科：“……现在国内各界捐款已达300万方（法郎），校舍已动手修理，今年正月完工，开课之期，在夏假后。第一次招生200人左右，应考程度与北京大学入学考试相差不远，近日法政府及北京政府之常年津贴，均经通过，至于一切章程，正着手筹办。”张若名写这篇文章时不会想到，她自已以后就会成为这所大学的学生。

张若名这篇文章，对华人在法各种组织的“现状”作了系统介绍，为后人研究中法关系史提供了有价值的资料。

张若名与周恩来、郭隆真等1920年底到达法国的时候，正如前面周恩来所指出的，一度较为顺利的留法勤工俭学运动正在急转直下，留法勤工俭学学生的处境从整体而言，已开始陷入困境，突出表现为大批勤工俭学学生失工情况严重，进而求学不成，吃住皆成问题。到1921年初，约有五百多名勤工俭学学生拥挤在华法教育会的地板上和布棚里，每天靠领5法郎（折合华币3角5分）的“维持费”艰难度日。更糟糕的是，华法教育会不具官办性质，没有政府常年拨款，“其付与学生之维持费，均由他处辗转腾挪而来”，长期负担这么多人的维持费，确实不堪重累。1月16日，华法教育会宣布与勤工俭学学生脱离经济关系，这一决定，无疑使靠维持费生存的留法学生雪上加霜，惊恐不安，失踪、疾病、死亡之事屡屡发生，境况十分悲惨。

张若名同周恩来一样，来到法国后也敏锐地注意到这一严酷事实，她抓紧调查研究，在1921年2月写就《留法俭学生之恐慌与华法教育》一文，发表在4月10日和12日的北京《晨报》上。在文章中，张若名把造成大批勤工俭学学生失业的主要原因概括为三点：一是“工厂淘汰工人与勤工的影响”。她指出：“自欧战造了许多的罪恶，经济的恐慌，当首屈一指。税赋的增加，物价腾贵，日加无几……自去夏至今，法国的物品销路不畅，工厂因而停止者有之，因而减工者有之。既然工厂停止或减工，工界自然发生失业的现象。法国本国工人，尚且失业，况说外国人，更应当没有工作了。”张若名把经济萧条视作战争的首要“罪恶”和中国勤工俭学学生失业的首要原因，反映出她对社会现象有着较深刻的洞晓力。二是“中国勤工生不得工党的欢心”。她指出，由于中国工人和勤工俭学学生大多能够吃苦耐劳，工资又低，所以日益被法国工党所排斥。张若名的这一见解，触及了勤工俭学学生被歧视的问题，这一带有普遍性的问题确是勤工俭学学生日益恐慌的一个原因。三是“勤工生的弱点”。她指出：“来法勤工的诸同学，多不谙法语，不悉工作，致贻法工话柄”，故不易被厂方所接受。这一认识同赵世炎等不约而同，只不过后者把中国学生“不会作工”，更进一步视为勤工俭学一切困难的“总原因”。[①]张若名总结的这三点原因，符合留法勤工俭学运动当时的实际情况，她的这些观点，主客观原因兼顾，较为公允，富于理性，说明她已具有相当水平的分析问题的能力。

① 张若名：《留法俭学生对华法教育会之要求》，北京《晨报》1921年3月9—13日。

华法教育会决定与勤工俭学学生断绝经济关系以后，勤工俭学学生不得不设法自救。通过勤工而进行俭学的方式有否可行性？这个原本就存在争议的问题，到1921年初华法教育会作出上述决定时，引发成一场更大规模的论争。以蔡和森为首的“蒙达尼派”认为，勤工俭学已经失败，“作工不能达到求学的目的”。勤工俭学学生的唯一出路是争取政府的经济资助以达在法俭学的目的。以赵世炎为首的“勤工派”则坚持认为，勤工俭学终能成功，不必也不可能得到政府的经济补助。张若名倾向于“勤工派”，她在《留法俭学生之恐慌与华法教育》一文中明确提出：“我仍然是希望勤工俭学学生的种子成熟，预备发芽生果。”她还反复强调“知识分子应该劳动化”，“有人就是劳动者，是劳动者就有知识”。她呼吁：“今后的要务，不只于叫劳动者觉悟，作有知识的人，并且要使有知识的人躬为劳动者……今后的希望，就是要使有知识的劳动者普遍。”她认为，要实现知识分子劳动化，必须“先要下种子”，而这些亦工亦读的勤工俭学学生，正好就是这类种子，“希望他们抽芽发育”。

为了争取“生存权及求学权”，留法勤工俭学学生中的“蒙达尼派”领导了一场同中国驻法公使馆的斗争。1921年2月28日，在蔡和森、向警予、李维汉等率领下，四百多名勤工俭学学生来到巴黎中国驻法公使馆请愿示威，他们要求公使陈箓每月发给每位留法勤工俭学学生400法郎入学津贴，并以四年为限，在建的里昂中法大学和比利时中比大学也要无条件对勤工俭学学生开放。陈箓答称，此事须电告北京政府，使馆无权也无经济能力应允学生要求。学生及其代表态度坚决，表示不得公使应允绝不离开使馆。最后陈箓下令请法国警察干涉，强行驱散了学生驱逐了学生代表。这次进军中国驻法公使馆的斗争，称为“二八运动”。

“二八运动”的失败带有必然性。运动虽以争取求学权、生存权相号召，但其直接目的仍是变勤工俭学学生身份为官费生。而当时留法勤工俭学学生有1600人左右，四年期每生每年400法郎，年需费用至少七八百万法郎，如此巨款北京政府决不会拨付，故此要求不切实际。另外，这场斗争没有得到华工和旅法各团体的支持，留法勤工俭学学生中的“勤工派”也“始终未与闻其事”，而参加者中，坚定分子只占极少数，随声附和者为多，这些都决定着该运动不可能成功。聂荣臻当年3月即指出："二四运动（指'二八运动'中的为期四年每人每月400法郎的要求）纯不求事实上着想，兹已失败无疑。"[①]周恩来对"二八运动"的原委进行详细调查后，撰写了长篇通讯《留法勤工俭学学生之大波澜》，报道这一斗争的始末，对处于饥寒困窘中的勤工俭学学生深表同情。

张若名也对这场斗争非常关注，对事件的前后经过进行了详细调查。在"二八运动"失败后不久，她便写出《留法俭学生最近之大觉悟》的通信，发表在6月12日的北京《晨报》上。文章简要介绍了"蒙达尼派"和"勤工派"的不同主张，记述了"二八运动"的经过。张若名对参加这场斗争的学生的遭遇表示了深切同情，也对他们提出的"非达到维持四年的官费不止"的要求进行了善意的批评。透过这次斗争，她敏锐地看到，留法勤工俭学学生已进一步觉悟，即摆脱了对华法教育会的过分依赖，自谋生活，自立自强。她在文章中指出："自华法教育会宣布与学生解除经济之关系后，学生界便有一种觉悟，本身的事，当然是本身来组织；又经过学生到使馆的教训，所以他们自动的力量更加增进。"她还以肯定的态度，介绍了勤工俭学学生自发组织的自救团体及其趋势："乘此时机组织起来的团体有四个：（一）勤工俭学讨论刊社；（二）勤工俭学互助社；（三）勤工俭学第一组；（四）勤工俭学互助团，又加上以前组织成的劳动学会，合组一个勤工俭学期成会。该会还不算正式成立，正征求意见，以期健全呢。"

正如张若名所说，"二八运动"对全体勤工俭学学生是一次深刻教育，进一步提高了他们的政治觉悟。"二八运动"结束后不久，张若名提到的新的勤工俭学会便正式成立了，这是由赵世炎为主要负责人的勤工俭学学生自己的组织，它团结了包括王若飞等"蒙达尼派"学生在内的大批勤工俭学学生。赵世炎和蔡和森经过长谈，消除了隔阂，一致表示：争论已经过去，今后要共同研究问题，共同革命。"蒙达尼派"和"勤工派"的团结合流，对以后勤工俭学学生的革命活动发生了重要影响。

---

① 《聂荣臻青少年时代》，解放军出版社1988年版，第222页。

张若名在布卢瓦的日子是紧张而愉悦的。在这座美丽的小城中，她和郭隆真经常同周恩来、巴文俊等见面。他们在研究留法勤工俭学学生的生活和斗争的同时，一起讨论时局，推求比较各种主义。①

当时德国战后赔偿问题和始于4月1日历时八十余日的英国罢工风潮，是举世瞩目的两大问题，为此，周恩来和张若名分别为天津《益世报》和北京《晨报》撰写了大量通讯。如周恩来写的《德国赔偿问题之决裂》《欧战后赔偿问题之近讯》《英国矿工罢工风潮之始末》《英国矿工罢工风潮之影响》《英国矿工罢工风潮之波折》等。张若名写的《德意志赔偿问题与美国》《英吉利之诡秘的外交策略》《英国煤矿罢工别记》《土希战争与德国形势》等。在这些文章中，他们揭露帝国主义国家对战败国的分赃行为，抨击政府与资本家勾结压迫工人的罪行，赞扬工人阶级的顽强战斗精神。

两人在一些根本问题上的观点是一致的，如周恩来认为，英国工人阶级在"饥饿困窘"的条件下，"犹坚持反对不懈"，"其精神，其魄力，其勇敢，又属难能可贵"。张若名指出，英国工人阶级"深知团结协力的利益，所以他们的组织便越发坚固，越发发达"。周恩来指出："资本家无往而不为利"，而英国政府则"与资本家一鼻孔出气"。张若名则强调，工人阶级的对立面，是"狡猾的政府同惟利是图的资本家"。周恩来指出："劳资战争，舍根本解决外其道无由，观此益信。"张若名则认为："所谓劳资战争，本来只有征服，没有妥协。"②

1921年春，经张申府、刘清扬介绍，周恩来加入了中国共产党八个发起组之一的巴黎共产主义小组，成为一名中国共产党党员。

张若名也在积极努力，向党靠拢。

卢瓦尔河流水潺潺，布卢瓦城洁净雅致。这里留下了周恩来和张若名共同奋斗的足迹，留下了他们友爱互助的身影……

① 张洪祥、王永祥：《留法勤工俭学运动简史》，黑龙江人民出版社1982年版，第62—63页。

② 中央文献研究室：《周恩来年谱（1898—1949）》，中央文献出版社、人民出版社1990年版，第47、48页。张若名：《英国煤矿罢工别记》，北京《晨报》，1921年6月29、30日和7月1、3、5日。

十六、远航法国，勤工俭学（二）

巴黎，素有“世界花园”之称。碧波荡漾的塞纳河“之”字形流经巴黎市区，使这座城市处处透出迷人的风韵。河心那座巍峨的哥特式建筑便是巴黎圣母院。沿河两岸遍布着各具特色的公园展馆，其中“卢森堡公园”、卢浮宫和正义宫，尤令人流连忘返。沿河西望，则可见高耸入云的埃菲尔铁塔……

巴黎，还是富有革命传统的世界名都。巴士底狱广场，曾经震撼过法国大革命的呐喊；圣安东尼亚区，曾经弥漫过1848年6月工人起义的硝烟；而蒙马特尔高地，则流淌过巴黎公社英雄的鲜血……

起来，饥寒交迫的奴隶！
起来，全世界受苦的人！
满腔的热血已经沸腾，
要为真理而斗争！
……
从来就没有什么救世主，
也不靠神仙皇帝！
要创造人类的幸福，
全靠我们自己！
我们要夺回劳动果实，

埃菲尔铁塔

让思想冲破牢笼！
……
国家在压迫，
法律在欺骗。
苛捐杂税榨穷苦；
富人无义务独逍遥。
穷人的权利只是空话，
仰人鼻息的苦恼受够了！
……
是谁创造了人类世界？
是我们劳动群众！
一切归劳动者所有，
哪能容得寄生虫？！
最可恨那些毒蛇猛兽，
吃尽了我们的血肉！
一旦将它们消灭干净，
鲜红的太阳照遍全球！
……

这首响彻寰宇的《国际歌》，即是巴黎公社领导成员之一、诗人鲍狄埃于公社失败后的第二天写的，人们先用《马赛曲》的曲调演唱，后由皮埃尔·狄盖特谱曲。那庄严雄壮的词曲，激励着全世界劳苦大众为争取人权、推翻专制而战！

1921年6月下旬开始，张若名同周恩来、郭隆真一起，从布卢瓦小城频繁去往巴黎。他们不是来欣赏巴黎的如画景色，而是以《国际歌》体现的斗争精神，来这里进行一场反对中法秘密借款的爱国斗争。

6月初，北京政府派遣专使朱启钤、财政次长吴鼎昌抵达巴黎，名为代表大总统徐世昌接受巴黎大学颁发的博士学位，实际上是和驻法公使陈箓组成代表团，与法国政府秘密谈判借款事宜。按照商谈的条款，此项借款的主要内容是：借款额为3亿法郎，其中2亿法郎存入濒于破产的法国人在华开办的殖民银行——中法实业银行，等于用中国借款，去帮助法国资本家；另1亿法郎中的7500万交中国政府，2500万为借款经手人回扣；中国政府以全国烟酒税、印花税及滇渝铁路建筑权等为借款担保。显然，这是一项出卖中国权益的借款，如若达成，灾难深重的中国人民，又要蒙受更大的痛苦和牺牲。

6月中旬，中法秘密借款的消息在报纸上披露，旅法华工会、中国留法学生联合会、国际和平促进会、亚东问题研究会、旅法新闻记者团五团体奋起抗争，联合领导开展了一场声势浩大的拒款斗争。这次斗争与“二八运动”相比，虽然都是与官僚斗争，但两者性质不同，一为生活问题，一为国家问题。拒款关系到国家利益与存亡，并非与个人生活利害有直接冲突，故旅法工、学、商各界均人同此心，一致行动。张若名和周恩来、赵世炎、蔡和森、李立三、陈毅、袁子贞、刘清扬、向警予、郭隆真、徐特立、蔡畅等都积极参加了这一爱国斗争。

五团体数次集会，组成反对借款委员会，发表了《拒款通告》，通过了《拒款决议案》，并以传单、信函等方式广为散发，争取舆论。

6月30日，五团体在巴黎哲人厅召开拒款大会。是日下午一时许，厅中人满，后至者均伫立两旁，到会者约三百余人，室小人多，拥挤殊甚。大会宣读了旅法各地华人团体支持拒款的来函来电，报告了借款经过及五团体反对之已往情形，最后通过《拒款宣言》，号召国内同胞和各国华侨“联合一致以反对非民意之借款”，并请法人“赞助”。

7月1日，中法实业银行宣布倒闭，中法借款一事渐趋沉寂。孰料中法双方暗中继续商谈借款，并于25日秘密签署合同草约，据《巴黎时报》透露，借款额由3亿法郎增至5亿法郎。旅法华人闻讯震怒，五团体疾呼同胞速起斗争。8月13日，旅法华人各团体在巴黎哲人厅召开第二次拒款大会。会上痛殴了代替陈箓到会的公使馆秘书王曾思，迫使其代表陈箓签署了反对中法借款声明。这一《声明》由拒款委员会电告国内各大报馆，并送法国外交部一份。法国政府怕事态扩大，只得宣布暂缓借款。延续两个月的拒款斗争，从此宣告胜利结束。

张若名参与的这场拒款斗争，是五四运动民主爱国斗争的继续。这场斗争显示了旅法华人捍卫中国国家利益的决心和勇气，向全世界宣示了中国人民的爱国情操。

拒款斗争胜利后，张若名同周恩来、郭隆真返回布卢瓦。但时间不长，他们又投入到一场新的斗争——“争回里大运动”。

“里大”是里昂中法大学的简称。它是北京中法大学的海外部，系由华法教育会创办，校址在里昂西郊圣伊奈纳山上，校舍由里昂市长袁里欧捐出的圣伊涅伦炮台改建而成。1920年9月动工，一年后投入使用，校长吴稚晖。

留法勤工俭学学生在“二八运动”失败后，即把注意力集中到正在修建的“里大”，试图将就读该校作为解决生活与学习的重要途径。但校方却以“勤工学生程度太低”和“自费亦殊不易”为借口，拒绝留法勤工俭学学生入校，并公然宣布在国内另行招生，开学时间定在9月25日。广大勤工俭学学生十分愤慨，决定进行一场争取勤工俭学学生到“里大”入学的运动，在国内学生抵达法国之前，先把校舍占领起来。

9月20日，由赵世炎、蔡和森、李立三、陈毅、陈公培、张昆弟、颜昌颐、罗学瓒等一百多人组成的“先发队”，从各地向里昂进发。张若名同周恩来、郭隆真、王若飞、李维汉、徐特立、向警予、萧三等则留在巴黎，负责联络，争取声援，以及向公使馆进行交涉。

次日晨，到达里昂的125位“先发队”员冲进“里大”。此时校方早有准备，所有教室、宿舍的房门都已上锁，无法进入。“先发队”员只好在校内的草坪上暂待，并推举赵世炎为总代表继续同校方交涉。

22日，在校方要求下，里昂当局出动武装警察，强行把“先发队”员押送到附近的一座兵营囚禁起来。留在巴黎的周恩来、王若飞、李维汉、张若名、郭隆真、向警予、徐特立等，立即四处奔波，进行营救。

10月13日，中国驻法公使馆同法国当局联手策划，将在押的蔡和森、李立三、陈毅等104人强行遣送回国。争取“里大”运动宣告失败。

“先发队”员被遣送回国后，周恩来写了长达三万字的通信《勤工俭学学生在法最后之运命》，向国内详细报道中法政府当局对勤工俭学学生的迫害。

文章疾呼："途穷了，终须改换方向；势单了，力薄了，更需联合起来。马克思同昂格斯和声嚷道：'世界的工人们，联合起来啊！'他们如今也觉悟了：'全体勤工俭学的同志们，赶快团结起来啊！"

"赶快团结起来！"成为包括张若名在内的勤工俭学学生中先进分子的共同要求。

进驻里大运动失败后，勤工俭学学生没有停止斗争。他们转变斗争策略，不再同强大的中法反动势力进行正面冲突，而是转入建立旅欧党团组织的新的斗争之中……

1921年是留法勤工俭学学生很不平凡的一年，这不仅表现在他们进行了"二八运动""拒款运动""争回里大运动"三大斗争；也表现在他们坚苦卓绝，饱尝艰辛，在极端恶劣的条件下，坚持勤工俭学。

"二八运动"失败以后，法国官方成立了"中法留法青年监护委员会"，负责安排留法勤工俭学学生的劳动和生活救济。该组织为中国勤工俭学学生提供了一些就业机会，并为无经济来源的中国学生发放了维持费，1921年3月为每人每日3法郎，4月份改为6法郎，以后又降为5法郎。应予承认，这是该组织为处于困境中的中国勤工俭学学生所作的一件善事。

然而，勤工俭学学生能够从事的工作大多是繁重和低薪者。当时在勤工俭学学生中广泛流行着一首顺口溜《散工曲》：[①]

做工苦，

做工苦，

最苦莫过"马老五"（法文manoeure，散工）。

舍夫（法文chef，工头）光喊"郎德舅"（法文non de dieu，非上帝的善类），

加涅（法文gagner，赚得）不过"德桑苏"（法文deux-centrou，二百个小钱，即十个法郎）。

① 黄里州：《四川留法勤工俭学运动》，《四川文史资料选辑》第23辑，第54页。

这首顺口溜反映了那些做散工的勤工俭学学生的艰苦境况。

在勤工方面，与男子相比，女子更困难。她们从事书记、打字、校对、店伙、叠包、择货等工作，“薪水皆极有限，有时同样工作，而女子所得比较男子少至1/3”。[①]

据不完全统计，留法勤工俭学学生中的女学生共44人，其中包括向警予、蔡畅及蔡母葛健豪在内的湖南人最多，共14人；四川13人；广东7人；江苏4人；直隶3人，即张若名和郭隆真、刘清扬；浙江2人；河南1人，即与张若名等同船来法国的李炅。这40多位女士，大多来自女校，不少人是女校教员甚或校长。她们来法国后，一面做工，一面学习，勤奋而艰辛。

张若名和郭隆真来法国时所带的1300元罄尽以后，生活也陷入危机之中，两人不得不经常去做散工。张若名既要花费大量的精力给国内报纸撰写通讯报道，又要抓紧时间学习法语，还得时常外出寻觅工作，较差的体质不堪辛劳，她不得不与疾病打起交道。郭隆真对这位患难与共的小妹妹关怀备至，全力相助。1921年，“郭隆真和李愚如在洗衣店和云母片厂工作了一个暑假，郭隆真将自己的工资帮助张若名上了学”。[②]

拒款斗争的胜利，引起了法国官方和中国驻法公使陈箓的忌恨，他们联手对勤工俭学学生施加报复。“中法留法青年监护委员会”宣布，维持费发放至9月15日，其后中国学生的学习生活概由自负。法方还蛮横地停止了勤工俭学学生从中法实业银行取款。中法实业银行的存款，相当部分为旅法华人的，勤工俭学学生抵法之后也有部分款项存入该行。拒款事件后，法方规定“只有华工存款，可以支取，而学生存款，则不允付”。[③]对法方的这些做法，陈箓极表附和。这充分表明了中法官方对勤工俭学学生参与反对借款斗争怀有仇恨，正如周恩来当时所指出的：“七八百少年们，因为反对借款，妨害了法国的远东利益，更影响了中法政界有关系人的升官发财机会，在他

① 《留法女子勤工俭学情形》，《时事新报》1921年1月30日。

② 《中国妇女运动史》（新民主主义时期），春秋出版社1989年版，第113页。

③ 《赴法勤工俭学运动史料》第2册（下），北京出版社1980年版，第503页。

们看来自然是罪无可恕，你打破了他的大饭碗，他自然也要打碎了你的小饭碗。”[①]1921年9月15日，“中法留法青年监护委员会”终于停发了勤工俭学学生的维持费，“二八运动”后一度恢复平静的留法勤工俭学学生又起恐慌，生计和学习问题迫在眉睫。

陷入困境的勤工俭学学生不得不把争取开放里昂中法大学视为唯一出路，而进驻“里大”斗争的失败，则宣告了这一理想的破灭。

为了走出困境，留法勤工俭学学生又把希望寄托于国内，吁请国内地方政府和各界人士给予资助。

1921年11月上旬，郭隆真断指血书“人道”二字，并附一封乞援书寄往上海《时事新报》。乞援书述说了留法女生在法国工学困苦较男生尤甚的状况，指出，即便“偶有余资，多系中法实业银行不兑现之汇票”，而华法教育会的少数办事员，“将留法俭学男女之存款扣用，使饥寒迫亡的女生，告急无门。”她凄苦地写道：

> 吾国各界仁人君子，请速维持人道！施一粥半缕，隆真饿！隆真冻！隆真的冻饿，只是全人类间一分子之冻饿，何足轻重。不过隆真推想世人不愿见不人道的悲惨，发现在二十世纪新世界人道的声哩！请速维持人道！施一粥半缕，以救隆真饿寒交迫，身葬异乡之惨！[②]

真可谓字字沉痛，句句悲声，不忍卒读。

需要指出的是，张若名等留法勤工俭学女生曾得到碧细女士的经济援助。碧细女士原籍美国，系法国议员于格儒（Huques Le Roux）的夫人，夫妇两人喜爱中华文明，乐于帮助中国学生。在华法教育会与勤工俭学学生断绝经济关系之前，碧细女士就曾捐赠给勤工俭学学生一顶军用帐篷。在华法教育会与勤工俭学学生断绝经济关系后，碧细女士“不忍苦学青年之沦于悲境，以女生人

① 《周恩来青少年时代诗文书信集》下卷，四川人民出版社1979年版，第173页。

② 《留法女生郭隆真之血书及泪书》，《时事新报》1921年12月22日。

数不过四十，慨然出而维持”。她与著名旅法人士郑淑秀女士一道，“以其托钵乞施之所得，月给勤工俭学女生学膳费每人三百方（法郎）”。后因“款项来源有限”，自1921年10月起，“每人每月缩减至二百方”。碧细女士四处奔走，“焦头烂额”，好不容易将中国勤工俭学女生维持至1922年1月。此后，她又托回国的向警予，再向中法协会为留法勤工俭学女生“请命”，“府赐援手”。[①]碧细女士对中国勤工俭学学生的友善态度和大力帮助，将在中法关系史上留下重要一页。

但是，靠碧细女士的扶助和打散工的收入，女学生们也只能勉强维持最低的生活水准，俭学理想的实现，仍充满困难。张若名的丈夫杨堃回忆说，张若名和郭隆真、李昊等女学生的学习、做工都十分艰难，“张若名等当年在法国的生活非常艰苦”。[②]

两千多年前孟子就说过：“天将降大任于斯人也，必先苦其心志，劳其筋骨，饿其体肤，空乏其身。”艰苦造就人才，历史上那些放出生命光辉的人，大都有一番艰难困苦的历练，所谓“贫贱忧戚，玉汝于成”。张若名同郭隆真等一大批勤工俭学学生，胸怀“作大事业，须大准备”，担负“将来根本改造的大任”的雄心壮志，在异国他乡这种“境地特苦，四面绝援”的处境中，吸取着西方先进的科学文化知识，探索着救国救民的良方。他们的抱负，他们的勇气，他们在克服种种困难时所表现出的非凡毅力，都是他们后来成长为中国革命和建设杰出人才的必不可少的条件和素质。

但“二八运动”“拒款运动”“争回里大运动”等斗争，也对许多留法勤工俭学学生的思想产生了重大影响。他们初到欧洲时，思想大多徘徊在欧美民主政治与俄国共产主义之间，里大事件后，许多人对民主政治顿生失望，转而信仰了布尔什维主义。

---

① 《向警予文集》，湖南人民出版社1985年版，第40—43页。

② 阿庚：《不该被历史遗忘的人——记早期女革命家张若名》，《党史博采》1997年第4期。

留法勤工俭学女生名单

姓名	籍贯	姓名	籍贯
范新顺	湖南长沙	萧淑良	湖南浏阳
范新琼	湖南长沙	胡意诚	湖南
熊叔彬	湖南浏阳	胡蜀英	四川成都
向警予	湖南溆浦	邓定君	湖南
李志新	湖南宁乡	郑璧芋	不详
葛健豪	湖南湘乡	张近煊	江苏
蔡　畅	湖南湘乡	吴佩如	江苏
邹紫溟	广东东莞	吴若膺	江苏
熊季光	湖南浏阳	张若名	直隶清苑
刘抱蜀	广东香山	郭隆真	直隶大名
蒋碧微	江苏宜兴	李　昊	河南
王新亚	浙江	许纯洁	广东
王曜群	四川犍为	劳启荣	湖南
石海霞	四川	舒之锐	湖南长沙
朱一恂	四川	刘清扬	直隶天津
朱一逊	四川	刘无为	广东香山
李　琦	四川成都	刘粹微	广东香山
李愚如	浙江绍兴	潘惠椿	四川
李鸿明	四川	魏　璧	湖南
张振华	四川	关爱莲	广东
张雅南	四川	胡慕昭	四川
梁天咏	广东南海	常云湄	四川

十七、加入旅欧党团，研究宣传马克思主义（一）

1922年6月下旬。

巴黎西郊布洛涅森林。

树木葱茏，空气清爽，百鸟呢喃。

在林中的一块空地上，聚集着来自法国各地和德国、比利时的18位中国青年，其中包括赵世炎、周恩来、李维汉、王若飞、陈延年、刘伯坚、李富春等。他们从一位经营露天咖啡茶座的法国老太太那里租用了18把铁质椅子，每天围坐一起，进行了为期三天的会议。

一般人绝不会想到，这群中国青年是总数“约三四十人”的“旅欧少共”成员的代表，他们召开的正是“旅欧中国少年共产党”第一次代表大会。周恩

旅欧中国少年共产党成立（前排左二为赵世炎，后排右六为周恩来）

来对选择这样的地点和环境开会颇为满意，他说：这样的布置很好，有人来了，我们不说话，谁也不知道我们在干什么。

周恩来是以旅德中国少年共产党代表的身份前来出席会议的。此前，即3月初，他告别了张若名和郭隆真，从法国迁往德国柏林，从事筹建旅德团组织的活动。

巴黎布洛涅森林会议，宣告了“旅欧中国少年共产党”的成立，推选赵世炎为书记，周恩来负责宣传，李维汉负责组织，并由他们三位组成中央执行委员会。

中国旅欧青年中的共产主义组织由此诞生！它是中国共产党在欧洲活动的重要成果，也是勤工俭学运动的重要成果。它的成立，使旅欧学生和华工有了统一的政治核心。

“旅欧中国少年共产党”（简称“旅欧少共”，后改称“旅欧中国共产主义青年团”“中国共产主义青年团旅欧之部”等），是团的性质，而不是党的组织，它服从旅欧中国共产党组织的领导。党组织是秘密的，团组织是半公开的，两者的领导机关则是合二为一，统一设在巴黎13区意大利广场附近的戈德弗鲁瓦街17号的一个小旅馆的楼上，这里是赵世炎的住处，由他主持两个组织的日常工作。

“旅欧少共”最初的三四十位成员，分布在三个国家，“大约法国二十人，比（利时）国七八人，德国六七人”。[①]张若名即是在法国的“旅欧少共”第一批成员。

为了便于开展工作，以免在国外引起麻烦，“旅欧少共”每位成员都用化名。如周恩来用的是“觉悟社”中的代号“伍豪”，李维汉化名“罗迈”，赵世炎化名“乐生”，陈延年化名“林木”，陈乔年化名“罗热”，王若飞化名“雷音”，张申府化名“R”，熊雄化名“其光”等。张若名化名为“一峰”。

在“旅欧少共”成立前后，张若名和郭隆真从布卢瓦迁到巴黎居住。

① 《给吴明的三封信》，《赵世炎选集》，四川人民出版社1984年版，第74页。

从1922年春起，法国经济有了较为明显的恢复与发展，中国勤工俭学学生的就业机会随之增加，生存困难的问题得到缓解。

张若名和郭隆真来到巴黎后，在一家云母片厂觅得一份工作。云母是一种矿石，主要成分是硅酸盐，颜色不一，一般为白色、黑色、带有深浅不同的褐色或绿色。耐烧，不传电，能分裂成透明的可以弯曲的薄片，是重要的绝缘材料。这种工厂的法国工人多为妇女和童工，主要工作是将云母碎片粘合成张。“女工计件，每粘接一大张，得工资一法郎，每日可得十七八法郎”。“童工，则每日定额为十张，不足者不扣，超额者有奖。”而中国勤工俭学学生则“每日定额为十二张，不足者酌扣，纵达二十张，亦仅为每小时一法郎。”他们每周工作54小时，工资为54法郎。[①]国家衰败，海外游子就不会得到应有的尊重。

郭隆真和张若名所在的云母片厂，车间里粉尘污染特别严重，到处弥漫着五颜六色的云母碎屑，工作条件十分恶劣。“张若名体质瘦弱，又没有工作经验，进厂不久就得了重感冒。郭隆真为了使张若名不致很快被厂方辞退，就延长工作时间，帮助她工作。张若名病休几天后又坚持上班，但不久又病倒了。这时郭隆真提出张若名不再做工，专门学习，多去参加一些党的工作。”[②]

这里，有必要对张若名的入团、入党问题作一简单考证。

1950年开始，张若名重新申请加入中国共产党，每年都上交一份申请书，她在追述个人经历时写道：“1922年周恩来、李富春等在巴黎组织中国共产党，余与郭女士亦加入，不久即被选为中央执行委员。”[③]并认为她的入党介绍人是周恩来，张若名曾于1954年当面“问周恩来关于介绍她1922年入党的情况”。[④]

笔者认为，张若名在1922年由周恩来介绍所加入的不是中国共产党，而是“旅欧少共”。理由有四：

一是周恩来同李富春等在1922年组织的是“旅欧少共”，而非共产党。周

① 《四川文史资料选辑》第23辑，第142—144页。

② 杨在道：《张若名研究资料》，中国妇女出版社1995年版，第78页。

③ 杨在道：《张若名研究资料》，中国妇女出版社1995年版，第78页。

④ 杨在道：《张若名研究资料》，中国妇女出版社1995年版，第109页。

恩来在1922年3月已迁居德国，虽仍经常往来于柏林、巴黎之间从事过组织工作，但他与李富春等组织的是“旅欧少共”。迄今为止，未见到周恩来、李富春等在1922年组织共产党的记载。

二是郭隆真在1922年尚未加入“旅欧少共”，更未加入中国共产党。据中共中央档案馆保存的郭隆真自传所言：“我在1923年春遇少年杂志社记者于里昂，遂对共产主义讨论两次，说我具备革命者的条件，对于主义有相当的认识。结果周恩来、尹宽等遂介绍我加入CY。”[①]郭隆真加入“旅欧少共”后化名“林一”，同年转为中共党员。

三是至1925年，中共旅欧基层组织只有支部，而没有执行委员会。中共旅欧支部成立于1922年冬，共有党员十余人，由张申府任支部书记，赵世炎为法国组负责人。未见设置“执行委员”“中央执行委员”之职。

四是周恩来不认为他在1922年介绍张若名加入的是共产党。1954年4月周恩来在昆明见到张若名，当她问起周恩来1922年介绍自己入党的事时，周恩来简单而明确地说：“你当时参加的是团，不是党。”[②]周恩来对张若名是了解的，他又是当时中共旅欧组织的重要领导成员，故此说具有权威性。

笔者认为，张若名经周恩来介绍，在1922年加入的是“旅欧少共”，而非旅欧中共组织。“旅欧少共”成立时，领导机构称“中央执行委员会”，由赵世炎、周恩来、李维汉组成。后因附属于国内团中央，从1923年2月始旅欧团组织领导机构相应更名为“执行委员会”，张若名所称当选的“中央执行委员”，当是1923年以后的“执行委员”。

但笔者又认为，张若名称自己曾加入过中国共产党，此说也决非臆造，她确实在旅法勤工俭学之时加入过中国共产党。理由如下：

一是几乎所有当时人的回忆，都认为张若名曾是中共党员。如蔡畅1939年回忆，说张若名是勤工俭学学生中五位女委员之一。[③]刘清扬回忆，张若名因

---

① 《中共党史人物传》第13卷，陕西人民出版社1984年版，第190页。

② 杨在道：《张若名研究资料》，中国妇女出版社1995年版，第109页。

③ 蔡畅：《回忆赴法勤工俭学》，《赴法勤工俭学运动史料》（3），北京出版社1981年出版，第406页。

党组织负责人任卓宣作风专制而退党。[①]谌小岑回忆，觉悟社共有刘清扬、周恩来、郭隆真、张若名四位社员在欧洲加入中国共产党。[②]

二是张若名曾任过旅欧团组织的执行委员。前面说过，张若名在追述个人历史时说她曾被选为“中央执行委员”，既然她1922年加入的是团而不是党，那么这个“执行委员”也只能是团的职务。而旅欧的共青团员加入中国共产党的方式有两种，一种是由两名党员介绍入党；一种是因担任共青团的领导而直接转为党员。“根据党的规定，当时担任旅欧共产主义青年团执行委员会（支部）的领导，就正式转为中国共产党旅欧支部的党员。”[③]张若名参加了团的领导，也就自动转为中国正式党员。

三是云南大学对张若名作出的历史结论。1980年中共云南大学委员会作出的《关于张若名同志的政治历史结论》载明：“1920年，张若名同志赴法勤工俭学，于1922年在法国加入中国共产党，并任支部执行委员。”[④]盖棺之论，当有足够事实支持。

张若名坚持认为自己加入过中国共产党。当1955年4月与周恩来会面听到对方所说“你当时加入的是团，不是党”时，她大为惊诧。杨堃亲眼看到，张若名听了周恩来这句话后表情顿变，“马上表现出大吃一惊很不理解的样子，张口结舌没说出话来”。连杨堃“自己也觉得很奇怪，好像这和自己的记忆完全不同”。张若名这种惊异之情，恰是突遇意外的心理反应。他们并没有认可张若名在法国加入的是团而不是党的说法，认为这是周恩来出于策略的考虑故意这样说的：“噢！原来因为退党被看成是性质严重的错误，周恩来故意这样说，一定是为了保护张若名，减轻问题的分量。”[⑤]可见，张若名对自己曾经加入过中国共产党是毫不怀疑的。

---

① 刘清扬：《对“觉悟社”等问题的解答》（1957年1月14日），《一大前后》（续集），人民出版社1980年版，第231页。

② 谌小岑：《觉悟社及其成员》，《天津文史资料》第15辑，天津人民出版社1981年版，第172页。

③ 毛毛：《我的父亲邓小平》上卷，中央文献出版社1993年版，第121页。

④ 黄嫣梨：《张若名研究及资料辑集》，香港大学亚洲研究中心1997年版，第219页。

⑤ 杨在道：《张若名研究资料》，中国妇女出版社1995年版，第109页。

笔者认为，根据张若名表现出的革命急先锋的精神和行为以及她对共产主义的认识，张若名是具备共产党员条件的。她很可能是在1922年冬中国共产党旅欧支部成立之后由团干部转为中共党员的，也存在1923年同郭隆真转为中共党员的可能。

党团身份及加入时间的欠明晰性，不只是张若名一人存在，不少在留法勤工俭学时期加入党团组织的人都存在这种需予考证的问题。之所以如此，盖由于中国旅欧党团机关和领导机构的统一性、党团活动方式和活动内容的同一性，旅欧党团实际是一套人马、两个班子。正因如此，在各种资料和回忆录中，人们往往将旅欧党团组织相提并论，罕有分而述之者。

张若名加入旅欧党团以后，按照组织的要求集中精力“学共产主义”。

1923年2月，“旅欧少共”在巴黎召开临时代表大会。会议决定“旅欧少共”加入中国社会主义青年团，在欧名称改为“旅欧中国共产主义青年团”。鉴于中共中央决定调赵世炎、王若飞、陈延年、陈乔年等12人到苏联东方劳动大学学习，会议改选了领导机构，周恩来、任卓宣、尹宽、汪泽楷、肖朴生五人为执行委员，周恩来为书记。

周恩来在戈德弗鲁瓦街17号

周恩来上任后，当年夏天从德国返回法国，住在旅欧党团机关——巴黎戈德弗鲁瓦街17号小旅馆三楼第16号房间，专门从事党团工作。这里原是“旅欧少共”书记赵世炎的住处，5平方米左右，旅欧党团组织的事情都在这里办理。

周恩来为首的旅欧党团，对组织成员学习共产主义特别重视。周恩来在给团中央的报告中说：“本团旅欧之责任及今后应有之活动——大体规定为共产主义的教育工作，换言之即是列宁所谓‘学’，‘学共产主义’。”为了做到学有实效，旅欧共青团执行委员会专门设立了“训练部”，以指导党团成员的学习活动，提高其政治理论素养。各支部则设训练干事，以督促该支部的训练工作。

我们从旅欧共青团训练部的一份通告中，可以了解旅欧党团“学共产主义”的情况：

一、训练的原则。“努力研究共产主义和实际问题”；“坚定无产阶级革命的人生观，以便从早归国奔上革命战线”。

二、研究的步骤。理论方面研究马克思主义的唯物史观、辩证法、经济学、阶级斗争、政治原理，列宁主义的无产阶级专政、民族解放问题、农民问题、职工运动问题等；实际方面研究中国政治经济情形、苏俄政治经济情形、世界政治经济情形、第三国际的策略、国际劳动运动、世界弱小民族和殖民地运动、国际妇女运动。

三、研究的材料。中文“理论方面”的书籍，主要是有关马克思列宁主义基本原理论述的，如《共产主义教程》《社会科学讲义》《马克思的经济学》《社会主义讨论集》《共产党宣言》《列宁主义》等；中文“实际方面”的书籍有《第三国际议案及宣言》《中国共产党的大会决议》《中国共产主义青年团大会决议》《新青年》《中国青年》《向导》等。法文“理论方面”的书有 *L´Etat et La Revolution*（《国家与革命》），*A*、*B*、*C*、*Communisme*（《共产主义ABC》），*La Leninisme*（《列宁主义》）等；法文“实际方面”的有 *Humanite*（《人道报》），*Linternationale Communiste*（《共产国际》）等。

四、训练的方法。由执行委员会训练部和各支部训练干事负责并定期报告训练情况。各支部除支部会议外，每月要举行几次讨论会，“讨论的内容：第一次为共产主义，第二次为实际问题，第三次为读者报告”。讨论的题目“必须连贯而有系统”，“适中而不可太泛，亦不可太狭”，要“适合同志们研究的程度和心理，以便引起他们的兴味”。①

可以说，旅欧党团在周恩来领导下，掀起了一个“学习共产主义”的运

① 《中国共产主义青年团旅欧地方团训练部通告第一号》，《党史研究资料》第3册，四川人民出版社1981年版，第18页；参见鲜于浩著《留法勤工俭学运动史稿》，巴蜀书社1994年版，第264页。

动，而这个学习运动的鲜明特点即是理论和实际相结合，不是空洞地学，而是联系世界与中国革命的实际来学。采用这种学习方法，在当时是难能可贵的。周恩来可谓中国共产党党内较早倡导把马列主义与中国革命实际相结合的人。

张若名等在“五四”初期对平民主义的信奉，使他们相信苏俄式的“劳农专政”是实现平民主义的必不可少的阶段。于是，他们内心中抽象的“平民”便化为具体的无产阶级，接受阶级斗争理论和无产阶级专政思想也就成为顺理成章之事。

张若名在学习共产主义的活动中，表现是积极的。由于聪颖好学，刻苦努力，再加上郭隆真在生活上，盛成在法语上的帮助，张若名法文进步很快，加入党团组织之时，已能顺利阅读法文版的马克思主义书籍。

此外，张若名还积极参加了“共产主义研究会”的学习活动。

“共产主义研究会”，在1923年2月旅欧共青团临时代表大会召开以前就存在，由张申府任该会的书记。至旅欧共青团此次临时代表大会召开之时，鉴于张申府的辞职，大会决定由尹宽任“共产主义研究会”主任，不久，又由任卓宣接替尹宽。“共产主义研究会”采用自学和互教互学的方式学习，每位党团员的学习心得体会，既可在讨论会上交流，也可以在《少年》（后为《赤光》）杂志发表。在旅欧共青团临时代表大会之后，“共产主义研究会”还编辑出版了《共产主义研究会通信集》。该《通信集》为16开本，大约每月出一号，每号二三十页不等，系蜡版刻写油印，主要刊登研究会成员的学习体会和研究文章。张若名由于法文较好，多次担任互教互学小组会的主讲人，她的宣讲，获得了周恩来等人的一致好评。

在周恩来的建议下，1923年上半年，张若名把在小组会上的讲稿加工整理成三篇文章，即《阶级斗争》《剩余价值》《帝国主义浅说》，并由周恩来、郭隆真帮助，油印装订成小册子，发给共青团员和旅法华工。这些单行本署名为“一峰”，有的在《赤光》上发表。这是中国妇女最早宣传马克思主义的较为系统的文章，可谓中国妇女运动史上的一座“峰”。

十八、加入旅欧党团，研究宣传马克思主义（二）

革命的赤光，
从北俄腾起，
惊醒了
冬虫般蛰伏的被压迫阶级，
震动了
春蚕般茧缚的世界殖民地，
封建余孽，
国际的强盗，
更被他照的原形毕露。
夜已阑，
天将晓，
赤色之光，
早在东方闪动了。
休忘记
远的土耳其，
近的印度。
是呵！
要寻求

自由，
独立，
原只有接近赤光，
走向世界革命的大道。
起，起，起，
我们的朋友！
……
我们所认定的唯一目标便是：
反军阀政府的国民联合。
反帝国主义的国际联合。

这是发表在1924年2月1日出版的《赤光》半月刊第1期上的一首诗，它揭示了该刊寻求自由、独立之途和铲除专制余孽、国际强盗之方的宗旨。

《赤光》系中共旅欧支部和青年团的机关刊物，16开本，每期12页左右，至1925年出至33期。《赤光》的前身是创刊于1922年8月1日的《少年》月刊，1924年2月改为《赤光》半月刊。

《赤光》封面

《赤光》的封面设计别有新意：海水激荡，鹰鸥飞翔；万道赤光驱散黎明前的黑暗，射向天际。一裸体少年，昂首挺胸，左手持号，右手擎旗，背靠赤光，一无牵挂地自由迅跑……这一设计极好地表现了旅欧党团员的精神风貌和气质，象征着年青的党团员号召和带领着一代进步青年向黑暗势力冲锋，向自由光明的未来奋进！

《赤光》编辑部设在巴黎戈德弗鲁瓦旅馆中共旅欧党团机关内，由周恩来主编，“油印博士”邓小平等负责刻板和印刷。

如前所述，在旅欧党团“学共产主义”的

活动中，一些外文较好，理论水平较高的人将学习体会整理成辅导文章，发表在《少年》《赤光》《共产主义研究会通信集》等刊物上，以带动整个学习活动，达到整体学习效果。在《赤光》半月刊众多的文章中，即有张若名以“一峰”为笔名的《阶级斗争》和《剩余价值》两篇文章，它们系由张若名在互教互学小组会上的讲稿加工整理而成。

《阶级斗争》和《剩余价值》写成于1922年或1923年上半年，1923年油印成小册子，供党团员学习，后发表在《赤光》上。这两篇文章各长五千余字。

《阶级斗争》一文，由七部分组成：（1）甚么叫做阶级？（2）阶级之由来；（3）阶级斗争之发生；（4）资本主义社会之阶级；（5）无产阶级斗争的工具；（6）资产阶级与无产阶级斗争的结果；（7）阶级之消灭。

张若名在该文中指出：“凡是在劳动过程中，站在同等的经济地位，且其思想行为均相类似的人群，乃是一阶级。”而“社会上的阶级并不是天生成的”，“阶级之产生，是由于私有制度”。原始共产社会以后进入阶级社会，“为阶级利益而起的冲突，即谓之为阶级斗争”。无产阶级和有产阶级是资本主义社会的两大阶级，“无产阶级与资产阶级斗争有两方面的目的，一方面为改良劳动条件……加资减资的经济斗争；他方面是为根本解决——取得政权——无产阶级专政的政治斗争。无产阶级为做经常的经济斗争，特组织工会、协作社等，作为奋斗的机关。为做经常的政治奋斗，特组织共产党，担任政治斗争指导之责任。职工会、协作社、共产党是无产阶级斗争的武器。无产阶级之有无战斗力，纯视此等武器组织之完备与否以定之”。张若名指出，无产阶级的力量是国际的，加之农民群众又是他们的友军，游民无产阶级也可有相当的帮助，故在与资产阶级的斗争中必然胜利。无产阶级夺取政权以后，“无产阶级专政的责任，就是提高生产率及文化程度，逐渐绝废私有制度，养成人人劳动的风习。私有制度废灭，人人均加入劳动过程，各尽其能而取所需，则阶级自然消灭，人类归于大同世界，再不会有阶级斗争”。

张若名的这些观点完全符合马克思科学社会主义，反映出她对马克思主义的认识和理解是深刻的。

《阶级斗争》一文的重点内容是其第四部分“资本主义社会之阶级”。张若名把资本主义社会分为六大等级：

A．地主。张若名指出，该阶级有两个特点，一是靠剥削农民生存："他们希望永远能保留旧式的农奴制度，好从农民身上取得利润。"二是与工业资本家有矛盾："他们非常害怕农人离开村乡跑到各城市工作"，以影响他们对农民的剥削，"因此他们与城市的工业资本家，往往发生经济上的冲突"。

B．工业资本家。张若名指出，该阶级也有两个特点，一是剥削工人阶级："他们极力设法榨取工人阶级的剩余价值。"因此，他们"欢迎乡村农民都因经济破产而跑到城市工厂来出卖劳力"。二是具有反封建性："他们更希望旧式封建社会崩坏，更容易发展资本主义的势力。因此，工业资本家与地主间总有不投合地方。"但她强调，地主与工业资本家"究是处有同一的阶级地位，有相同的阶级利益——榨取剩余价值"。所以，即使两者间"有小小的冲突"，而"一旦遇到无产阶级的进攻，他们可以牺牲小的意见，以图一致的压迫无产阶级"。

C．小资产阶级及智识分子。指的是"手工业者、小商店职员、知识分子及乡绅等"。张若名指出，"他们按经济地位，并不能成一阶级"。这一等级的特点，一是"多少总要受资本家的压榨，故他们的经济地位不能安定，并多趋于破产"；二是"他们的心理每不能出资本主义的范围，总希望在资本主义制度以下可以得到一个较好的地位，所以往往赞助资本家"。

D．农民。张若名指出，农民多数是有一点土地的，"但在资本主义发展的过程中，多数要归于完全破产。所以其中半无产阶级及无产阶级的分子要占大多数。在阶级斗争激烈的时候，他们很容易与无产阶级联络，所以他们是无产阶级的友军"。

E．游民无产者。指的是破产的小资本家、破产的农民和失业工人。另外，张若名把工匪、流氓、娼妓等，也归入这一等级。张若名指出，该等级因散居各方，本身不具备好的组织性，"但有时他们受贫困的压迫而起暴动"，当然，"游民的暴动，并非想图根本改良自己境遇，不过是借机会抢掠以解决一时的生活问题"。所以，"他们有时为资本家所利用"，"要运用他们以谋社会改良，是很不容易的事情"。值得注意的是，此前人们用以指代该等级的词是“流氓无产者”，张若名在此首次使用“游民无产者”一词，不仅扩展了所指阶层的外延，也减去了贬义成分。

F．无产阶级。张若名指出，该阶级“完全没有一点财产，纯靠卖自己的气力以生存”。而“他们所受的苦处，比任何阶级要厉害。在政治上得不到一点权利，在经济上处于被压迫的地位”，“这自然造成他的革命的心理，而且他们的力量也非常之大”。

张若名分析了这六大等级后得出的结论是：在资本主义社会，主要的阶级是资产阶级和无产阶级，这“两阶级的利益，是根本相反的，无调和谅解之可能”。在这两大阶级斗争时，“地主一定是援助资产阶级，贫农及游民无产者自然的要趋向无产阶级，小资产阶级及知识分是介乎两者之间，动摇不定的，往往是为资产阶级所利用”。她列表论证指出：“在贫农、游民无产者及无产阶级中，以无产阶级最富有革命的力量”，“实为革命的主力军”。

对比日后中国共产党人对中国社会各阶级的分析，可以看出许多观点与张若名的阶级分析具有共同性。张若名在20世纪20年代初期即对社会各阶级有如此清晰的认识，在中国共产党人中诚属难能可贵。

需要指出的是，只要存在社会分工，阶级就必然存在。但这里的“阶级”实际指的是不同的社会阶层，并无先进与反动之分。我国传统社会是“士农工商”四大社会阶层，相互间并不存在严重对立。但为了制造阶级斗争，便人为夸大社会对立：过去宣传，中国占农村人口10%的地主、富农霸占耕地70%到80%。根据民国时期土地委员会对16省、163县、175万农户所作调查证明，拥有耕地5亩以下的农户占35.6%，5至10亩者占24%，11至15亩者占13%，千亩以上大地主只占0.02%。可见，70%以上的农户是有土地的。再如企业家阶层和雇工阶层，他们都是商品价值的创造者，相互间实际属于契约关系，是容易利益协商的两个阶层，不存在不可调节的矛盾。

事实上，人类社会真正的阶级斗争只有一种，即统治阶级和被统治阶级的斗争。可以说人类产生政权以后的历史，就是官民两大势力斗争的历史，这种阶级斗争是由于人们对权力缺乏有效制约，从而当政者必然专权弄权的产物。当建立起民主制度后，主权在民，统治者也就失去了为所欲为的特权，这种阶级斗争才告结束。对此，陈独秀指出："民主主义是自从人类发生政治组织，以至政治消灭之间，各时代（希腊、罗马、近代以及将来）多数阶级的人民，反抗特权之旗帜。"今天的民主社会，最广大阶层是拥有一定财富（股票、房产等）的中产阶级，而人民也可以通过持有公司股票等多种方式成为拥有一部分企业资产的有产阶级，再加上国家大多采取税收福利等调控手段来平拟阶级差距，各阶级之间的区隔是模糊的。

张若名的《剩余价值》一文，包括五部分：（1）货物、交换、金钱；（2）资本；（3）劳动力、剩余价值；（4）一日工作；（5）绝对剩余价值、相对剩余价值，分工。

张若名用马克思主义政治经济学的观点，分析了商品、资本、分工等基本概念，而全文的重点则是讨论"剩余价值"问题。剩余价值是由雇佣劳动创造的被资本家无偿占有的超过劳动力价值的那部分价值。为了启发工人觉悟，使普通工人都能认识资本家剥削工人的这一"秘密"，张若名努力用通俗易懂的方式来阐述和说明这一较为抽象难懂的问题。她举例说：

资本家对出卖劳动力的工人说："你卖力意在谋生，究竟你要多少钱才可以维持生活呢？将你一年的总消费（养你的劳动力及你的家小的消费）计算起来，用365天除，每日2.5角钱足够了。那么，我买你一日劳动，给你2.5角。"工人答应后，也就把自己的劳动力卖给了资本家。

工人出卖劳动力，开始做工后，实际上是并不计较时间的长短的，"转眼作了10点钟，将5斤棉制成5斤线"。

一天下来，资本家暗中一算不禁自喜："我买了2.5角的劳动；这劳动力5点钟内，便产生2.5斤线，2.5斤线外卖，2.5角即可补偿我那2.5角的工价。在其余5点钟内，所生产的2.5斤线赚了2.5角钱，就都归我所有了。我欺骗了工人。他本来只作5点钟工，就可与我2.5角交换，而他作了10点钟，多为我作了5点钟，好不喜欢！"

通过对这一事例的分析，张若名引出结论：这个工人"前5点钟的劳动，是得2.5角钱的必须劳动，后5点钟的劳动，是过剩劳动，在后5点钟所产生的2.5角便是剩余价值。剩余价值，便是由过剩劳动所造成的"。

接下来，张若名进一步分析了“绝对剩余价值”和“相对剩余价值”问题。

在全文最后，张若名揭露了资本家生产的实质，即“潜心图谋资本的发展，（用）尽可能的力量增加过剩劳动时间，掠夺剩余价值”。她一针见血地指出：资本家“表面上自居正人君子，自称无产阶级的恩人，而暗中作鬼，榨取工人的血液，这是何等狡诈！”张若名大声疾呼：“朋友们不要沉睡了！资本家的金钱怎样来的？还不是由工人的血汗集成的吗？谁造成现今的一切物质文明？这不是工人吗？谁应该享福？当然是受过辛苦的工人了！快醒吧！朋友们！团结起来！资本家本身并没有什么势力。工人能创造现在的世界，还能革新这个世界。须知他的力量伟大啊！”这一结尾，升华了文章的中心思想，富有强烈感染力和号召性。

张若名研究宣传马克思主义的文章，除了上述两篇外，今天能够见到的还有一篇，即《帝国主义浅说》。该文写成于1923年，与上面两篇同时油印成单行本，亦署名“一峰”，在共青团和华工中派发。全文约6000字。

《帝国主义浅说》一文，由四部分组成：（1）帝国主义的定义；（2）帝国主义的性质；（3）帝国主义的发展；（4）帝国主义的末路。重点内容是对帝国主义性质的分析。

张若名运用列宁的帝国主义观，从经济状况上界定帝国主义。她指出：“帝国主义的名词常常听见，究竟内容是甚么？定义是甚么？往往被人忽视了。表面上看来，帝国主义似乎就是大国家主义，仅带军事掠夺的性质，是人心不良的结果。大家都不知道这只是帝国主义的外形，他的基础并非人心不善，却是经济组织的不良。”“帝国主义是资本主义发展到最高度的时期，也是最后一期。”“按经济的状况考查：生产的开式，商场的范围等，十九世纪末年之前与后，确不相同，这就是从资本主义到帝国主义的关键。”

张若名把帝国主义的特点概括为五个方面：

A. “生产集中和资本集中的结果，就造出专利（垄断）来”；

B. “银行资本与工业资本混合起来，成了财政资本，在这财政资本的基础上，生产了财政的专利”；

C. “除制造品的输出外，殖资问题更为重要”；

D.“国际资本家掌握专利，并分割世界的商场”；

E.“世界上的空地，已被列强分完了，除找商场和殖资问题外，还有个原料问题”，故帝国主义国家“乘机用经济侵掠法，征服半殖民地”。

张若名通过对英、德、法、俄、意、日、美七个帝国主义国家的分析，论证了上述帝国主义的特点，指出，帝国主义“是国际战争的出发点，是不平的万种源泉”，“帝国主义除侵掠外，没有别的事可作，无论何时有他一日的寿命，也就使得世界一日不安”。所以，必须“完全推翻帝国资本主义”。张若名指出，“真能推倒国际帝国资本主义的，只有世界无产阶级革命和弱小民族的国民革命”。

张若名《阶级斗争》《剩余价值》《帝国主义浅说》，较为系统地介绍了马克思主义的“革命”学说，是张若名研究宣传马克思主义的代表性作品。

张若名的这些难免带有时代烙印的文章朴实无华，通俗易懂，很适宜宣传启蒙。做到把逻辑化了的理论通俗化是很不容易的，它反映出张若名善于把握理论的精髓，并将之渗透、贯穿于现实的社会运动之中。

周恩来1924年回国时，把张若名写的上述三篇文章的油印本带回国内，并组织发表出版。他把这些小册子寄往设在上海的团中央，恽代英、任弼时、萧楚女等团中央负责人对此非常重视，很快便使之面世。

1924年9月27日和10月4日，团中央机关刊物——《中国青年》周刊第46期和47期，分两期连载了《帝国主义浅说》一文。同年11月，这篇文章又被编入由中国经济研究会出版、上海新文化书社发行的《帝国主义与中国》一书，该书共收入24篇文章，包括陈独秀、张国焘、赵世炎、瞿秋白、周恩来、萧楚女等人的作品，张若名该文被排在第一篇。

1925年3月，中国青年社编辑出版了《中国青年社丛书》第三种——《马克思主义浅说》，由上海书店发行。该书正文两万多字，共分四编，其中三编为“一峰”（张若名化名）所写，即第一编“资本”（即《剩余价值》一文）；第三编“阶级斗争”；第四编“帝国主义”（即《帝国主义浅说》一文）。另一编，即第二编“资本主义的发展”，为“辟世”（任弼时笔名）所写。“一峰辟世合编”的这本小册子，从1925年3月至1926年1月，在不到一年的时间内，便再版九次，创造了中国出版史上的奇迹。[①]

张若名这些文章短时间被反复出版印刷的现象，反映了中国共产党人对马克思列宁主义的迫切需求，也反映了张若名传播马克思列宁主义对中国共产党的重要贡献。

中国社会转型是个历史过程。当年中国志士仁人选择马列主义，既有复杂的历史必然性，也是改造中国社会真诚动机的表现。

① 杨在道：《张若名研究资料》，中国妇女出版社1995年版，第62页。

十九、妇女解放思想的发展

我们掌着实践之灯，
照耀着我们的前途，
一步一步的向前进！
……
掌着《实践之灯》的我们，
将用那鲜红的热血，
一点点，
一滴滴地渲染在我们前进的道路上……

这是邓颖超发表在《妇女日报》创刊号上的诗《实践之灯》的一部分。

国内外觉悟社社员之间一直保持着书信联系，所以旅法的张若名和郭隆真对国内邓颖超等社员的情况是了解的。1922年8月，邓颖超从北京返回天津，应聘到新建的由马千里任校长的达仁女校执教，同时任教的还有觉悟社“3号”周之廉，昔日的战友又成为同事。当年11月，邓颖超参与组建了女权运动同盟会直隶支部，并任支部评议委员。1923年初，为加强海内外觉悟社社员的联系，邓颖超与李峙山、谌小岑等筹办了《觉邮》杂志。当年4月初，邓颖超又参加筹备成立了进步妇女团体“女星社”，并以马千里为总编的《新民意报》副刊的形式，参与创办了《女星》旬刊。1923年秋，刘清扬从法国回到天津，加入了女星社。刘清扬、邓颖超、李峙山、谌小岑研究决定，独立出版一张妇女问题日报。她们把这一决定及时通知了海外觉悟社社员。

在张若名和郭隆真得知这一消息时，她们已迁至里昂。她们两位是在1923年上半年告别周恩来，从巴黎迁来里昂的。靠近刚刚开学的里昂中法大学，有一家由河北省高阳县人开设的“协和饭馆”，实是里昂的一个“中国人联络点”。张若名和郭隆真就长期租住在这家饭馆的楼上。饭馆主人对这两位河北老乡也给予很多照顾。

张若名和郭隆真对国内觉悟社社员的奋斗精神由衷称许，对他们开办妇女日报，甚感“喜不自禁”。

1924年1月1日，《妇女日报》正式创刊，这是当时中国唯一的一张专门讨论妇女问题的报纸。该报的宗旨，一如邓颖超在上述《实践之灯》中所示，即注重实践，不尚空谈，引导广大妇女牺牲奋斗，沿着自身解放与社会变革相结合的道路前进。1922年从法国回国后参加中国共产党的首任中共中央妇女部长向警予著文赞扬说，《妇女日报》的出版，是中国妇女宣传运动的新纪元，“是中国沉沉女界报晓的第一声。我接着这个消息异常欢喜！”她“很希望《妇女日报》成为全国妇女思想改造的养成所！”该报由刘清扬任总经理，李峙山任总编辑，邓颖超任编辑。

婦女日報

《妇女日报》

张若名和郭隆真在《妇女日报》酝酿出版之际，便积极为之撰写文章，对该报予以热情支持。大概在1923年初冬，张若名写就《现代的女子以怎样的解放为满意？》一文。1924年1月3日，郭隆真和张若名又给刘清扬、邓颖超、李峙山写了一封信，对如何办好《妇女日报》提出了一些感想和主张。

1924年3月18日，《妇女日报》刊登了张若名《现代的女子以怎样的解放为满意？》一文。从该文可以看出，张若名妇女解放的思想又有了进一步发展。

第一，张若名提出，妇女解放必须同社会革命相结合。只有打破私有制、推翻压迫者，才能实现妇女的彻底解放。

妇女解放的道路问题，实质就是通过什么方法和途径来实现妇女解放。前已提及，五四运动时期，在民主思潮的激荡下，对该问题的探索诸说纷呈，出现了争取社交公开、教育平等、经济独立、婚姻自主的热潮。在纭纭众说之中，张若名所撰《“急先锋”的女子》一文，提出了“女子解放从女子（自身）解放作起，不要等着旁人解放”；“女子必得具一种革命精神去实行解放”；要“开创女子经济的独立方法”；必须勇敢地“同黑暗势力战争”等思想，代表了当时妇女解放思想的先进水平。

来到法国后，张若名对妇女解放问题的探索也进入了一个新阶段，突出表现在她对妇女解放道路问题有了飞跃性的认识。

张若名在《现代的女子以怎样的解放为满意？》一文中明确提出：“不推翻压迫者，不打破私有制，妇女问题，不能得到满意的解决。”她指出，不管是在中国，还是在欧洲，“压迫妇女的势力与压迫一切民众的是一样东西，就是中国的军阀，同欧美的资本家”。她举证指出，在国内，“曹锟曾说立河北大学，他提到过妇女教育问题；吴佩孚曾计划过寓兵于口，他还讲到妇女职业问题”，但绝不可对军阀抱有幻想，试观“国内的军阀势力，正在膨胀，无日不做非法的举动，谁能希望他们助妇女解放运动！”指望军阀实行男女教育平等、工作平等、权利平等，只能是与虎谋皮。在欧洲也是一样，“姊妹们不要梦想欧洲的妇女在天堂里度日，她们仍然受政治，受经济的压迫。法国各界虽允许女子做工，但在同样的时间，同样工作而所得的工资比男的少啊！甚至于为饥饿所迫而卖淫！衣不遮体的，每每见于偏僻小巷”。所以，不良政治既是阻碍社会进步的势力，也是束缚妇女解放的势力。张若名强调指出，广大妇女要实现自身解放，必须“一致反对我们的敌人，反对压迫民众的东西！”只有推翻压迫者，才是实现妇女解放的“治本良方”。

消灭私有制，是马克思主义的鲜明观点，《共产党宣言》明确指出："共产党人可以把自己的理论概括为一句话：消灭私有制。"显然，张若名接受了这种主张，用马克思主义的唯物史观来考察中国妇女解放问题。

毫无疑问，张若名对私有制的认识带有时代印记。但她强调不良政治是妇女受压迫的根本原因，并阐明了妇女解放运动必须与民主爱国革命相结合的路径，这是难能可贵的，可以说指明了妇女解放的正确方向。

第二，要实现妇女解放，广大妇女必须接近民众，"要与他们同处辛苦，互相帮助求解放！"

张若名先前在《"急先锋"的女子》一文中，把妇女解放的希望寄托在"急先锋"女子的身上，认为"要想打破女子的黑暗，必得征求当'先锋'的同志"，"先有少数人预备多数人的解放方法"。在"五四"以后的社会实践中，特别是选择了马克思主义以后，张若名看到了人民大众的巨大力量，认识到要实现妇女解放，必须依靠广大民众的力量。在《现代的女子以怎样的解放为满意？》一文中，张若名批评了那种孤立地进行妇女运动的做法，指出"再不可抱只解决妇女问题，不问国事，不问社会事的宗旨。社会制度，经济制度不良，可以阻止一切进化"。"我们还说甚么不问国事，只讲女子解放，这全是自欺而欺人的言语。"张若名反复强调，姐妹们，"团结起来啊！接近民众啊！""要接近群众，被压迫的民众，与我们同甘苦的民众，携起手来一致反对压迫者。"她说："常听国内姊妹们提倡女子职业，我很赞成，但这是一种过渡的计划，只可扩充女子的生活范围，并非救女子的根本良方，还应当把眼光放远些，一方面提倡女子职业，谋生计独立，以脱出家庭的牢笼；他方面应开拓较好的环境，接近民众，联合一切被压迫者反对压迫者，终要达到教育平等、工作平等、权利平等三个标语。"

历史唯物主义认为，人民群众是历史的主体，是社会发展的决定力量，人民群众的意志和愿望，决定着一切历史活动的结局。张若名由强调妇女解放要依靠当"先锋"的同志，到强调妇女要与民携手共反压迫，反映了她思想上的深刻变化，说明她已经认识到人民群众是创造历史的真正动力，妇女解放必须依靠人民群众的力量，建立在人民群众社会实践的基础上。

第三，女子参政运动，“在目前还是可用的标语，然究竟是过渡而不彻底的办法”。

20世纪初，西方国家掀起一场女子参政运动，新西兰、澳大利亚、芬兰、挪威等少数国家的妇女享有了参加全国选举的权利，瑞典和美国妇女在某些地方也享有了选举权。在西方女子参政运动的影响下，中国妇女在民国建立后一度开展了独立的女子参政运动，把争取参政权作为妇女解放的目标，反映了中国妇女权利意识的觉醒。但随着辛亥革命的失败，这场运动也消沉了下去。第一次世界大战结束后，美英德等国妇女争取到了选举权和被选举权，苏俄妇女在十月革命后也获得了选举和被选举权。世界女权运动的激流和中国新文化运动的深入，导致了1921至1923年中国以女子参政为主要内容的女权运动，这是继辛亥革命后，中国女权主义者的又一次努力。

张若名对女子参政运动热情关注并予以引导。她指出了这一运动本身的一大局限性，即严重脱离了广大劳动妇女这一最有革命奋斗精神的主力军，因而是不可能实现妇女解放的。

张若名指出：“妇女参政目的在代表团体，争（妇女）本身的利益。但从事实看，议会上没有一大部女议员，而法律上又当禁止贫穷女子参政，所以几个富家妇女被选为议员，当然不能代表全体利益。即使她们幸能代表全体的利益，而没有主张女权的政党帮助，单枪匹马与反对党抵抗，势必至于失败。”不出张若名所料，随着将尽四年的省自治运动的销声匿迹，那些由女界力争得来的法律条文自然也就付之东流。即使“宣言与纲领确有超乎一般妇女团体见解，确能代表中国全体妇女的要求”的北京女权运动同盟会，也不到一年半载，便无病而殇。张若名主张“做女子参政运动的人，当结连主张女权的政党”，靠政党的力量来实现自己的利益。但她又指出，即便如此，女权运动也只是妇女解放的一个过渡性的办法，“在目前谈女子参政实是一种过渡的口号”。而只有“提倡打破私有制，打破家庭的束缚，才是治本的良方”。

在国内女权运动尚未结束之时，张若名便洞察了这场运动的局限性，指明了妇女解放的根本出路，其观点实富远见，难能可贵。

第四，在妇女解放的斗争中，妇女个体要努力“做一个真正的人，做一个社会的人”。

在妇女解放运动中，个体女性应该如何作为？张若名的答案是：“女子当争回本身的人格。”

张若名认为，在现实社会里，女子普遍缺乏独立的人格。她指出：“已往的历史造成一种风气：女子以优美博得男子的欢心，以柔弱要得他的爱怜，服从求得他的保护，久而久之，几乎铸成定律，非不如此不足维持彼此间的互助同友爱。”张若名强调，要实现妇女解放，每位女性都要在现实生活中奋争自己的人格，“抛弃那些乞怜的弱状，复活我们的慷慨的天真，革除旧日男女间精神上保护者与被保护者的关系，建设双方的平等、双方的敬爱”。

张若名深知，女子争人格说易做难，因此，她呼吁广大妇女：“应当时时刻刻努力奋斗！对己要认真的督促，期望作一个真正的人，做一个社会的人，切不要做某男子的人……我们要做社会上有用的人，为自己谋幸福，为来者谋幸福。自甘暴弃，固属不当，若妄贪荣誉，迎合俗人心里，亦十分可耻。努力！为公共努力！同时为自己努力，方值得敬仰！”

张若名争女性人格、女性要“作社会人”的思想，与她在本文中强调的妇女解放必须同社会革命相结合、广大妇女必须接近民众共同反对压迫者的思想，是完全一致的。广大妇女只有争回了自己的人格，成为社会人，才能真正认清妇女解放的正确道路，并积极投身妇女解放运动。从这里可以看出，张若名女性要争人格、作社会人的思想，是对她在《“急先锋”的女子》一文中提出的“思想革命”主张的继承与发展。有的观点，对今天的妇女运动仍有重要意义。

1924年3月23日，天津《妇女日报》在“通信”栏内，以《两个（旅居）法国朋友的信》为题，刊登了郭隆真和张若名1月3日写给刘清扬、邓颖超、李峙山的那封信。

郭隆真和张名在信中首先称赞了留在天津的觉悟社社员的成绩，指出：“你们已开办妇女日报，令我们喜不自禁，还是觉悟社的同志，有创造的能力。女星、觉邮、女星学校、妇女日报都发展其宣传的效用……相信你们的能力、精神，可为中国妇女开垦一条大路，而唤醒沉睡麻醉的朋友。”

郭隆真和张若名指出了妇女问题类出版物容易遇到的困难："妇女问题的范围，大可牵及社会政治等观象，不仅限于一部分干枯琐碎的材料。然若多谈政治及社会问题，似乎失了妇女日报的性质——表面看来。若只谈妇女本身问题，例如婚姻问题、家庭问题、选择问题、教育问题等，又偏于琐碎而狭窄。即法国的妇女印刷物，亦常犯这类毛病。"

为使《妇女日报》"避免这些困难"，郭隆真和张若名提出了三点主张：

第一，对婚姻问题，最好用广大妇女喜闻乐见的题材，以激起她们的奋斗精神。

郭隆真、张若名指出："婚姻问题为妇女最最切己问题，实值得讨论。但每人的缔结爱缘的情形，各有不同，每人所受的摧残，又极复杂。其中的哀乐、惊喜、希望、失望的种种线索，绝非片言短语可分析得清白，又非局外人能为局中所能解决的问题，况爱的理想，是因时代而异，因每个人的个性而异，怎样能成一个绝对不变的至理，况且爱的成分中理性少，情性多。若加上几多推理，或高深理想，不但不宜，而且不可能。因此我们深感到谈婚姻问题，最好用小说、诗词的体材，来描写妇女们血泪中所藏的悲哀，而激起伊们的奋斗精神。用批评的体材指出爱情中的困难和危险，使伊们学习奋斗的方法。"

第二，最紧要的是介绍无产阶级妇女的经济地位。

郭隆真、张若名认为，对无产阶级妇女的解放来说，谈婚姻问题并不紧要，因为"伊们第一步关头，还是经济问题"。她们主张调查无产阶级妇女的生活情形，把它们刊登出来，以造成社会的影响，并可"引导中产阶级妇女对无产阶级表同情，终于无产阶级化"。

第三，开设学术栏，吸收知识分子妇女进入无产阶级妇女队伍中来。

郭隆真、张若名指出："近来中国妇女努力向知识圈里跑的很多。但大都趋于改良方面，对于妇女问题鲜有彻底的主张。沉溺于安逸生活，不问政治及社会问题。"那么，如何争取和团结这些"知识圈"里的妇女，"吸收伊们入我们的队伍中"呢？郭隆真和张若名认为："设使我们在妇女日报中开一学术栏，借这机会，可与伊们交往以达到传布的目标。"

郭隆真和张若名在这封信里提出的关于报纸要贴近授众（无产阶级妇女）

“最最切已问题”的观点、要生动活泼可读性强（小说、诗词的体材）的观点、要激发人们奋斗精神的观点、要关心人民群众（无产阶级妇女）经济地位的观点、要引导知识分子站到大多数人（无产阶级妇女）队伍中来的观点等，对今天办好大众传媒仍有重要的指导意义。

二十、人生转折

1924年初春。

残雪像一块块相互联结的疮痂，披裹在里昂周围的群山之上。

数百家工厂冒出的黑烟，犹如条条乌龙，在里昂上空盘旋弥漫。

居住在里昂西郊圣伊奈纳山“协和饭馆”楼上的张若名，目睹窗外这萧条凄肃、冷暗昏黑的景象，心境越发烦乱不堪。

张若名和郭隆真迁居“协和饭馆”已半年有余。其间，除打工、学习外，做了大量革命工作。

张若名（左）和郭隆真

她们两人在党内的主要任务，是团结、教育、争取里昂的华工。“郭隆真、张若名经常到里昂近郊的‘三丰’工厂区去。那里有不少中国工人。她俩为了消除华工与勤工俭学学生之间的一些误会与分歧，为了帮助组建共青团三丰华工小组，曾做了大量工作。”[①]她们还发展组建了共青团里昂支部，支部委员会即设在“协和饭馆”她俩居住的这个小房间。先后同她俩一起参加组织生活的有杨堃、柳圃清、萧振汉、宗锡

① 杨在道：《张若名研究资料》，中国妇女出版社1995年版，第79页。

钧、萧朴生等人。

1923年6月，周恩来等来到里昂，与国民党驻欧支部筹组人王京岐达成协议：旅欧中国共产主义青年团员八十余人，全部以个人身份加入国民党。11月，国民党驻欧支部在里昂的波拉斯特丽安咖啡店举行成立大会。中共旅欧支部和旅欧共青团多人当选为国民党驻欧支部领导成员，其中，周恩来任执行部总务科主任，李富春任执行部宣传科主任，张若名和任卓宣等任评议部评议员，郭隆真任妇女委员会会长，熊锐任政治委员会会长。

中共旅法党团组织与法国共产党保持着密切联系。法国共产党成立于1920年底并同时加入了共产国际。中共旅法党团组织经常和法共往来，双方互通消息，讨论问题。由于“张若名的法语比较流畅，又是女同志，很少在人多的场合抛头露面，身份隐蔽，（故她）在组织里还负责另一项任务，就是和法国共产党人保持秘密联系”。[①]

数月以来，张若名和郭隆真有条不紊地进行着各项工作。每每外出参加组织活动或打工归来，两人边品味着饭馆主人——河北老乡段秉鲁、段秉武兄弟派人送上来的包饭，边谈笑风生，小屋里也就随之洋溢起愉快和温馨的气氛。

然而，进入1924年春天，张若名却恍如患病一般，外出活动往往心不在焉，返回小屋常常寝食难安。不管郭隆真大姐如何悉心劝导，张若名依然难脱精神痛苦。一连数日，她独处小屋，时而呆望楼下那些来自附近里昂中法大学的熙攘食客，时而僵视远山的皑雪和烟锁的苍穹，时而木雕泥塑般蹙额端坐……

1924年上半年，在张若名来到世上第22个“年轮”之时，她的人生旅程发生了重大的转折：“张若名经过多少不眠之夜，经过反复痛苦的思想挣扎，最后决定，脱离政治活动，退出组织，留在法国专心读书。”[②]

最终，党组织批准了张若名的退党申请。

一个曾经具有坚定信仰的人，要放弃这种信仰，肯定是痛苦的。正是因为自己信仰的变更，“张若名的思想产生了激烈的波动”。

---

① 杨在道：《张若名研究资料》，中国妇女出版社1995年版，第81页。

② 杨在道：《张若名研究资料》，中国妇女出版社1995年版，第83页。

那么，张若名——曾经叱咤风云般的革命志士，何以会放弃自己共产主义革命的初衷呢？

周恩来认为有两个原因：一是“因为出身问题，她在党内受到审查”；二是“因参加社会政治活动，遭到法国警察几次跟踪和盘问”。因此，“她感到委屈和不满，经过一段时间的思想斗争，她决定脱离政治活动，退出党组织，留在法国专心读书，学成后再回国效力”。[①]

张若名的长子杨在道，从1980年开始，就不断搜集一切有关其母亲张若名的生平资料和遗文轶事。据杨在道编著的《张若名研究资料》一书所称，张若名脱党有三个原因：

一是在列宁追悼大会上发言，身份暴露，难以继续革命工作。1924年1月21日列宁逝世。法国共产党里昂支部决定举行一次大型追悼会，悼念这位所谓无产阶级的革命导师。他们提前派人通知旅法中共组织，欢迎中国共产党派代表参加，并在大会上发言。“当时中国共产党决定派张若名等参加，并指定张若名撰写发言稿，准备大会发言。可是，大会前两天，法国共产党突然又派人告知，他们已接到情报：法国政府不准许外国共产党人参加这一公开活动，可能要逮捕参加大会的外国共产党人。因此，建议中国共产党代表不要去参加大会了，可以把发言稿交给法国共产党，由他们在会上代为宣读。当时共青团在法国的主要领导人（书记）是任卓宣（叶青），他认为追悼列宁的大会，中国共产党代表非参加不可。结果，张若名按组织决定参加了大会，并在会上发了言。散会以后，张若名就受到法国秘密警察讯问，险些被驱逐出境，自那以后，一直有法国秘密警察在张若名周围跟踪盯梢，并曾不止一次地对她调查询问。张若名的身份就此完全暴露，很难继续进行革命工作。”[②]

二是对中共旅欧党团负责人任卓宣不满。

任卓宣（笔名叶青，1896—1990），四川南充县人。1919年由曾任四川省长、时任北京《晨报》执行董事的四川南充人张澜推荐，离川北上，考入北京

① 周秉德：《我的伯父周恩来》，辽宁人民出版社2000年版，第168—169页。

② 杨在道：《张若名研究资料》，中国妇女出版社1995年版，第82页。

高等法文专修馆。1920年在张澜资助下，赴法国勤工俭学。先在里昂附近一家钢铁工厂当学徒，后又在巴黎近郊一家工厂做技工。1921年前后加入法国共产党，同时加入中国社会主义青年团。1922年加入国民党，1923年任旅欧共青团执行委员、旅欧共青团“共产主义研究会”主任。

因工作关系，张若名和郭隆真时常与之打交道。此人思想极左，如《共产党宣言》上有一句话，即“工人无祖国”，他便以此反对个人对本国之爱。他一味强调所谓“铁的纪律”，压制党内民主，要求下级绝对服从上级。张若名和郭隆真等因思想、主张难以与其一致，故经常发生意见分歧。任卓宣与她们争执不过，便动辄骂人，“郭隆真曾被他骂得痛哭流涕”。[①]张若名对任卓宣专横粗暴的作风极为愤慨和不满。

笔者顺便提及，1925年3月任卓宣任中共旅欧支部书记，一个月后辞职。6月因带领百余名华人冲击中国驻法使馆，被法国当局逮捕，四个月后被驱逐出境。任卓宣转去莫斯科中山大学，任该校中共支部负责人。1926年底回国，任中共广东区委宣传部长等职。1927年末任中共省委书记兼宣传部长，不久因叛徒出卖被捕，旋被判极刑。因被枪杀者太多，他未被击中要害（一眼被击穿），获救治愈。1928年任卓宣领导了湖南一些地方暴动，再次被捕入狱。军法官问：“这次是愿再枪毙一次，还是愿自首？”任卓宣双膝一软，选择了后者。于是，他供出了湖南党的组织，连其老婆也出卖了。后去上海加盟辛垦书店译书写书。1939重新加入国民党。1949年7月任国民党中宣部部副部长，旋又代理部长。晚年困居台岛，成为“德高望重”的“反共元老”和“反共专家”。

三是遇到了入学读书的机会。前面提到，法国国会议员于格儒的夫人碧细女士，曾给中国勤工俭学学生捐献军用帐篷，尤其令人感佩的是，她以“托钵乞施之所得”，给予留法勤工俭学的全体女生，以较长时期的经济扶助。于格儒老先生去世以后，碧细女士又一次做出善举，1924年，她把遗产捐赠给中国留法勤工俭学女生，资助她们求学深造。碧细女士对中国勤工俭学学生特别是

① 刘清扬：《对“觉悟社”等问题的解答》（1957年1月14日），《一大前后》（续集），人民出版社1980年版，第231页。

对勤工俭学女生的慷慨援助，中国人民不会忘记。碧细女士的资助，给身份已完全暴露，很难继续进行革命活动的张若名，带来了读书学习的机会。

中共云南大学委员会，1980年所作的《关于张若名同志的政治历史结论》，在提及张若名退党问题时，指出了两点原因："1924年，张若名同志在法国参加列宁逝世纪念大会，被法国警察跟踪、讯问，这时，张若名同志又与当时支部负责人任卓宣发生意见分歧，在这种情况下，张若名同志经向组织申请后，由组织同意其退党。退党后，未发现张若名有任何出卖党组织的行为。"①

概括上述说法，张若名退党原因有四：家庭出身问题；参加列宁追悼会身份暴露；不满任卓宣专横作风；遇到读书机会。

笔者认为，这些关于张若名退党原因的说法，颇多可商榷之处。

如出身问题，决非仅有张若名存在，周恩来、郭隆真、邓小平等许多入党的留法勤工俭学学生都存在此问题，何以张若名独自"在党内受到审查"？何况家庭出身并不影响一个人成为中共党员，因党员的最基本的条件是承认党的纲领和章程、执行党的决议。

如被法国警察跟踪、讯问类似诸事，亦非仅发生在张若名一人身上，毛毛在《我的父亲邓小平》一书中，列举了大量法文档案资料，揭露了法国情报部门对邓小平、傅钟、杨品荪等人跟踪监视并准备抓捕的事实。1923年，刘清扬在巴黎普罗旺斯路46号曾经住过的房屋，也遭到法国警察的搜查。但上述被搜查者的共产主义信念并未因警察的行为而动摇。

再如对任卓宣的不满问题也缺乏说服力，因为共产党的宗旨是牺牲奋斗、全心全意为人民服务，他不会因与某一位领导人存在意见分歧，或对某一位领导人的行为不满，而丢掉信仰，改变自己的人生价值观。郭隆真并没有因为被任卓宣"骂得痛哭流涕"而脱党就是佐证。至于求学机遇说也较牵强，因为在共产党人眼界中，党的利益是至高无上的，把握一切机遇，只是促进这一事业的具体环节和手段，求学与在党并不矛盾。

---

① 中共云南大学委员会：《关于张若名同志的政治历史结论》，载黄嫣梨编著《张若名研究及资料辑集》，香港大学亚洲研究中心1997年出版，第219页。

那么，究竟是什么原因促使这位革命的急先锋作出了退党的决定呢？要知道，退党不仅意味着她放弃了一贯的革命立场，也意味着她从此将和亲密的战友分道扬镳。

笔者认为，上述四点，只是张若名退党的表层原因或非本质原因，其退党的深层次的、本质性的原因，由于缺乏材料恐怕永远难知其详了。然而，我们还是能够通过她的一些文章得到一个考察其退党深层次原因的视角。

前面提到，1921年4月10日和12日的北京《晨报》发表了张若名写的《留法俭学生之恐慌与华法教育》一文，文章指出：中国的新文化运动所传布的思想五花十色，“有的是谈‘新思想’，有的是说‘德谟克拉西’，有的说‘马克思学说’，有的介绍‘布尔什维克主义’……种种不一，而总合起来，不外乎求‘人’的生活安全。向这一条路上走（至于哪种方法善良兹则略而不述），我们深一层想，不是求知识阶级的生活安全，也不是求劳动阶级的生活安全，是要高尚知识与劳动的资格，集在每人身上，无所谓阶级，有人就是劳动者，是劳动者就有知识”。张若名在这里列举的“德谟克拉西”“马克思学说”“布尔什维克主义”，其实都是马克思主义。张若名在这里所说的未来社会是“人”的安全生活的社会，每个人都能集劳动和知识于一身，是符合马克思主义关于未来社会人的全面发展理论的。

张若名后半生主要从事法国文学的研究与教学工作。在学术研究方面，她的代表作是其博士论文《纪德的态度》，在该文中，她对“人”和“社会”有着深刻的认识。张若名指出：“真正的个人主义包括生命的个体和宇宙性。一方面，表现出某种人格的个人的存在构成了个人的价值，另一方面，这种存在是按逻辑序列组合起来的，因而也具有宇宙价值。”“个人的经历属于实际的范畴，普遍真理属于理性的范畴。当理性的范畴渗入到具体行为里，并且不破坏实际范畴之时，这两种范畴就会交织成一种完整的范畴。”她引用纪德的话说，在这个完整的范畴里，“我们的本性能完整地表现出来，所有那些在现代世界里骚动的成分，经过自由扩散后，将按照相互之间的真正关系组合起来”。[①]追

① 张若名：《纪德的态度》，生活·读书·新知三联书店1997年第2版，第62页、10页。

求个性发展与自由环境的统一，“大我”与“小我”的协调，这就是张若名思想的基调和主体。笔者认为，张若名在这里对“人”和“社会”的理解，同样与马克思关于“自由人联合体”的主张具有一致性。

本来，马克思主义即诞生于民主主义和个人主义高度发达的资本主义社会，它一向关注个人的自由发展、自我意识、个人价值和尊严、人性、人道主义。如前所述，马克思主义强调共产主义社会是一个“自由人的联合体”，在那里“每个人的自由发展是一切人的自由发展的条件”。“每个人的全面而自由的发展”，是共产主义社会最基本的原则。

中国新文化运动高举民主和科学两面大旗，其根本目的就在于改造国民性，摧毁旧传统，重建崭新的以自我为价值主体的现代华夏文化。先驱者们在“无我”的时代和社会里，呼唤自我，认识自我，肯定自我，因而在中国历史上第一次出现了“人的发现”“人的自觉”的时代，周恩来和张若名等所创建的“觉悟社”，即以“自觉”与“自决”为主旨，强调改造自我，改造社会。这一趋向，是符合马克思主义关于人的发展学说的。

然而，令人扼腕的是，随着救亡意识成为一种全民族的凝聚力，“五四”启蒙运动很快被激扬的民族主义声浪所淹没。五四运动后，人们不再专注于民主启蒙，而是把思想焦点集中到国家和社会改造的方略设计上。中国大多数的马克思主义者也不再关注马克思主义最具有本质意义的“自由人的联合体”的理论内核，而是把着眼点放在“阶级斗争”和“暴力革命”上，与此相联系，个人的权利、个性的自由、个体的独立尊严和价值，也就被“铁的纪律”、绝对地服从所取代。

张若名在“五四”大潮的博击中，是有着一定程度的自由平等民主民权意识的，这表明她受到过“五四”新文化理性启蒙的影响；但与其他学生领袖和进步青年一样，在这场运动中，他们首先都是民族主义者，民族意识压倒了个体意识，集体主义吞没了个人主义。对这些问题，同大多数先进分子一样，张若名在五四运动之时不可能有清晰的认识和冷静的思考。

来到法国后，张若名和其他勤工俭学学生在对法国劳资矛盾等社会问题深刻认识的同时，对民主社会人们的自由平等现象也有着耳闻目睹的感受。徐特立在致湖南学界的信中指出："一到法国，党无所谓总统，无所谓平民，无所谓黑奴，无所谓文明种族。同为人类，即同为一家也。"[①]类似的记述不胜枚举。又如有留法勤工俭学学生投书国内报纸，指出："法国人是真平等、真自由。何以真平等咧？蒙达尼是一个县，县署即是公园，什么人都可随时进去，守卫的也没有。我们有个教员是副县长兼副校长，出门总是一顶脚踏车，送信都没有仆役。双料博士的校长也是如此……前回五月四日法大总统来蒙达尼捐款回去，跌出车外，无人知道，铁路寻夫尚不信其为总统，不为电告巴黎。总统如此，其它官吏可想而知。何谓自由咧？学校不拘资格，言论行动无人干涉……法律的待遇人人一样，法内行动可为所欲为。"[②]尽管当时法国的自由平等还是有限度的，但它对张若名等对理想社会的认识无疑提供了现实材料。待张若名系统研究了马克思主义之后，想必对马克思"自由人的联合体"的思想有了进一步的认识。随着自身现代人的人格、理念和行为方式的逐步奠定，张若名等也就注定从盲从走向独立，从权威走向平等。

当追求个性发展与自由的理念同现实中那压倒一切的组织精神必然发生冲突时，对张若名这位妇女解放的急先锋来说，退党也就成为必然之事。

以上仅从一个侧面分析了张若名退党的原因，未必妥当。尤其是后来张若名与丈夫杨堃相约"此生不再过问政治，专心从事学术研究"，这与退党以前的张若名判若两人，这一强烈反差，更说明，张若名退党必有更深层的原因。

需要指出的是，张若名在组织上退了党，在思想上并没有放弃马克思主义。事实上，她是建国以后在全国最早讲授马克思主义文艺理论的教授之一；她的文章如《欧洲旧现实主义的成就和缺点》等，其指导思想依然是马克思主义。

那么，如何看待张若名的退党问题呢？

首先，中国共产党党章规定，党员有退党的自由。既然如此，退党行为无可非议。针对张若名退党问题，周恩来说得好："就说张若名，我们在天津是

① 清华大学党史组：《赴法勤工俭学运动史料》（2）上，北京出版社1980年版，第192页。
② 长沙《大公报》1920年10月13日。

一块坐过半年牢的，我了解她的人品，她自己放弃对革命的追求，但不等于她就一定站在敌人一边，出卖我们，我们还可以是朋友。”[①]周恩来在张若名退党以后仍然把她视为可以依赖的朋友，继续同她保持着联系。我们曾经较长一个时期把脱党等同于叛党，并施以政治高压，这种认识和行为是完全错误的。

其次，20世纪中华民族的历史任务是实现社会转型、把中国建成民主国家。毛泽东进一步明确指出：中国共产党将来要建立的国家是“自由民主的中国”。他在1945年9月27日《新华日报》刊登的《答路透社记者甘贝尔问》中解释说：“‘自由民主的中国’将是这样一个国家：它的各级政府直至中央政府，都由普遍、平等、无记名的选举所产生，并向选举他们的人民负责。它将实现孙中山先生的三民主义，林肯的民有、民治、民享的原则与罗斯福的四大自由。它将保证国家的独立、团结、统一及与各民主强国的合作。”

毫无疑问，实现这一伟大目标，既要造就一大批革命家、政治家，也必须造就一大批各学科领域的专家学者，这是确保中国人民获得毛泽东所倡导的罗斯福的言论自由、信仰自由、免于匮乏的自由、免于恐惧的自由的必要条件。在留法勤工勤学的队伍中，既涌现出一批叱咤风云、举世闻名的革命家、政治家，也涌现出一批硕果累累、称霸学坛的专家学者，他们都是实现“自由民主的中国”的宝贵财富，后辈当同怀视之，而非厚此薄彼。张若名由革命转向学术和教育，她对国家教育事业和中法文化交流的贡献是应予充分肯定的。

① 周秉德：《我的伯父周恩来》，辽宁人民出版社2000年版，第170页。

二十一、周恩来：“我开诚布公地对她讲明了自己的爱情观”

周恩来：“秉德，你知道吗，我在和你七妈结婚之前，在巴黎曾经有过一个女朋友，长得还算不错。”

周秉德问一旁的邓颖超：“七妈，这是真的？”

“是呀！”邓颖超说，“和你伯伯一起去法国的张若名，原来他们接触比较多。我曾经认为，如果你伯伯不坚持独身主义的话，可能和她最合适了，别人也都这么认为。”

周秉德系周恩来侄女，从1949年6月起便与周恩来和邓颖超长期生活在一起。

以上是三人1955年秋天一次谈话的一部分。①

张若名与周恩来相识于五四运动之中，两颗充满革命激情的火热的心，则是在他们共同倡导组建的觉悟社的斗争岁月中实现撞击而达到共鸣的。他们与其他社员一起聆听李大钊对新思潮的讲解；一起分析研究民主爱国斗争的形势和策略；一起探讨“革心”和“革新”的良方；一起策划指挥了多次大规模集会游行；尤其是两人同闯省府、共坐大狱，一起度过了一段患难与共的铁窗生涯。同是学运领袖，共为学运豪杰，“五四”风暴中的同舟共济加深了他们相

---

① 周秉德：《我的伯父周恩来》，辽宁人民出版社2000年版，第168页；《揭开一个历史的盲点——记我国第一位留法文科女博士张若名》，载徐泓著《大人物·小人物》，人民出版社1995年版，第177页。

互间的了解和认识，正如周恩来对侄女周秉德所言：“就说张若名，我们在天津是一块坐过半年牢的，我了解她的人品。”①

张若名在斗争中表现出的激进果敢及较强的组织能力，在生活中的淳朴、爽朗和待人以诚，使周恩来难以忘怀。周恩来的足智多谋、沉着坚定、严谨务实和对革命事业锲而不舍的追求，也给张若名留下了鲜明的印象。共同的革命理想纽带一样把他们的心灵联结了起来。邓颖超对侄女周秉德说：“那时觉悟社的同志们都说，如果今后周恩来放弃独身主义要结婚的话，他和张若名真是天造地设的一对。”

英籍女作家韩素音在其所著《周恩来与他的世纪（1898—1998）》一书中，追述了周恩来和邓颖超“五四”时期的初次相遇，然后写下这样一段文字：“但是，他（对邓）并没有一见钟情。事实上，当时他似乎爱上了另外一位姑娘，她的名字一直被小心翼翼地保密。”这里所说的“另外一位姑娘”，就是张若名。

但是，在五四运动时期，张若名和周恩来之间只是纯洁的战斗友谊，不存在相互爱恋问题。邓颖超对韩素音说过：“我们没有想到爱情。无论如何，觉悟社社员之间是禁止恋爱的。”觉悟社成员曾相约，不谈恋爱，不结婚，以保证全身心投入改造社会、挽救危亡的斗争。张若名在《“急先锋”的女子》一文中，以一定篇幅，专门论述了“独身主义”问题，强调：“要打算做‘女子解放’急先锋的人，最合适的还是抱独身主义。”因为“要是没有自己婚姻问题解决，解放的事业总可精神贯注去做的”。周恩来甚至声明抱定独身主义，他在文章中指出，要救国，要革命，最好独身，了无牵挂，可以把自己的一生完全献给祖国。前已有述，他在狱中还写过《独身主义》的长文。邓颖超晚年在缅怀周恩来的一篇文章中提到：“我们‘觉悟社’相约，在整个运动时期，不谈恋爱，更谈不到结婚了。那个时候，我听说你主张独身主义，我还有个天真的想法，觉得我们这批朋友能帮助你实现你的愿望。”②

---

① 以下所引周恩来和邓颖超对周秉德的谈话，均见于周秉德所著《我的伯父周恩来》，辽宁人民出版社2000年版。

② 邓颖超：《从西花厅海棠花忆起》，《人民日报》1997年3月5日。

张若名和周恩来的爱情关系，是他们来到法国以后确定的。

随着年龄的增长和各方面的成熟，觉悟社社员逐渐放弃了独身主义。刘清扬在抵达法国勤工俭学前夕，便与张申府结为夫妻，她成为觉悟社较早自由结婚的人。不久，谌小岑、李峙山两位觉悟社社员也结为百年之好。张若名和周恩来，也逐渐认识到革命和恋爱并非对立。1921年1月30日，周恩来在致表哥陈式周的信中指出：“吾虽主无家庭之说，但非薄爱情者，爱情与家庭不能并论之见，吾持之甚坚。”[①]可见，周恩来对“爱情”已经持肯定态度了。

“向蔡同盟”，是在留法勤工俭学学生中流传的佳话。张若名和周恩来等来到法国以后，很快便知晓了这一概念的内涵。

1920年1月底，蔡和森和母亲葛健豪、妹妹蔡畅，以及向警予等九十余人一同来到法国勤工俭学。向警予来法国之前曾致力“教育救国”，在家乡湖南溆浦县创办过溆浦女校。1918年，湘西镇守使兼第五区司令周则范，倾慕向警予漂亮、能干、有才华，并想以这个新女性为自己装饰门面，便派人到向家提亲。向警予的父亲见其有权有势遂同意了这门亲事，但女儿却坚决反对。同郭隆真对待传统婚姻的做法一样，向警予亲自到周家当面回绝了周则范的求婚，她坚定地表示：“以身许国，终生不婚！”后来，向警予加入了新民学会，结识了蔡和森和毛泽东。继之，在共同组织留法勤工俭学运动中，向、蔡加深了了解、结下了友谊。蔡和森貌不出众，又有严重哮喘宿疾，家中清贫，无权无势，但他有思想有抱负，正是这一点吸引了向警予。在他们乘坐的来法国的“盎克莱蓬”号邮船上，共同的志向，催生了互相爱慕的种子，向警予和蔡和森合写了一首名为《向上同盟》的诗，表示在革命的征途中，要相互勉励，共同向上。

“向蔡同盟”

① 《周恩来书信选集》，中央文献出版社1988年版，第25页。

蔡和森一到法国，便“日惟手字典一册”，以“霸蛮”精神，“猛看猛译”马列主义经典著作，很快成为旅法学生中接受马列主义和十月革命道路的先驱者。随着思想觉悟的提高，蔡和森和向警予也结出了爱情之果。1920年5月，两人在蒙达尼结婚。在简单的婚礼上，向、蔡朗诵了他们赴法途中编写的《向上同盟》的诗。后来，大家都把他俩的结合称为“向蔡同盟”。在国内的毛泽东得知他们的结合后非常高兴，认为这种自由恋爱的“向蔡同盟”，用实际行动冲破了传统婚姻的牢笼，为青年们开创了一个很好的先例，号召大家向他们学习，奉向、蔡为首领。

“向蔡同盟”活生生的现实，马克思和燕妮、列宁和克鲁普斯卡娅等革命伴侣的先例，都使张若名和周恩来受到启发，认识到了选择一个志同道合的终身伴侣的必要性。于是他们放弃了“独身主义”的主张。张若名在1923年底写的《现代的女子以怎样的解放为满意？》一文号召广大妇女要“争回本身的人格”，男女间要“建设双方的平等、双方的敬爱”，张若名在这里所说的平等、敬爱，指的就是夫妻关系。

这样，张若名和周恩来在来到欧洲不久，他们便产生了恋情。正如觉悟社社员先前所意料的，张若名和周恩来一旦放弃独身主义，两人的恋爱也就成为必然。

周恩来对侄女周秉德回忆说：我们的关系，“开始的确不错。在巴黎，我们先后加入了‘中国少年共产党’，当年我们学习马克思主义，主要采取互教互学的办法。张若名的法文较好，经常担任主讲人，还曾将自己的讲稿整理成文，发表在‘少共’的机关报《赤光》上。后来，这些文章还被团中央编入了介绍马列主义的通俗读物中”。

周恩来一到欧洲，便“对于一切主义开始推求比较”，将“研究主义”放在全部政治活动的第一位。经过认真学习和思索，他终于作出了一生中最重要的抉择：确立共产主义信念。1922年3月，他在给国内觉悟社社员李锡锦、郑季清的信中说道：“我认的主义一定是不变了，并且很坚决地要为他宣传奔走。”当周恩来确定以革命为终生职业、献身共产主义事业以后，他也就必然把择偶的首要条件定位在“革命同志”上，他需要的是“能一辈子从事革命”

的伴侣。

周恩来对侄女周秉德说过："'五四运动'前，我也曾经信奉过'教育救国'、'科学救国'，甚至我还希望中国能像日本那样'军国救国'，然而斗争事实证明，这些路都走不通，中国要独立富强，只有走武装夺取政权的道路。我是认定马克思主义，一定不变的，既然我誓为无产阶级革命事业奋斗终生，并不惜牺牲自己的生命，我的终生伴侣，理所当然必须是志同道合的经得起革命的艰难险阻的战友。"可见，"志同道合"，是周恩来爱情观的基本原则和内涵，这里的"志"是献身于中国革命，这里的"道"是共产主义的理想和信念。

周恩来与张若名恋爱的基础，就在于他们曾经是并肩奋斗的革命战友，而两人最终的分手也在于双方人生价值观的不同择向。

那么，周恩来与张若名又是什么时候结束恋爱的呢？

周恩来说是在张若名脱党之后。他对侄女周秉德说过："她宣布退党后，也就帮我下了决心，我开诚布公地对她讲明了自己的爱情观，宣布中断了我们的交往。""于是，我主动与张若名说清楚，转向你七妈频繁通信，还求婚。"如前所述，张若名宣布退党之前是有个"经过反复痛苦的思想挣扎"的心路过程的，与之相连相应，周恩来终止对张若名的爱恋也有个过程，直到"她宣布退党后，也就帮我下了决心"，结束了恋爱。

邓颖超回忆，认为时间还要靠前。她在《从西花厅海棠花忆起》一文中追述了她同周恩来的恋爱经过，写道："我们是经过这三年时间，有选择地确定了我们的相爱关系，又经历了三年的考验，一直等到党中央调你回国，才在我们两地党的组织的同意下，我从天津到广州，于1925年的8月结婚了。"由此推算，周恩来和邓颖超确定恋爱关系，是在1922年下半年。在1955年周恩来和侄女周秉德的那次谈话中，当周恩来说到与张若名中断恋情后转向邓颖超求婚时，邓颖超笑着说："怪不得（你）刚到法国一段时间并没有什么信给我，怎么突然又那么主动热情，又是寄明信片，又托人带信，弄得我好奇怪，也好紧张。"邓颖超这里所说的"带信人"是李维汉，1922年11月中共旅法党团委派李维汉回国向党中央汇报工作，周恩来让他顺便给邓颖超捎带了一些书信和画片，让李维汉当了一回传书"红娘"。邓颖超的这两次说法所提到的时间是一致的，即周恩来转恋邓颖超亦即周恩来与张若名解除恋爱关系的时间，当在1922年下半年。

为爱情真诚投入的人，在分手时是不会平静的。周恩来对侄女周秉德说："秉德，初恋总是特别美好的，要断，这个决心并不好下。起先，我也努力过，多次劝她，希望她能正确对待，能更坚强一些，不要因为受点委屈就退党，可她听不进去。她说自己累了，想从事文学研究工作，再不过问政治了。"

张若名的内心想必也十分痛苦，但我们已不可能有第一手资料来考察她当时的内心世界了。

张若名和周恩来的恋爱关系终止了，但他们依然是朋友。

在1955年周恩来与侄女周秉德的那次谈话中，周恩来对侄女说："你知道世界上男人与女人的关系，除了恋人，还有友情，不能当妻子，却能继续成为朋友嘛！"周恩来继续同张若名保持着朋友联系。1930年3月初，周恩来根据中共中央政治局的决定，离开上海，途经欧洲前往莫斯科，以中共中央代表的身份，向共产国际报告中共自六大以来的工作以及解决与共产国际远东局的争论等问题。在途经法国时，他专程赶到里昂秘密会见了张若名。当时张若名正在里昂大学攻读博士学位，她的居室就在里昂中法大学入口处那栋两层楼的楼上，楼下正好是进出学校的大门。

杨堃说，张若名在与他结婚后亲口告诉过他那天的情景。那是4月的一个傍晚，"张若名正在屋里专心读书。突然，一个微弱而清晰的声音在大门外面喊：'张若名，张若名！'她觉得非常奇怪，便马上下楼出大门去看"。[①]周恩来是化装而来的，他戴着墨镜，穿一身笔挺的白色西装，头戴一顶白色法国盔。当周恩来摘下墨镜时，"张若名立刻惊呆了：这不就是周恩来吗？他不是1924年就回国了吗？周恩来抢先小声说他的行动必须十分秘密。"两人悄悄离开了中法大学，走了一段路，溜进了村镇旁边的一家小咖啡馆，一直谈到夜色沉沉。

周恩来首先告诉张若名，1925年他和邓颖超结婚了，他替邓颖超问若名姐

---

① 以下所引1930年周恩来与张若名见面谈话内容，均见杨在道编著《张若名研究资料》，中国妇女出版社1995年版，第85—86页。

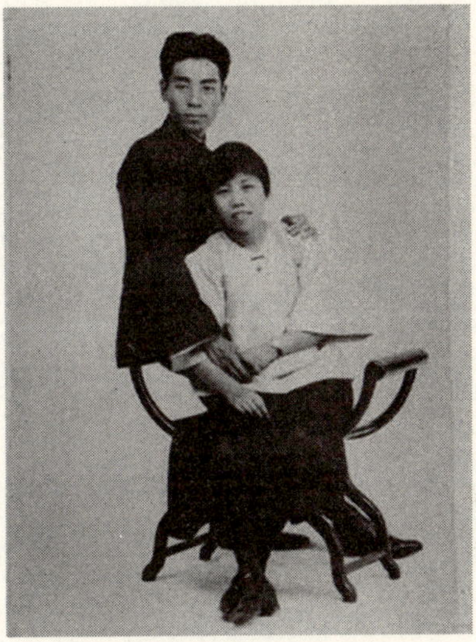

周恩来、邓颖超结婚照

好。张若名则讲述了取得硕士学位的艰苦过程。周恩来告诉张若名，觉悟社的社员已经各奔东西，有的继续舍生忘死地从事革命斗争；有的已完全脱离了政治活动；个别人则已彻底堕落。

“周恩来还对张若名说：现在和国民党反动派已经完全是‘你死我活’的斗争，在国内干革命是有相当危险的。他常是随身带有烈性毒药，为了严守党的秘密，随时准备为党献身。坚决干革命，这是他选择的惟一道路了。最后周恩来深情而坚定地说：这次分手以后，将来什么时间能够再相会，很难预料。即使个人牺牲了，看不见彻底胜利的到来，也在所不惜，心甘情愿。”

“张若名对周恩来等共产党人的革命志向和牺牲精神表示十分敬佩。她祝愿共产党早日成功。她向周恩来再一次保证：永远不泄露共产党的秘密。中法大学的大门快要关了，周恩来也必须赶快离开里昂，在咖啡馆门前的夜幕中，在‘多保重’的声音里，二人握手告别。”

周秉德在《我的伯父周恩来》一书中，还提到周恩来与张若名这次见面的另一件事：周恩来动身出国前，邓中夏把坐牢三个月节省下的一点津贴费交与周恩来，托他给邓中夏新婚的妻子小妹从国外买件最好最合适的礼品。“到法国后，伯伯就去找了张若名。他相信她虽然脱离了革命，但绝不会出卖朋友。果然，她不仅在里昂掩护了伯伯，还帮伯伯选定了一块银质的瑞士坤表。后来邓中夏说过，小妹特别喜欢这块表。”

结束恋情保持友情，表现了周恩来和张若名豁达的心胸和正直的人品。他们为后人树立了正确处理恋爱问题的楷模。

二十二、中国第一对博士夫妇

1924年冬，里昂火车站。

张若名和杨堃把郭隆真送上火车。

几个月前，即7月下旬，周恩来奉调回国。张若名怀着复杂的心情，与周恩来依依惜别，目送他和另外几位同行者登上开往马赛港的火车。

今天，张若名则是把郭隆真送上开往苏联方向的火车。

郭隆真奉命赴莫斯科东方劳动者共产主义大学学习，一同前往该校的还有李富春、蔡畅、马致远、周世昌等15人。

国民党驻法总支部第二次代表大会代表合影（第二排左二是杨堃）

一起来为郭隆真送行的杨堃，生于1901年，河北大名县人，系郭隆真的老乡。1916年入读大名县“直隶第十一中学”，年年荣获奖学金。1920年初，杨堃考入保定直隶公立农业专门学校留法勤工俭学预备班，结业时名列甲等第三名。1921年8月，他因学业优秀被直接保送入法国里昂中法大学，成为里昂中法大学在国内招收的第一批官费留学生之一。1923年上半年杨堃由郭隆真介绍加入了旅欧中国共青团，在团内的姓名叫“杨赤民”。下半年，已在攻读理科硕士学位的杨堃又经郭隆真介绍加入了国民党，后任国民党驻法总支部宣传委员。

张若名和郭隆真相识已近十年，两人的关系，正如张若名的长子杨在道在文章所说的：“张若名和郭隆真比亲生姐妹还要亲密。”

在来法国之前，张若名和郭隆真曾被囚一室，在天津的监狱里相依为命，共同度过了半年的铁窗生涯。在法国四年，她们自始至终生活在一起，经济收支不分彼此。

张若名（坐者）和郭隆真在里昂（1924年）

郭隆真是一位坚决勇敢、专诚不懈的革命者，她对张若名退党的行为给予严肃批评，甚至牺牲前在狱中仍几次给张若名写信，继续批评她不问政治的灰色态度。[1]在工作和生活上，郭隆真则始终如一地对张若名关怀备至。

两人分别前，郭隆真放心不下张若名的个人生活，她把用过的手提包、毛毯等日用品都留给了张若名。张若名和周恩来中断了恋爱关系后，郭隆真一直记挂着张若名的婚姻之事。此前，她曾给国内大名县友人写信，帮助调查了解杨堃的家庭情况。当得知杨堃已娶妻室，且育一女，她非常失望。后来通过与杨堃谈话

① 杨在道：《张若名研究资料》，中国妇女出版社1995年版，第88页。

才清楚：原来杨堃在国内读书时，父母便替他包办了婚姻，杨堃对此非常苦恼。赴法国之前他再次提出离婚，同样再次遭到父母的激烈反对。同张若名一样，他也是一个逃婚者，并为此与父亲脱离了关系。知道真相后，郭隆真去苏联之前，正式为他俩牵线搭桥，促其秦晋之缘。杨堃晚年提到：“1924年郭隆真大姐离法前，充当了他和若名婚姻的介绍人。”①

一声笛鸣，彼此天涯。

望着胜过亲姐姐的挚友渐渐离去，张若名不禁泪水涟涟……

张若名送走郭隆真以后，似乎并未在意自己的婚姻问题，而是走进里昂中法大学，把全部身心都投入到学业之中。

里昂中法大学，系北京中法大学的海外部，位于法国里昂西郊圣伊奈纳山上，由圣·伊雷内堡改建而成，其办学经费主要源自法国退还的庚子赔款。

1901年（辛丑年）清朝被迫和11个国家签订《辛丑条约》。条约规定中国赔偿各国军费、损失费4.5亿两白银，按4%的年息，分39年还清。这笔钱史称“庚子赔款”，西方人称为“拳乱赔款”。1908年7月美国向中国政府正式声明，将美国所得“庚子赔款”的近半数退还中国，作为资助留美学生之用。美国的退款产生了很大国际影响。第一次世界大战爆发后，北京政府于1917年8月对德奥宣战，并停付庚款。大战平息后，中国也涉足于战胜国的地位，各国都紧步美国后尘，陆续放弃或退回了庚子赔款余额。

1919年巴黎和会期间，李石曾就法国退还部分庚子赔款进行活动，要求法国退还赔款用于海外大学建设。法国友好人士建议李石曾等不要坐等法国退还赔款再筹建海外大学，应先得一校舍，由中方分担小款，办起学校雏形，这样可促成赔款的退还。里昂大学校长儒朋建议“与其设大学于巴黎繁华之区，不如创在里昂。里昂之大学分科，及高等专门学校，均尚完备。且附近山冈多荒废兵营，可以借用”。当时的里昂市长爱得华·埃里奥也积极支持在里昂建立海外中国大学，表示市政府愿意将西郊的圣伊雷内堡拨作校舍。上述许多因素

① 阿庚：《不该被历史遗忘的人——记早期女革命家张若名》，《党史博采》1997年第4期，第22页。

促成了筹备中的海外中国大学最终选址在里昂。

里昂中法大学筹建之初，考虑到在法国建立高等学校手续极其严谨，中法双方商定拟建的大学不具普通高校特性，而是依照法国1901年协会法的规定，以“协会”形式为法律基础，于1921年7月正式注册成立“中法大学协会”。1921年7月8日，“协会”举行首次会议，宣布成立里昂中法大学。

根据中法双方协定，中法大学协会设立由中法双方组成的董事会，董事会主席由法方担任，是该校唯一法人代表；校长由中方人士担任，主要负责招生和教学管理。首任校长吴敬恒（字稚晖，1865—1953）。

里昂中法大学的经费来源除了法国退还的庚子赔款外，还有李石曾等在国内获得的赞助、法国政府和里昂市政府提供的资助等。

从1921年至1950年期间，近500名中国学生在这座由圣·伊雷内堡闲置军营改造而成的绿树成荫的高墙大院内，度过了他们的学习生活，除有一部分学生放弃学业或因病遣返回国外，473名学生取得了博士学位或学业文凭。学成回国的学生们多为现代中国科技文化领域的中坚骨干，其中细胞生物学家汪德耀、文学翻译家李丹、声乐教授方于、画家潘玉良、作家苏雪林、海洋生物学家张玺、民族学学者杨堃、胸外科专家范秉哲、遗传学学者朱洗、敦煌学学者常书鸿、外国文学研究员罗大纲、美术教育家王临乙、化学家赵雁来、数学天文学家王士魁等，在国内外享有盛名。可以说，里昂中法大学是中国留法学者走向欧洲科学技术的摇篮。

里昂中法大学校门

在里昂中法大学招收的第四批学生中，有一位后来成为著名的法国文学专家，她就是张若名。

按照里昂中法大学的规定，进入该校需具备一些条件。对张若名来说，最主要的是两条：“对于收录与考试学生，应呈验文凭或经过考试”；“若非有官费或有支付款项的确实保证，不能收录”。张若名因被捕入狱未能读完天津女师最后一个学期，故未得到毕业文凭。她是凭天津女师的一张结业证书，经中国驻法总领事馆推荐，才进入里昂大学的。至于读书所需款项，则主要是来源于碧细女士的资助。

为了节约费用，张若名从原先所住的里昂中法大学附近的“协和饭馆”，迁到市内一所天主教女子中学的学生公寓居住，这里不仅房租便宜，而且还义务供应饮食。她把全部身心都投入到对学业的艰难跋涉之上，三年之中几乎没和一个中国人见面，几乎没说一句中国话。直到1927年10月，她以优异成绩获准在里昂中法大学文学院攻读硕士学位并赢得了中国官费生的待遇，张若名才从这所市内公寓搬到里昂中法大学的女生宿舍。

革命是先锋，读书照样是健将。

从1924年下半年到1927年上半年，张若名连续拿下了《心理学》《普通哲学与逻辑学》《伦理学与社会学》三门专业的合格证书。里昂中法大学哲学心理学专家塞贡（J.Segond）教授，是张若名的指导教师之一，他对这位中国女学生的聪明才智和优雅的文笔很是赞赏，他说：“我不仅发现她是一名非常专心的学生，而且还思维敏捷，她掌握的法语能力，能洞悉细微的差别。”他还说：“张若名的成绩是我们学院的光荣。”[①]1928年2月，张若名又取得第四门专业《教育学》的合格证书，并获得了该校文科硕士学位。这些成绩的背后，是张若名顽强的意志和不息拼搏的精神。

而这几年间，杨堃同样也在艰辛苦读，一步步实现着学业目标。

1923至1925年三年间，他取得了里昂大学理科硕士学位。1926年暑假后，杨堃转入文科，在法国著名汉学家古恒教授指导下，攻读文科博士学位。

1928年杨堃被推荐到巴黎民族学研究所，跟从莫斯教授进修民族学。莫斯研创了系统的民族学研究方法，是法国民族学派的开创者，巴黎民族学研究所即是莫斯教授1926年创办的。杨堃在该所进修期间，学习了民族学、体质人类

---

① 《塞贡推荐信》，1927年9月2日，里昂中法大学协会档，《张若名档案》。见于林如莲：《超越障碍——张若名与安德烈·纪德》，载黄嫣梨编著《张若名研究及资料辑集》，香港大学亚洲研究中心1997年版，第119页。

张若名

学、语言学和史前考古等课程。还在巴黎高等学术实习学校旁听了“原始宗教”课，在巴黎民族学博物馆进行了实习。杨堃参观了欧洲几个较大的民族学博物馆和民俗学博物馆，极大开阔了视野，增长了见识。

张若名攻下硕士学位后，也一鼓作气，向世界高水平的法国文学专业博士学位发起冲击！她的指导教师依然是塞贡先生，他建议张若名以研究法国著名作家安德烈·纪德（André Gide）为博士论文专题。其基本方法，是结合纪德的作品，着重从心理学的角度研究探讨文学家在创作过程中的心理活动。

同在一所大学同时攻读学位，杨堃和张若名的交往自然多了一些。杨堃对张若名始终一往情深，张若名对杨堃的了解也与日俱深。

1928年，张若名与杨堃在确定攻读博士学位后不久，杨堃在国内发布公告，宣布与家中的妻子离婚。他把该消息告诉了张若名，并把剖白自己婚恋观和婚姻过程的《我的婚姻史》以及几年来涉及悔婚的几十封家信，都交予张若名，以示真诚。杨堃的坦诚、衷情、执着，深深打动了张若名，终与杨堃确立了恋爱关系，两人互助互励，一起攻读最高学位。

1930年5月，张若名完成了博士论文《纪德的态度》的前五章。1930年5月30日杨堃的博士论文《中国家族中的祖先崇拜》顺利通过答辩，获得高度评价。

随着学业负担的减轻，张若名和杨堃的爱情也到了收获之时。1930年5月31日，杨堃和张若名在里昂中法大学大礼堂内，举行结婚典礼，数十名中法师生友人前来祝贺。新娘手捧鲜花，身着白色纱裙，气质高雅；新郎则西装革履，文质彬彬。之后一对新人去往法国东南部美丽小城安纳西欢度蜜月。

返回里昂后，张若名继续准备和撰写博士论文。当年金秋时节，张若名终于收获了勤劳的果实：博士论文《纪德的态度》告成！

1930年12月15日，张若名顺利地通过了博士论文答辩，《纪德的态度》被里昂中法大学评为最优秀成绩，获得该校年奖，奖金500法郎。

张若名和杨堃成为中国第一对博士夫妇。

张若名与杨堃结婚照

顺便提一下，张若名并非中国第一位留法女博士。中国历史上第一位留法女博士，也是目前有确切资料可查的中国历史上第一位女性博士乃郑毓秀。郑毓秀（1891—1959），广东新安县人。13岁时得知祖母早已把她许配给当时两广总督的儿子，遂亲书男方，解除了婚约，为此惹下一场风波，被迫离家出走。1905年郑毓秀进入天津“崇实女塾”教会学校，接受西式教育。1907年随姐姐东渡扶桑。次年经廖仲恺介绍加入中国同盟会。1911年归国，曾参与革命党人刺杀袁世凯和良弼的活动。为躲避袁世凯暗杀，1914年郑毓秀去往法国，进入巴黎大学学习。1917年获巴黎大学法学硕士学位，随即加入法国法律协会。1925年获得巴黎大学法学博士学位。张若名在入读里昂大学之前，郑毓秀正在攻读博士学位，她还会同美籍参议员格儒夫人等援助向警予等中国留学生的生活费。现在保存的向警予的书信中，有向警予1922年3月14日给中法协会的信，其中多处提到郑毓秀在巴黎帮助她们解决困难的活动。1925年郑毓秀回国后，被聘为北京女子师范大学校长。后任上海临时法院院长、教育部次长等职。

1930年12月16日，张若名和杨堃这对中国最早的博士夫妇告别了法国，乘火车绕道回国。张若名在法国整整十年，不管是前四年的革命还是后六年的读书，她都取得了不让须眉的成绩，以鲜明的自强自立的精神，树立了妇女解放的楷模。

二十三、纪德的知音

亲爱的女士：

您无法想象，您出色的工作给我带来了多么大的鼓舞和慰藉……通过您的大作，我似乎获得了新生。多亏了您，我又重新意识到自己的存在。大作第五章特别使我感到欣喜，我确信自己从来没有被别人这样透彻的理解过……我多么喜欢最后一章中的第一节那如此简洁的结语啊！……您自然而然地得出的结论，我认为是非常真实的……您使拙作生辉，我感激之至！给您写信，就像对挚友一样，向您说出的“谢谢”，是真正发自内心的。

安德烈·纪德

1931年1月12日[①]

这是日后获得诺贝尔文学奖的安德烈·纪德，在看过张若名的博士论文《纪德的态度》后写给张若名的信。

信中透露着诚恳、欣慰、感激，可谓意气相投、一见如故，挚友之情溢于言表。

① 《安德烈·纪德给张若名的信》，载张若名《纪德的态度》，生活·读书·新知三联书店1997年版，第1—2页。

安德烈·纪德

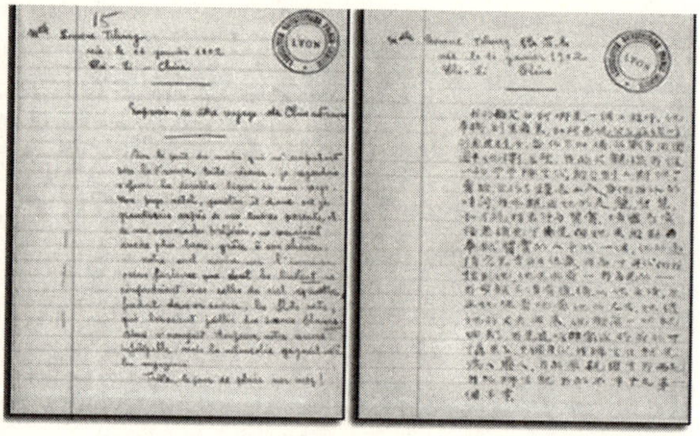

张若名赠师留念的博士论文《纪德的态度》

安德烈·纪德（1869—1951），是20世纪法国最负盛名的作家之一。其作品的特点是“体现尽可能多的人性”。据张若名统计，纪德从二十多岁发表第一部小说《安德鲁·华特手记》始至1929年，著作共计二三十种。其中1902年发表的短篇小说《叛道者》，描写了一个超人的解放，在社会上引起争议。1909年出版的小说《窄门》，描写了作者在现实生活中遇到的道德上的进退两难的困境，获得了普遍好评。而堪称完美的小说，则是他1926年发表的描写青年人的悲剧的《伪币制造者》，这是纪德唯一的一部长篇小说。从1926年7月到1927年5月，他与侄子去非洲旅行，卷入了支持共产主义的政治活动。他在《刚果之行》及《从乍得归来》中，批评了法国当局的殖民政策，揭发了殖民当局的种种罪行。在张若名研究纪德时，纪德已开始向共产主义者转化，他相信“马克思主义付诸实施，无产阶级专政，通过建立一个新社会，可以使人飞跃发展”。

后来，在1947年，纪德获得诺贝尔文学奖，获奖理由：“为了他广包性的与有艺术质地的著作，在这些著作中，他以无所畏惧的对真理的热爱，并以敏锐的心理学洞察力，呈现了人性的种种问题与处境。”

在塞贡先生的指导下，1930年晚秋，张若名完成了博士论文《纪德的态度》。论文共八章，概介如下：

一、纪德人格的演变。张若名指出，纪德的人格从“表面看来，他似乎游移不定”，而“实际上，纪德却热衷于突出他的每一种倾向，喜欢他们各异，并全部加以保护”。因为“纪德不愿把自己凝固在他创造的一种或另一种生活形态中”。张若名从纪德人格的演变中悟出三个要素：“道德、神秘、艺术”，指出这三者在纪德的人格当中平行发展，从而使“纪德人格的演变就像一次次的开花，每次都异常鲜艳夺目”。[①]

二、纪德的宗教信仰。纪德信奉上帝，但抨击基督教的道德，认为上帝的旨意与基督教的解释相背，“他自诩要直接明察上帝的旨意”。张若名指出，实际上“纪德创建了自己的宗教，其上帝与他个人的理想同化”。她引用纪德的话说：“艺术和宗教在我那里虔诚地结合了，在它们最和谐的地方，我领略到了迷狂至极的滋味。”张若名指出，由于纪德的宗教情感变成了一种艺术情感，“他对美的憧憬就更加强烈了”。这使他的作品自然而优雅，通篇渗透着纯洁和诚实。

三、纪德与道德。纪德早年受的是新教的熏陶，从1891年起他开始否认新教的道德权威，而追随他自己的意志。在纪德看来，每个人的道德行为，都要经历自我估价的危机，以摧毁旧的价值等级，构建新的价值尺度。纪德在作品里，对新旧价值转换过程中的行为不予置评，而是“巧妙设下一条批判性的脉络”，经过不断地破坏已建立起来的东西，“让最后经得起考验的信仰存在”。纪德以这种方式让那些对立的利益在他内心不断相撞，使他感到“生存与生命更加动人心弦”。

四、纪德对待感官事物的态度。张若名指出，“对待感官世界，纪德树立起了一种独特的态度。他主张把握其可感的属性，如颜色、形态、运动的纯真的状态”。“这种态度的原则在于把记忆从当下的感觉中排斥出去，以便感觉保持其原始的纯真。”而“当迎接某种感觉之时，纪德全力让热狂与感觉交融……这两者的结合，导致了一种洋溢着感情的视觉”。因此，“在纪德的作

---

① 张若名：《纪德的态度》，生活·读书·新知三联书店1997年版，第1页。以下所引张若名的博士论文，均见于该书。

品里，每个感觉都很独特”，“纪德的作品让我们沉浸在现刻之中”。

五、纪德的纳瑞思主义。“纪德的作品散发着一股孤寂的气氛，人们感到身临幽静之中。”在这寂静之中，纪德试图运用纳瑞思神话来把握自己的心灵。通过内省，纪德发现了宇宙间的相互感应，找到了作品的题材。支配纪德一生的，也是支配他的作品的，是一种令人难以置信的同情心，这种同情心使纪德融合进他所塑造的人的思想和感情。“每当要塑造一个人物，他总是首先使自己生活在这个人物的位置上。”因而，纪德自身存在的诸多矛盾倾向，往往使作品起伏跌宕，激动人心。

六、纪德象征主义美学观的形成。“纪德的美学观与象征派诗人的美学观相似：他们都视作品为某一深层现实的象征，任何一位艺术家如果不借助象征就不可能表达这种丰富的然而却无法表述的现实。”纪德认为，每种现象都是某种真实的象征，他给象征主义美学的定义，即是“一种象征真实的完美形式”。纪德从第一部作品起，就表现出音乐性的风格：句子像一组组和音一样，前后呼应，变化流动，那种音乐韵调的悠扬震动着人们的心灵。

七、纪德的古典主义。长期以来，古典派与浪漫派一直对峙着。古典派寻求普遍性，以理性方式反映人的共同本质。浪漫派寻求特殊性，以抒情方式解释个人的独特品性。纪德的作品则调和了必然性与特殊性：“他的作品包含着个人生活的独特性，但这独特性具有普遍的意义。他把个人的经历看作某种真理的象征，从个人的象征中，挖掘出普遍的意义。”在风格方面，古典派喜欢美好的形式，语言高雅、清晰。浪漫派崇尚一种自然而生的感情，语言往往夸张虚华。纪德的风格，则“外有古典派的技巧，内有浪漫派的自由”。

八、现代人眼光中的纪德。张若名指出：“纪德的作品无论是形式还是内容都太特别了。最初人们未敢随便置词。但是对于这一个富有活力的作家，人们是不能永远保持缄默的。于是对他或好或坏的批评便先后出现了。”张若名驳斥了著名评论家亨利·马西斯对纪德的诽谤，指出：“没有其他作家能筹划一个有力的均势使他的作品写得如此逼真与传神。”至于纪德写作体裁和技巧经常改变造成的所谓“混乱”问题，张若名指出，这是一种完全浸淫于艺术中的现象，“两种观点的对立并不意味着思想的中断”。

张若名对纪德的研究分析，富有启发性和远见。学者认为在同期的纪德评论中，张若名的评论是中肯的。《纪德的态度》充满诗一般的词句；全文流畅潇洒。

张若名写就《纪德的态度》全文后，立刻给纪德寄去一份打印稿。

纪德在旅行归来之后读了张若名的论文，他复信张若名，信中他深为自己被张若名如此深刻的理解而吃惊。

当时《纪德的态度》一文由出版商博斯·法里斯和里欧印刷成书，共印了180本，其中送文学院80本，送研究所30本，张本人70本。但未出几个月，该书便被索要一空。张若名1931年回国任教北平中法大学文学院，《纪德的态度》法文版作为北平《中法大学丛书》之一，在北平再版发行。1991年，《纪德的态度》由武汉大学法语系周家树先生译成中文，1994年由北京三联书店出版。20世纪三四十年代，先后有几位中外学者著文介绍和评论《纪德的态度》。法国学者约翰·罗德斯（Jean Rodes）大概是最早研究张若名文章的人，1931年11月17日《北京政闻报》刊登了他写的《与里昂大学文学院中国年轻女博士的会谈》一文，对张若名的《纪德的态度》予以高度评价。他说："我认为她有关'道德家纪德'的评论，应该列为第一流的评论文章。人们发现她的文章非常优雅、简洁、清晰而透彻，可谓一字不易。这一点即使是最挑剔的文学评论家也不能否认的。"

张若名对纪德的研究没有停顿在博士论文上，她从教以后继续关注纪德。"挚友"般的觉悟，使她对纪德的人品和思想把握得十分准确。

纪德曾对苏联制度高度评价、热切支持。

1917年俄国十月革命，成立了工农兵苏维埃政府。纪德同当时包括不少中国知识分子在内的世界很多知识分子一样，以为这是"平民主义"或称"庶民主义"的实现。1936年苏联自认"已经基本上实现了共产主义第一阶段，即社会主义"。年底通过的新宪法宣布，苏联已经建成了工农社会主义。世界众多知识分子更是为之欢呼和艳羡。

纪德在《苏联归来》（1936年11月出版）前言中说："三年前，我公开宣布我赞赏苏联、我爱苏联。那里正在进行一场前无古人的尝试，使我们心中充满了希望。我们期待着那里取得巨大的进步，出现能够带领全人类前进的飞跃。”1934年，他在发表的自己的《日记》散页中写道：“（我）盼望活得够长久，看到俄国的计划成功，看到欧洲的国家对着他们硬是不承认的事实俯首无言……我从来没有抱着这么大的热忱注视未来，我由衷地赞同这个巨大却完全人道的事业。”这些话语，表达了对苏联制度的高度认同和艳羡，于是不断有消息说纪德已信仰共产主义，甚至说他将很快成为一名共产党员。

张若名闻知这种说法后大不以为然，她很快写了一篇短文《关于安德烈·纪德》，寄往巴黎，发表在文学杂志《法国水星》1935年4、5月合刊上。文中张若名强调纪德是艺术家而不是政治家，她坚信纪德最主要的是热爱艺术而非政治。

事实正如张若名所料。

1936年6月17日，67岁的纪德接受苏联政府的邀请，抱着去亲眼目睹“所有国家中最幸运的国家”的目的，开始了他历时两个多月的苏联之行。纪德在苏联享受到了只有国家元首才有的礼遇。

纪德是一位真诚而敏锐的人，透过苏联精心安排的表面的光鲜，他看到了社会的真相。

纪德通过对苏联的实地考察，否定了自己对苏联的幻想和曾有的认识，他公开表示与共产主义断绝关系！纪德对苏联认识的变化，完全印证了张若名的预言。张若名对纪德的了解之充分、认识之深刻，于此可见。

纪德和张若名虽然生在不同历史文化的国度，但他们都崇尚自由与真理，与不合理的社会制度与伦理道德不懈抗争。渴望自由、追求真理的共性，是张若名能够透彻理解纪德的根本所在。

二十四、北平中法大学教授

北京东黄城根北街39号，中法大学校部。

这是一所规模宏大的私立综合大学，由文学院、理学院、社会科学院、医学院及研究所等组成，具有附属小学、中学、实习工厂等配套的教育体系。在国内，她的校舍遍及北平、上海、昆明；在国外，法国里昂中法大学和比利时晓露槐中国留学生工业专修馆，则是其海外部。

这所大学创办于1920年，创始人李石曾以及蔡元培、吴敬恒等。该校成立后，李石曾任校董事会董事长，聘北京大学校长蔡元培为校长。

该校开办30年，以研究高深学术、养成专门人材、沟通中西文化，并注重艰苦创业，致力学用结合为办学宗旨；以严谨、求实、科学、民主为办学方针。不管是蔡元培校长还是后继的李麟玉校长，都兼容并包，引纳了不少进步学者、教授，如王慎明、阮慕韩、齐燕铭、范文澜、曹靖华、张友渔、李鹤龄等，都曾在这里执教。应该说，北京中法大学在中国教育界具有特殊的地位和影响。①

1930年12月15日，张若名通过博士论文答辩时，北平中法大学代理校长李麟玉正在里昂中法大学，他十分欣赏张若名的才智和造诣，当即聘请她为北平

① 1950年后，北京中法大学各院系分别并入北京大学、南开大学、华北大学工学院（今北京理工大学）。

北平中法大学校门

中法大学服尔德学院（次年改称文学院）教授，聘期从1931年开始。张若名欣然应聘，第二天便与丈夫动身回国。

1931年1月初，张若名和杨堃到达北平。

很快，张若名便收到北平中法大学文学院教授聘书，主讲法国文学与心理学。自此，29岁的张若名开始了大学教授的生涯，并在北平中法大学度过了17个春秋。

杨堃则到保定，在原保送他留学的“河北大学农科”（1921年4月直隶公立农业专门学校与直隶公立医学专门学校合并为“河北大学农科”。1931年11月河北大学“奉令”停办，原农科改为“河北省立农学院”）任教。但时间不长，杨堃便调回北京，先后在中法大学、清华大学、北平师范大学等讲授社会学、社会进化史、民族学等课程，并任综合性社科刊物《鞭策周刊》的主编之一，并发表了《中国现代社会学之派别及趋势》《中国新年风俗志序》《法国社会学史》等多篇学术论文。

张若名在中法大学讲授的课程之一为《心理学大意》，主要是根据弗洛伊德、伯格森、贾诺和詹姆斯等各家的理论，为大学生分析心理学中的各种问题。她还以文学院教授的名义，兼在中法大学附属高中讲授法语。

在教学之余，张若名继续研究法国文学特别是纪德的作品，保持着纪德研究专家的称誉和地位。

1931年11月，清华大学国学研究院院长从欧洲考察归来，写信恭请张若名去清华大学做“纪德研究”专题讲座，张若名愉快地接受了邀请。与此同时，中法大学把她的博士论文《纪德的态度》以《中法大学丛书》之一的标题再版，并由设在北京饭店内的“法国书店”公开发行，引起了学界重视和好评。

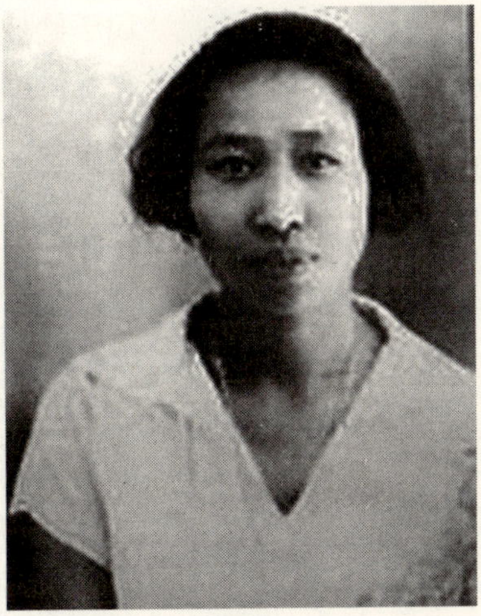
张若名

张若名对法国文学的研究并非仅限于纪德方面。1936年她在《中法大学月刊》9卷1期上，发表了用法文写的《佛郎西斯·若姆》，十年以后，1946年北平《文艺先锋》9卷1、2期尚连载此文。1937年，张若名又在《中法大学月刊》11卷4、5期合刊上，发表了长文《法国象征派三大诗人——鲍德莱尔、魏尔莱诺与兰苞》，这是张若名在文学方面第一篇中文著作。

张若名在北平有一些老朋友，其中与郭隆真的妹妹郭蔚庭则亲如姐妹。当年张若名与郭隆真被囚天津牢狱之时，郭蔚庭就曾去探视过她们；张若名和郭隆真去法国之前，就住在郭蔚庭家中。巧的是，郭蔚庭的丈夫王健吾，则是杨堃在大名中学的同学。1931年1月5日，亦即张若名和杨堃回国的次日，已提前得知他们夫妇回国日期的王健吾、郭蔚庭夫妇便前来看望他们。“见面后还没说上几句，首先是张若名急切地问：‘隆真大姐现在怎么样了？’郭蔚庭立刻失去了笑脸，慢慢地低声说：‘她半年前，已在济南牺牲了。’一句话像晴天霹雳，使张若名半晌没说出话来。一次欢快的团聚，就此再难找到更合适的话题。”①

原来，郭隆真在莫斯科学习了半年，便在1925年“五卅”运动时被调回北京，奉李大钊负责的中共北方区委之命，在国民党北京特别市党部妇女部工作，主要负责在北京各大学建立和发展女学生组织以及西郊香山慈幼院的地下工作。她还创办了《妇女钟》和《妇女之友》刊物，启发妇女觉悟。1926年奉军张作霖入关后，北京的革命形势更加严峻。郭隆真无所畏惧，宣传革命的刊物在北京无法印刷，她便把稿子送到天津，印好后，再伪装成行李运回北京发行。为掩护妇女工作，她还在西城创办了缦云女子学校。1927年李大钊等被捕

① 杨在道：《张若名研究资料》，中国妇女出版社1995年版，第89页。

后，郭隆真也被抓捕。由于她被捕前销毁了文件，敌人毫无证据，判处她12年徒刑。1928年奉军撤往关外，经朋友营救，郭隆真当年底出狱。1929年初，郭隆真只身南下去寻找中共组织，在上海邂逅阔别多年的邓颖超，由此与中共中央取得联系。1929年春，郭隆真奉派东北从事职工运动，曾任哈尔滨三十六棚党支部书记。1930年3月任中共满洲省委委员（省委书记刘少奇）、省委职工运动委员会书记。很快，郭隆真奉派往山东，任中共山东省委委员、中共青岛市委常委、宣传部长。不久被捕，旋转解济南第一监狱。郭隆真受尽酷刑，坚贞不屈，1930年初夏就义，时年36岁。①

长期相依为命，对自己体贴入微的郭大姐牺牲了！这一噩耗，使张若名悲痛欲绝！杨堃回忆，当时张若名难过的情形，给他“留下了终生不忘的印象”。

张若名对郭隆真的急切思念和得知其牺牲后的哀伤，不仅反映出两人的挚友关系，也说明张若名对中国革命依然关心。

张若名在北平执教的头几年，除了时常伤悼郭隆真以外，心情还是舒畅的。她与杨堃先是住在交道口东大街79号，这里是张若名自幼敬重的二伯父张禔仁住宅前院的三间外客厅。1931年9月17日，她在交道口“道济医院”生下了长子，起名杨在道。1934年又生次子，起名杨在德。不久，他们一家从交道口迁到弓弦胡同30号，租住路南的一个前院。张若名和杨堃每月有六百多元薪金收入，生活比较富裕。家中雇了一位保姆、一位厨师，还有一位拉“包月”的脚夫。一家四口，每逢星期天，不是游览北海，就是中山公园，过着当时高级知识分子家庭较为优裕的生活。

张若名与儿子在一起（1935年）

① 一说郭隆真1931年4月5日与山东省委书记邓恩铭等一同就义。此采郭隆真妹妹郭蔚庭说。

华北事变后，“中华民族到了最危险的时候，每个人被迫着发出最后的吼声”。中法大学的爱国学生，积极参加了“一二·一六”等抗日救国的斗争。在国家兴亡之际，作为当年“五四”爱国民主运动的急先锋，张若名的爱国热情没有消减，这不仅表现在学成回国，报效国家的教育事业，也表现在反抗日本帝国主义侵略中国的斗争上。1936年12月上旬，张若名和杨堃在中山公园“来今雨轩”，参加了一个北平教授座谈会。到会的有60多位大学教授，他们一致决定，马上联合天津的大学教授（两地总共104位），共同签署公开发表一个对时局的意见书，反对日本侵略，要求国民党政府立即用武力制止走私，并出兵绥东打击日本侵略者。张若名参加的这个北平大学教授座谈会，在全国引起很大反响，对几天以后发生的“西安事变”不无影响。

卢沟桥事变后不久，北平沦陷。中法大学师生在校长李麟玉的领导下，不妥协，不退让，继续坚持办学，与日伪展开坚决斗争。1938年，中法大学被勒令停办，次年迁往昆明，李麟玉校长和部分教授留守北平，其中也包括张若名、杨堃夫妇。

抗日斗争有许多方式。作为沦陷区的高级知识分子，保持民族气节，拒绝为日伪政权服务，就是一种抗日行为。中法大学的维持费中断了来源以后，张若名全家的生活也陷入困境。“有人劝张若名说，只要去北京大学，找外语系主任鲍文蔚，教上几个小时法语，就可领到一袋‘配给’白面。张若名左思右想，决心宁肯吃混合面，也不进伪北大。”在日伪统治下，张若名拒绝进入任何日伪机关单位工作，包括拒绝在日伪控制的学校任教。

日本帝国主义的铁蹄在中国大地上肆意蹂躏，张若名深为自己不能效命疆场而自责。“她痛苦地思索：为什么自己，却只能留在这里，过悠闲生活？”[①] 北平沦陷八年，是张若名最为苦闷忧郁的时期，“自从北平沦陷，她从不喜欢梳妆打扮，不仅显得老了许多，而且显出几分土气。她整天闭门不出，不喜欢谈话说笑。”“她长期失眠，饮食减少，日渐消瘦。”毕竟曾是“五四”时期冲锋陷阵的革命先锋，大敌当前却蛰居一地，怎不使张若名深自愧怍。

① 杨在道：《张若名研究资料》，中国妇女出版社1995年版，第93页。

在漫长的苦闷和忧郁的日子里，张若名主要借助读书和写作求得解脱。1939年4、5月间，她在法文《朋友》月刊第2卷第21期，发表了《安德烈·纪德之〈地粱〉》，第22期发表了《安德烈·纪德之〈窄门〉》。当年11月，中法大学一些留守人员创办了《法文研究》月刊，张若名也参加了编辑委员会的工作，并成为主要撰稿人之一。该刊至1943年11月，共发行4卷36期，其中23期均有张若名的作品。张若名发表的这些文章，有的如分10期连载的《法语直陈式时态的用法》，还被印成单行本；有的文章，如《法语条件式的用法》，至今仍有参考价值。

1945年8月日本投降，抗战胜利，沦陷区的人民终于重见天日。张若名也一扫胸中郁闷，她兴高采烈，好像年轻了十岁，她穿上了漂亮的衣服，迎接新的生活。

1946年，中法大学陆续从昆明迁回北平，新朋老友喜相逢，张若名非常兴奋。随着文学院的复课，她又回到了久违的讲坛之上，继续讲授法国文学史和法国戏剧。张若名内心的愉悦也表现在与先前判若两人的衣着穿戴上：头戴的“呢子帽上晃动着白色玉簪花，身上的衣服一天一换，脚蹬高跟皮鞋，手上戴着白手套。小提包里还装上了20年前的法国香料”。[①]她同中国大多数人一道，企求着战后国家走上和平民主，人民过上自由安定的生活。

1946年夏天的一天，张若名夫妇外出返回家里时，保姆告诉他们，有一位自称姓王戴着墨镜的先生前来找过他们。当时张若名一家住在沙滩北街嵩祝寺夹道2号的一个四合院里。“当听完保姆形容这位王先生的长相、身量和穿着以后，张若名的第一个反应就是他可能是周恩来。当时周恩来参加军调处谈判，正在北平，住的地方离张若名家并不远。”[②]杨堃回忆说：“这只是张若名的一个推测。”以后这位王先生再也没有出现过，因而留下了一个难解之谜。

教学之余，张若名继续坚持科研工作。1946年9月，她在《新思潮》月刊1卷2期上，发表了《小说家的创作心理》的长文。文章从心理学的角度，通过

① 杨在道：《张若名研究资料》，中国妇女出版社1995年版，第96页。

② 徐泓：《揭开一个历史的盲点——记我国第一位留法文科女博士张若名》，《大人物·小人物》，人民出版社1995年版，第183—184页。

对法国司汤达、福楼拜和纪德三位作家人生不同阶段的分析，阐明了不同的生活经历对作家心理的影响以及这种心理变化如何最终反映到他们的作品之中的问题。有的学者认为，“对于研究文艺心理学及小说的创作者，本文实在不可不读”。当年11月，张若名又在该刊1卷4期上发表了《纪德的介绍》一文。文章介绍了纪德60岁以前的作品，并通过这些作品分析了纪德的性格和人生态度，介绍了他的爱情观、宗教观、艺术观。

1948年3月，张若名在《文艺先锋》12卷2期上发表了《漫谈小说的创作》的长文。这是一篇指导创作的文章，文章引用几位法国作家的言论与事迹，论述了写实与创作、天才与艺术、气质与人生观等问题。1948年以前，张若名还发表了其他作品，如她曾把鲁迅的《坟》、郁达夫的《茫茫夜》第一段译出，发表在法文杂志上。可见，在战后初期，张若名的创造能力得以较充分的释放。

人们盼望的战后和平最终没有实现，国共两党还是打了起来。同战时国统区其他城市一样，北平市内物价飞涨，同时国民党加紧了对人民的控制。“要科学、要民主”，“反饥饿、反内战”等随处可见的标语口号，反映了人民的呼声。

张若名又一次走出书斋，汇入到反对独裁内战的斗争之中。

1946年，在一次中法文化界知名人士沙龙聚会中，张若名提出，早期的文艺沙龙孕育了1789年的法国大革命，“希望咱们的沙龙，也可导致革命”。[①]

5月4日对张若名有着非同他人的特殊感情。1947年5月3日晚，她来到沙滩北大红楼后面已是人山人海的“民主广场”，以感受一番青年学生的“五四”纪念活动。在此伏彼起的歌声中，有一首不时反复唱出的歌曲，张若名听得很清楚，那就是用儿歌《三只老虎》的曲调填上新词的《要垮台》：“要垮台，要垮台，马上就要垮台……”“要垮台”的指向人们心里都明白，这歌声又勾起了张若名的回忆，“她觉得自己好像又站到了天安门金水桥的栏杆上，喊徐世昌出来对话”。她跑回距此半华里的家中，又把杨堃拉来，共同体会这民主

① 杨在道：《张若名研究资料》，中国妇女出版社1995年版，第98页。

的声浪。

面对时代更迭的形势，张若名不会麻木，不问政治的态度必然改变。在一次课上，当学生抱怨物价飞涨时，张若名说道："中国的事情，国民党管不好，就让共产党来管。"①可见，在内战期间，张若名反对国民党，倾向共产党的政治态度是非常鲜明的。

当年张若名回国之时，即明确了自己大学教授的社会角色，在北平17年的从教研究活动，使她形成了这种角色的习惯心理，并在其职业活动中得到充分体现，出色地完成了本职工作。另一方面，这17年中先是抗日后是反蒋的社会潮流，也对张若名的个性心理特质产生了很大影响，使她素有的爱国民主意识得以复苏和展现。

1948年4月，张若名举家南迁云南昆明。张若名被聘为云南大学中文系教授，杨堃被聘为云南大学社会学系教授兼系主任。

九个月后，北平和平解放。张若名的长子杨在道曾反复研究过为什么在共产党入城之际，他的家却搬到南方去了？杨在道认为，他母亲并不想离开北平，关键是他父亲坚持要去昆明。他说："首先我父亲要去，云南大学校长熊庆来先生邀请他去当社会系主任。父亲致力民族学研究，而中国55个少数民族，有30多个聚居在云南。母亲说，要走就一起走吧！她担心国共两党形成以长江为界的南北对峙，一家子骨肉分离。"②

张若名南迁是否还有别的原因，已无从查考。

---

① 杨在道：《张若名研究资料》，中国妇女出版社1995年版，第100页。

② 徐泓：《揭开一个历史的盲点——记我国第一位留法文科女博士张若名》，《大人物·小人物》，人民出版社1995年版，第184页。

二十五、云南大学教授

1948年4月16日傍晚。

一架“空中霸王”号客机降落在昆明巫家坝机场。

在走下飞机的乘客中，即有疲惫不堪的张若名及全家其他三位：杨堃、杨在道、杨在德。张若名不可能意识到，她从走下飞机所迈出的第一步起，便跨入了她人生的最后一个里程——云南大学。

云南大学前身为私立东陆大学，始建于1922年。1930年该校改为省立东陆大学，1934年更名为省立云南大学，1938年改为国立云南大学，是中国西部建立最早的综合性大学之一。1937年著名数学家、教育家熊庆来教授担任校长，他广纳百家博采众长，唯求学问不究资历，使钱学森、吴文藻、刘文典、楚图南、严济慈、华罗庚、陈省身、冯友兰、费孝通等大批知名学者云集该校，开创了云大历史上第一个辉煌时期。到20世纪40年代，云南大学已发展成为一所包括文、法、理、工、农、医等学科在内，规模较大的中国著名大学之一。1946年，英国《简明不列颠百科全书》将云南大学列为中国15所世界著名大学之一。

云南大学校长熊庆来热情地接待了张若名夫妇，并提前为他们准备好了住房——教授住宅九家村1号一栋单门独院的二层小楼。云南大学一半坐落在城墙内，一半在城墙外，张若名的家在城墙外学校的另一半内。

张若名任教云南大学中文系后，负责讲授文艺理论和世界文学史，并在外语系讲授法语。除法语课外，其他课程与先前在中法大学所任课程有很大差别，需要重新备课。“所以她到了云大以后，特别是最初的一年多时间里，拼命读书编写讲义，几乎每天工作到深夜。为了驱逐疲劳，她吸烟。渐渐地神经衰弱、失眠、高血压不知不觉地缠住了她的身体。”[①]可见其拼搏奋斗、自立自强的精神，一以贯之，不亚当年。

在张若名埋头教学工作之时，国内政治形势发展迅速。

国共两党的决战，在激烈地进行着。希盼自由民主光明前途的人民大众毫不犹豫地站在了中国共产党一边，以两条战线的形式，很快便把南京政府彻底倾覆。

新中国成立之日，昆明尚是国统区，但如火如荼的反迫害争人权的斗争，实际上早已宣布了昆明当局的垮台。

在昆明日趋光明的日子里，云南大学社会学系主任杨堃在系务会上公开宣称拥护新民主主义，他还加入了由中共领导的秘密民众组织——“新民主主义者联盟”。

面对划时代的世事变迁，教学工作重负之下的张若名不可能事实上也没有麻木，她订阅了法文版的《苏联文学》杂志，大量仔细阅读苏联作家的小说与理论文章，这在国统区属于“越轨”行为。她还把保存了二十多年的法文马列主义书籍重又拿出来阅读，反映出她对马列主义即将胜利的信心。

1949年，昆明解放，张若名从此成为新中国的一位公民，她的工作和生活也进入了一个新的时期。

“中华人民共和国”，顾名思义，就是人民当家做主的国家。全国人民抛弃了蒋介石国民党的统治，汇集在共产党自由民主的大旗之下，根本目的正是求得翻身解放，成为国家的主人。建国初期广大公民扬眉吐气的主人翁姿态，使张若名似乎认为自己所研究和追求的马克思主义，特别是马克思“自由人联合体”的主张，已经有了实现的条件或即将成为现实。她好像在漫漫黑夜之中突然见到满天霞光，在艰难坎坷之中一脚踏入了平川坦途一样，欢喜振奋，重

① 杨在道：《张若名研究资料》，中国妇女出版社1995年版，第102页。

新焕发起革命急先锋的精神。

在教学工作方面，为了尽快创编出完全不同以往的新教材，她反复学习毛泽东《在延安文艺座谈会上的讲话》精神，认真阅读马、恩、列、斯的著作，仔细研究周扬写的《马克思主义与文艺》，力图向学生灌输无产阶级文学理论。此外，1953年以后，“她在云大中文系创立了‘文艺批评教研室’，担任室主任，是中国最早讲授马克思主义文艺理论的教授之一”。[①]后来，系主任嘱托她，重点培养张文勋、朱宜初、蒙树逢和郑谦四名助教，以使他们尽快成为教研室的骨干。张若名解放思想，打破常规，采用“习明纳尔”（小型座谈讨论会）等新的教学方式，每周定时为他们介绍讲解法国与苏联等各国名家的文艺理论，长期坚持不懈。

在思想政治方面，与其他留过洋的知识分子相比，张若名较快地适应了新社会的秩序。

张若名先是加入了民盟，而过去的革命经历使她感觉到，有争取重新入党的必要，从1950年起，她不断地申请重新加入中国共产党，“每年都要交上一份长长的申请书。前面属于个人的经历部分，当然都是差不多的。可后面的思想转变过程，却是越写越长，一次比一次深刻了。用后来的语言说，就是能够上纲上线，敢于解剖自己否定自己。她是那样执着，那样信心十足，年年不批准，也从来不灰心。她还常去听党课，去找自己的入党联系人，汇报思想情况”。[②]

建国初期的知识分子思想改造、反胡风等政治运动接连不断，张若名不甘人后的“急先锋”的特质，使她失去了理智和冷静，一味追赶着潮流。杨堃回忆说：“解放后，在历次政治运动中，我俩全是学习积极分子……她（张若名）对党的号召步步紧跟，毫无保留地献身于党的各项革命运动。”[③]杨堃指出：在每次政治运动中，张若名“都是努力学习文件领会精神，联系个人思想实际，主动检查、批判个人的旧思想，开会带头发言，认真写出心得。每次都

① 杨在道：《张若名传略》，载张若名著《纪德的态度》，三联书店1997年版，第197页。

② 杨在道：《张若名研究资料》，中国妇女出版社1995年版，第104页。

③ 杨堃为杨在道编著的《张若名研究资料》所作的《序》。

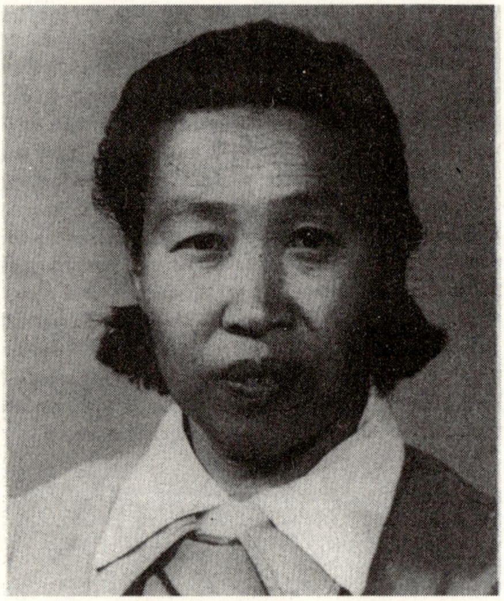
云南大学时期的张若名（1953年）

作为积极分子，受到党政领导公开表扬”。为了实现自由民主的理想，首先要有自我革命的勇气！当年绝大多数知识分子都是这样做的。

在个人生活方面，张若名也是努力做到革命化。我们从她的照片上可以看出，张若名在装束上是很入时的，正如杨在道所描述的：“她把头发剪得很短，穿上列宁式上装，胸前还挂了一个毛绒织的钢笔套，看上去，真像一位下乡搞土改的妇女干部。1953年以后，党号召人人都买苏联花布，要大家的精神面貌都达到国际水平。张若名便很快地把短头发蓬松地烫了起来，穿上了大花棉袄。”

在张若名努力改造自己，精神百倍地投身理想社会的建设之时，令她更为兴奋、终生难忘的，是与周恩来的最后一次见面。①

1955年4月7日晚上，云南大学党委书记方仲伯登门通知张若名和杨堃，说明晨7点钟省委统战部长陈方要同他们夫妇会面。

次日张若名夫妇按时来到陈方住处。陈方对张若名和杨堃说：“周恩来总理昨天已经来到昆明，今天他要和你二人见面，时间定的是八点。周总理这次来昆明，是完全保密的。谈话时，你们不要做记录。周总理的地方离这不远，现在刚七点半，咱们可以走了。”

原来，周恩来和陈毅等一行乘飞机来昆明，是准备在此飞往缅甸首都仰光，再由仰光飞往印度尼西亚避暑胜地万隆，去参加第一次亚非会议。

8日上午8点钟，在已是云南省委贵宾招待所的原龙云故居“郑庄”，张若

① 1955年周恩来与张若名会面之事，见杨在道编著《张若名研究资料》，中国妇女出版社1995年版，第105—109页。

名夫妇终于见到了阔别25年的周恩来。周恩来先是握住杨堃的手说：“咱们见过面，我还记得。你俩结婚不久，我就知道消息了。你现在已经是鼎鼎大名的教授了。”他又转向与张若名握手，感慨地说：“多年不见了，砚庄你好啊！你身体好吗？”周恩来又大声说：“小超再三嘱咐我，一定要替她向若名姐问好。她的意见，我当然要照办啰。”人们都笑了起来，室内空气一下子轻松了许多。

张若名与杨堃在昆明（1954年）

接下来，周恩来与杨堃谈论起民族问题，稍后进来的陈毅则同张若名谈论起了法国文学。四个人分成这么两组，饶有兴趣的谈论了很长时间。“11点左右，有人推开屋门向陈毅点了下头。陈毅就出去了。屋里只剩下三个人，周恩来就转而说些与杨堃夫妇都有关系的事。他问二人几年来政治学习方面的收获。二人作了简单汇报，而且都说正在努力争取加入共产党。周恩来十分高兴，提醒他们要反复阅读马列主义和毛主席的著作，在实践中锻炼自己，希望他们在教好学生的同时，也不断改造自己提高自己。他还说世界上一切事物都是在发展的，马列主义也要发展。对西方的东西，不能全盘否定，更不能全部照搬，必须是有选择有批判地接受……他的一番话，所有的言词和声调，绝不是上级训话，也不是唱高调的官样文章，完全是朋友间的肺腑之言，是亲人的殷切期望，使杨堃与张若名从全身到心里都是热呼呼的。”

中午，周恩来留住张若名夫妇共进午餐。饭后，当室内只剩下他们三个人时，“张若名觉得这回可轮到她跟周恩来说说话的时候了。她有一肚子话要说，可先从哪说起呢？她这些年一直苦恼的是还没能入党。入党要写个人自传和履历，可她对三十多年前的很多事，实在是记不清了，特别是时间、人名和一些人的职务名称。她便抢先开口，问周恩来关于介绍她1922年入党的情况。周恩来简单而明确的向若名说：‘你当时加入的是团，不是党。’张若名一听，马上表现出大吃一惊很不理解的样子，张口结舌没说出话来。杨堃看清了张若名的表情。他自己也觉得很奇怪，好像这和自己的记忆完全不同。”多少年以后，杨堃回忆说：“我听了大吃一惊，我一直以为张若名早就是共产党。张若名听了也直发愣。”[①]张若名夫妇听到周恩来这一说法之所以吃惊发愣，是因为如前所述，张若名确曾加入过共产党。那么周恩来为什么否定这一点呢？回顾建国后一次又一次的政治运动，杨堃似乎悟出了答案，多少年后，他对长子杨在道说，周总理这样讲，也许是为了保护你母亲，因为退党被认为是性质严重的错误，而退团的“罪过”要小得多。

会面持续了五个多小时，临别时周恩来问他们两位是否愿意回北京工作，张若名和杨堃齐声作出肯定回答。三人最后一面就此结束。

关于这次相会，周恩来从亚非会议回来后对邓颖超讲过。周恩来的侄女周秉德回忆说：“七妈当时还问伯伯：‘你怎么没有拍张照片呀！也让我看看她与当年相比有什么变化么！’”[②]

这次相会过去两个月左右，张若名夫妇收到已是民盟中央和全国妇联负责人的刘清扬从北京的来信。信中说：受周总理和邓颖超的委托，转达他们邀请张若名夫妇到北京工作的意思。杨堃回忆说：“我记得对张若名的工作安排得很具体：外交部外文秘书，主要接待讲法语的外宾，同时兼全国妇联的法语翻译。我到北京大学当教授。我很高兴，张若名却不大高兴，她不愿意离开学校去搞接待工作。于是这件事就放下了。”不曾想，这却是张若名一生中最后的一次机会。

与周恩来这次会面，使张若名深受鼓舞，她越发精神抖擞，干劲十足。当年6月，她完成了新中国成立后第一篇论文《欧洲旧现实主义的成就和

---

① 徐泓：《揭开一个历史的盲点——记我国第一位留法文科女博士张若名》，《大物·小人物》，人民出版社1995年版，第185页。

② 徐泓：《揭开一个历史的盲点——记我国第一位留法文科女博士张若名》，《大物·小人物》，人民出版社1995年版，第185页。

缺点》，发表在《云南大学学报》1956年第1期上。紧接着，她又在云南大学《人文科学》杂志1957年第1期上，发表了《试论文学中典型性的创作过程》。这是张若名一生中留下的最后两篇文章。

在长达17000字的《欧洲旧现实主义的成就和缺点》一文中，张若名分八个部分对旧现实主义的成就和缺点进行了分析。

张若名指出，旧现实主义具有不可抹杀的伟大成就。旧现实主义作家都能概括广泛的社会经验，反映出复杂的社会矛盾，他们继承了文学上战斗的传统，大胆地控诉了当时统治阶级的自私自利、祸国殃民及一切不平等不合理的社会现象，运用艺术技巧和高度的热情，将这些社会矛盾深刻地表现了出来。这就接近了被压迫的群众的观点，向统治阶级提出了严重的抗议。另外，旧现实主义作家们也能用比较、研究、分析事实的方法，反映出社会的某些本质意义的东西，而且也能够通过偶然性表现出必然性，通过个别表现出一般，使艺术性和思想性在整体上达到了高度的统一。所以，旧现实主义对于文学有很大的贡献，而且也为社会主义现实主义打下了基础。

张若名也指出，旧现实主义有着必不可免的缺点。由于作家基本上全是有意无意地站在小资产阶级的立场上，表现出两面性和动摇性；由于作家世界观中既有保守的或落后的一面，也有进步的一面的内部矛盾；由于现实主义创作方法与唯心论观点的矛盾等，旧现实主义造成了作品中的片面性，不彻底性，以及某些方面的思想性与艺术性的不平衡现象。“因此他们所提出的解决社会矛盾的办法，大都逃不出人道主义思想，乌托邦思想，或空想的社会主义思想，甚或还不免夹杂着宗教思想。”

张若名指出，社会主义现实主义与旧现实主义既有联系又有区别，旧现实主义的创作经验、艺术技巧、爱国主义精神和战斗的传统，都是宝贵的遗产，要发挥社会主义新文化，必须吸取旧文化的一切精华。而社会主义现实主义是以无产阶级的立场和马列主义的人生观来反映现实的，这就使得社会主义现实主义作品的形式和内容、精神和实质，同旧现实主义有着本质的区别。她强调，社会主义现实主义作家，不仅要有艺术家的才能，还必须有马列主义的世界观、无产阶级的立场和无产阶级的斗争经验。

在长达14000字的《试论文学中典型性的创作过程》一文中，张若名从形象思维与逻辑思维的辩证关系的角度，反复论述了典型性创作的理论。

张若名指出，关于典型性创作过程问题，有两种流行的观点，一种认为典型性创作方法是先从具体到抽象，然后再从抽象到具体，至于形象，只是用以对逻辑思维的图解；另一种观点则只强调形象思维的特殊性，似乎形象思维可以离开逻辑思维而独立存在。她认为，形象思维和逻辑思维“是同一思维过程的两个侧面”，两者既相区别又相联系，并相互依存相互转移。形象思维是通过具体形象来摸写客观规律性，逻辑思维是以概念的方式来说明客观规律性。形象思维受逻辑思维的指导，逻辑思维也要受形象思维的制约，两者交互作用，从根本上改变着思维的方式。那些把两者对立起来的观点是错误的。

张若名根据作家法捷耶夫的观点，把创作过程分为三个阶段：蓄积材料时期、构思时期、写作时期。她详细论述了形象思维与逻辑思维在每个创作阶段的对立统一规律。张若名强调指出：“今天在社会主义现实主义的范围内，在强调艺术概括的特殊性的同时，我们还要强调世界观对于创作的积极作用，二者是同样重要的。艺术活动首先是以具体的感性形象作为依据，作为出发点，而马列主义的世界观则是我们的思想武器，缺少任何一个条件，或者就没有艺术，或者就会降低艺术的品质。”

张若名的这两篇长文，充满了唯物辩证法的思想，说明她对马列主义毛泽东思想有着深刻的认识，并运用之指导着自己的教学和研究活动。这既反映出她作为留法勤工俭学时期传播马列主义的精英，对马列主义有着一定的认识基础，也反映出在建国初期的知识分子思想改造运动中，她积极革新自我，站在了社会大潮的前列。

二十六、杨在道：“我母亲的平反，是在邓颖超的直接过问下完成的。”

走出云南大学后门，一拐弯是一片村庄。

那里有一条河。

张若名素爱这条河。

她喜欢河水的清澈透明，她羡慕水中鱼儿的自由嬉戏。

1958年6月18日中午，张若名来到这条河边。

“哗哗”的流水，对她是那样的魔力无穷；习习的凉风，似乎把她带入了一种绝佳的境界……

于是，张若名选择了这条河作为自己的终生归宿：

她投入到那洁净而自由的境界，一去不复……

在“反右派”运动中，被伤害的知识分子中，有不少是知名的科学家、文学家、艺术家、史学家、经济学家、教育家、法学家、大学教授、新闻记者等，这其中，就有张若名。

张若名同纪德一样，热爱的是艺术而非政治，事实上她早已脱离了政治。但有时候也迷失了自我。

“反右派”运动开始后，张若名一如既往，积极参加。她的长子杨在道1955年在天津大学土木工程系毕业后，分配到保定工作。在他给母亲的信中，也流露出一些思想政治方面的不同见解，张若名则认为儿子思想落后，需要加强教育。于是，她竟主动把杨在道写给家里的十来封信件全部交给了中文系党总支书记王兰馨，以显示自己的坦荡无私，并求得党组织对自己儿子的帮助。这充分说明，张若名对党是无限忠诚的，已经把一切献给了党。

但张若名绝不会想到，她的忠诚所换来的，是儿子因此被打成右派分子，送去劳动教养。1958年5月，杨在道在保定被点名批判，监督劳动。11月，正式宣布定为右派，关进劳教所。直到1980年，杨在道才恢复自由，劳教长达22年！

张若名生命的最后几年，陷入了一个迷惑不解的怪圈：

她相信组织相信党，向组织如实反映自己的思想状况，向党交心，检查自己的思想认识，结果这些汇报材料，却被断章取义，无限上纲，成为右派言论的证据。

她呕心沥血培养学生，而她培养的对象却抓住她对某些理论、学术、文艺等问题的不同见解，把她当成资产阶级权威来批判。

她积极参加各种政治运动，但最终却被自己满腔热情参加的政治运动所吞没！

困境之中，张若名又想到周恩来曾希望她去北京工作的事，于是给刘清扬写信，请她帮助找周恩来想想办法。很快，刘清扬回信，说总理知道了。但他现在已不担任外交部长了，而且调动干部也有了明文规定的一套制度，总理个人不能擅自做主。①

张若名的处境越来越严峻。

张若名1924年履行党章手续而退党的事终于被翻了出来，并欲加之罪，把她视为不齿的叛徒。

作为妇女解放的先锋，张若名一向对人格和人的尊严格外看重。为了捍卫自己的人格和尊严，她将以死抗争。

1958年6月18日上午，云南大学中文系召开批判会，要张若名承认上述诸

① 徐泓：《揭开一个历史的盲点——记我国第一位留法文科女博士张若名》，《大人物·小人物》，人民出版社1995年版，第186页。

多罪名。"她想不通，找总支书记谈话。总支书记给她指了指办公桌玻璃板，下边压着划右派的六条标准，意思显然是：'你早就够了'。她得知下午还要继续开会，继续加温，中午，张若名自杀身亡。"[①]

当时有一批被错划成右派的名人都是投湖而死，张若名也选择了类似的告别人世的方法。

当时，张若名的丈夫杨堃正在北京中央民族学院参加全国民族科学学术讨论会，长子杨在道在保定地区，次子杨在德也在北方，张若名身边除了一个保姆之外，一位亲人也没有。

张若名死后第三天，在北京的杨堃才得到消息。杨堃回忆说："（6月）20日接到电报说张若名'病重'。当我匆忙乘飞机赶回家中时，没有见到我爱人，却看到她书桌上摆放的那罐'张若名教授之灵灰'。我没有见到她的尸体，也不知道她是否留下了什么遗言，是我终生的遗憾。"[②]当时杨堃所见屋中已是乱七八糟，知家已被抄三次。

据家里的保姆讲，张若名被从河边抬回家时，还有一口气，但是没有人敢去抢救她。

政治运动的高压使人人自危，于是明哲保身，麻木不仁，心灵扭曲，人性泯灭。

在那黄金失色，朽木生辉的岁月，苍茫的大地，迷惑了多少人的灵魂！

张若名死后，云南大学立即召开了对她的声讨批判大会。中国民主同盟也随之将她开除了盟籍。人死了，也要踏上千万只脚，让她"永世不得翻身"！

从1959年至1963年，中共中央先后给五批被划为右派的人（约30万人）摘了帽子，但改正工作仍没有做。1962年10月，中共中央甚至还规定"对右派分子不应当一般地提出甄别平反问题"。这样，全国右派问题便成了一个"禁区"。

---

① 徐泓：《揭开一个历史的盲点——记我国第一位留法文科女博士张若名》，《大人物·小人物》，人民出版社1995年版，第186—187页。

② 见杨堃为杨在道《张若名研究资料》一书所作的《序》。

张若名与杨堃

1963年邓颖超打破这一“禁区”，到昆明亲自过问了张若名自杀之事，“据说她要求云南大学党委把张若名的档案和参加运动的全部材料报上来”。[①]于是，时间不长，云南大学党委发出一份对张若名的甄别材料，大意是承认“不适当地给了过多的压力”，“当时批判的词语不合适”等等，并向张若名的家属赔礼道歉。显然，这个甄别还不彻底。后来，“文革”爆发，这件事也就不了了之了。

在“十年浩劫”中，张若名的丈夫杨堃也在劫难逃，被当作“反动资产阶级学术权威”，批斗、挨打，几乎丧生。几十年心血积累的大量民族学资料、数万张读书卡片，经四次抄家被劫一空。因被赶出教授住宅，大量珍贵书籍无处存放，不得不按废纸卖掉。1973年，七十多岁的杨堃被下放“农场”劳动改造，因其声音洪亮，被命去庄稼地里哄赶麻雀……1975年秋，老先生因病获准进京自费治疗。1978年经胡耀邦批准，杨堃被调到中国社会科学院任研究员。

到1980年，有54万多“右派分子”予以“摘帽”改正。

张若名的长子杨在道也是在1980年结束了21年的劳教生活，时已年近50岁！

杨在道获得自由以后，立即着手进行两项工作：一是开始搜集整理张若名的研究资料，后来在国内外近十种书刊上发表了不少文章，成为张若名研究的专家；二是给邓颖超写了一封信，要求云南大学为张若名做出政治结论，并开追悼会。

杨在道给邓颖超的信发出后不久，他便收到了中共中央办公厅信访局邓颖超工作处的回函，告诉他：收到他的来信后，“邓颖超同志给云南大学党委写

① 徐泓：《揭开一个历史的盲点——记我国第一位留法文科女博士张若名》，《大人物·小人物》，人民出版社1995年版，第187页。

了信"。[①]

在邓颖超的亲自关怀下，云南大学党委为张若名平反，张若名终于获得公正结论。杨在道说："我母亲的平反，是在邓颖超的直接过问下完成的。"[②]

1980年11月，中共云南大学委员会作出《关于张若名同志的政治历史结论》。《结论》追述了张若名的革命经历，指出："张若名同志从青年时代就参加了革命运动。1919年任天津学生联合会评议会主席；同年在天津参加周恩来同志组织的革命团体'觉悟社'；在'五·四'运动期间，曾积极参加学生运动，被天津反动当局逮捕后，张若名同志与反动政府进行了坚决的斗争。1920年，张若名同志赴法国勤工俭学，于1922年在法国加入中国共产党，并任支部执行委员，在这一段时期，张若名同志为革命作过不少有益的工作。"

《结论》在谈到张若名的脱党问题时说："1924年，张若名同志在法国参加列宁逝世纪念大会，被法国警察跟踪、讯问，这时，张若名同志又与当时支部负责人任卓宣发生意见分歧，在这种情况下，张若名同志经向组织申请后，由组织同意其退党。退党后，未发现张若名有任何出卖党组织的行为。"

左起：杨在道、杨堃、杨在德（1990年）

《结论》对张若名回国后在北平中法大学和云南大学的工作进行了简要评价："1931年，张若名同志由法国回国，在北

① 徐泓：《揭开一个历史的盲点——记我国第一位留法文科女博士张若名》，《大人物·小人物》，人民出版社1995年版，第187页。

② 徐泓：《揭开一个历史的盲点——记我国第一位留法文科女博士张若名》，《大人物·小人物》，人民出版社1995年版，第187页。

平中法大学任教授。后来北平沦陷，张若名同志不愿为日寇作事，便在家赋闲。1948年，张若名由北平来昆明，一直在云南大学中文系任教授。解放后，张若名同志拥护党和社会主义，积极从事教学工作，为新中国的教育事业作出了应有的贡献。”

《结论》在谈到张若名的死因时说：“在1958年云南大学的‘交心’运动中，由于没有严格执行党的政策，对张若名同志施加种种压力，以致造成了张若名同志不幸溺水而死的严重后果。”

《结论》的最后结论是：“经复查，张若名同志一生为革命、为人民做了许多有益的工作，政治历史清楚，无重大政治历史问题。”①

一代女杰张若名终于得到平反。随即，中国民主同盟也恢复了她的盟籍。

历史是人民写就的，因此它是客观公正的。一切是非曲直、忠奸善恶，都将由它作出最终判决。只是在得到历史的结论之前，往往要历尽曲折，甚至要付出惨重代价。

当年教过张若名法语，后获法国骑士勋章的盛成先生，对张若名的一生时常缅怀，评价甚高。1990年底，当他看到《传记文学》上发表的《张若名在法国》一文后，十分激动，不顾91岁高龄，用颤抖的手一口气写了三首《怀砚庄》诗。其中一首曰：

温仁村晓女英来，五四津门出众才；
入狱半年勤觉悟，飘洋十载苦思裁。
钻研纪德分先后，指握殊途合往回；
扬弃人间颓废世，奈何魔掌破云开！②

1992年，盛成在张若名所著《纪德的态度》一书出版之际，欣然作序，又

① 中共云南大学委员会：《关于张若名同志的政治历史结论》，见黄嫣梨编著《张若名研究及资料辑集》，香港大学亚洲研究中心1997年版，第219—220页。

② 杨在道：《张若名研究资料》，中国妇女出版社1995年版，第91—92页。

一次评价道："若名一生从家庭革命而参加五四运动，身陷缧绁，出狱后赴法勤工俭学，参加共产党，可谓女中英杰。她勤于治学，有特殊贡献，著成研究纪德的论文，可称绝世之作，成为我国最初女博士之一。回国后即任教授，诲人不倦。可惜后来国难重重，未能施展壮志，而立大业，呜呼痛哉！"

盛成老先生的诗文，可谓言简意赅，高度概括了张若名的一生。

结 束 语

张若名56个春秋的人生轨迹，呈现出鲜明的前后两个阶段：前半生主要从事革命和政治斗争；后半生主要从事学术和教学工作。而这两个阶段则贯串着一条主线：以躬行实践的妇女解放“急先锋”精神，努力实现自身及广大妇女自主独立的人格。

纵观张若名的一生奋斗，从天津“女界爱国同志会”评议部部长，到中国第一位留法文科女博士，再到北平中法大学、云南大学资深教授；从五四运动的先驱，到传播马列主义的精英，再到中法文化交流的使者；从革命政治斗争到学术教学活动，她都表现出拼搏奋斗，为妇女解放开路的“急先锋”精神。其间，她不仅自己争取到了平等教育、自由婚姻、独立自主的经济与人格，更为重要的是，她以自己革命、宣传、教育的理论与实践，为中国妇女的解放和中国社会的进步做出了重要贡献。

人生天地之间，若白驹之过隙。但推动历史前进、为社会发展与进步做出贡献的人，不会随着时移事迁而飞逝，他们将在社会历史的长河之中获得永生。

张若名，历史不会忘却她！

张若名年谱简编

1902年（1岁）

2月23日生于直隶省清苑县温仁村。名“若名”，字“砚庄”。父张绍文，母张伯英。

郭隆真八岁；刘清扬八岁；周恩来四岁。

1916年（14岁）

考入直隶第一女子师范学校（简称天津女师），与邓颖超（1904年生）同为第十级学员。

1917年（15岁）

在《直隶第一女子师范学校校友会会报》第3期发表与张嗣婧合写的《阴阳历考》一文。

在《直隶第一女子师范学校校友会会报》第4期发表《校舍记》一文。白眉初老师对该文的批语是：“制局精严，用笔简劲。”

1918年（16岁）

在《直隶第一女子师范学校校友会会报》第5期发表《送赵玉琨先生南归

序》一文。

在天津女师学习成绩优秀，与邓颖超、张嗣婧、梁岫尘、刘韵琴一起，被誉为第十学级“五魁首”。

积极参加校友会的活动，任校友会讲演部委员。与邓颖超等发起筹建了学生乐群会、学生自治会等学生组织，并团结学生开展各种有益活动。

1919年（17岁）

5月5日晚，同郭隆真、邓颖超等，联络召集天津女师各班级长和积极分子紧急会议，酝酿组织妇女爱国团体投入五四运动问题。

6月6日下午，与邓颖超、王贞儒等作为第十学级代表，参加了郭隆真主持召开的天津女师各学级代表会议。会上，与邓颖超、郑季清、李毅韬等发言，响应郭隆真成立妇女爱国团体的倡议。

会议通过四项决议：“（一）拍电北京政府拒签凡尔赛条约，营救北京被捕学生；（二）联络本校毕业生（包括各女子小学教员）及各中学女子学校学生，组织妇女救国团体；（三）联络各中等以上男校同学采取一致行动；（四）对日经济绝交，抵制日货，提倡国货。”

5月25日下午，天津妇女界统一的爱国团体——天津女界爱国同志会（简称“女爱会”）在江苏会馆成立。张若名同郭隆真、刘清扬、邓颖超等都在会上发表了热情洋溢、富有激情的演说。大会公推女师毕业生刘清扬为会长，女师附小教员李毅韬为副会长，女师第十学级张若名为评议部长，女师第七学级郭隆真和第十学级邓颖超为讲演队队长。

6月18日，天津各界联合会成立。

6月23日，被推举为天津各界联合会庶务科干事。邓颖超被推举为该会交际科干事。

6月27日，与刘清扬作为天津各界联合会推定的两位女代表，同八位男代表一起，赴京参加“拒签和约”斗争。

8月下旬，与刘清扬、郭隆真、周子廉作为天津各界联合会推选的四位女代表，同六位男代表一起，赴京请愿，反对“马良祸鲁”。

8月底，又两次进京，同周恩来等一起率领天津学生数百人，开展营救被捕请愿代表的斗争。

9月2日，在从北京返回天津的火车上，与周恩来、郭隆真、谌小岑等八位男女学生代表总结请愿斗争的经验教训，提出“把女界爱国同志会并入天津学生联合会，以壮大学联的阵容”的主张。周恩来进一步提出“我们要将学联会和女爱会两个团体中的积极分子，首先是我们这些最接近和相互了解的人组织起来，形成一个比学联会更严密的团体，作为爱国运动的坚强核心。同时出版一个刊物，以探讨新的思想，作为引导社会的先锋”。回津后，与周恩来等筹建觉悟社。

9月16日，觉悟社成立。首批社员有周恩来、马骏、谌志笃、谌小岑、郭隆真、刘清扬、邓颖超、张若名等20人，男女各半。10名女社员的名单系由张若名选定。觉悟社的成立，使天津学生爱国运动有了统一的领导核心，标志着天津青年运动进入了一个新的发展阶段。

9月30日，全国学联决定组织各省代表再度前往北京请愿，以解决山东问题。本日，与周恩来、谌小岑等随同天津代表郭隆真、关锡斌、赵光宸、黄正品等到达北京，协助代表工作并照料一切。

10月1日，郭隆真等请愿代表被捕，“张若名火速返回天津，商讨营救办法。”周恩来也连夜赶回天津。

10月10日，与周恩来、邓颖超、谌志笃等组织了天津各界四五万人的“双十”大游行，以营救请愿代表，争取民主自由。

“双十节”之后一两天，天津女界爱国同志会和天津学生联合会联合组成了一个执行机构——“执行部”，以统一领导这两大学生团体的共同行动。张若名被推举到这一机构的领导岗位，担任了执行部部长。

10月20日下午，张若名等率领全津男女学生两千余人，同各界联合会发动的一万多市民，又一次浩荡而出，到省公署去见省长，抗议警方对学生的迫害。各界公推张若名和马千里、谌志笃、李毅韬等11人为代表，进署内去与省长交涉。

11月7日，郭隆真等32位在新华门前被捕的各地请愿代表获释。“张若名于当天赶到北京，代表天津各界联合会和‘女爱会’迎接慰问这批被释放的代表。”

12月10日，主持召开了“天津中等以上学校学生联合会成立大会”，宣告了天津男女学生合组的新学联的诞生。新学联废除会长制，采取评议委员会制，本男女平等原则，设男、女委员长各一。张若名和陈泮岭当选为新学联委员长。不久，邓颖超当选新学联讲演委员会委员长。

1920年（18岁）

1月20日《觉悟》第1期出版。在这期《觉悟》杂志上，张若名以“衫陆”为笔名，发表了题为《“急先锋”的女子》一文。这是张若名论述妇女解放的第一篇文章，也是最重要的一篇文章。该文定稿于1919年11月5日，长约7500字。其中心思想是号召广大女性从自我做起，从思想上行动上来一场妇女解放的“大战争”，用革命的精神去实行解放，争做妇女解放的“急先锋”。它反映了张若名既“革心”又“革新”，知行并重的思想品格，显示了作者在妇女解放运动中狂飙突进的胆识。

1月29日，与周恩来等领导天津学生数千人赴直隶省公署请愿。此前，日本人在福州惨杀我焚烧日货的学生和警察，制造了“福州惨案”。继之，北京政府又准备同意日本提出的山东问题由日中“直接交涉”。对国人的爱国斗争，政府则予镇压。1月24日，天津当局逮捕了天津各界和学生代表24人，次日查封了天津新学联和各界联合会。张若名和周恩来等领导的此次请愿，“要求两大端，即誓争外交及恢复天津原状。现吾等俱抱极大牺牲，省长不允，至死不去”。至省署后，学生公推周恩来、于方舟、郭隆真、张若名为代表去见省长。四人竟被拘捕，在署门外的请愿学生亦遭军警镇压，酿成震惊全国的“九一念九”惨案。

在营务处写有日记，记述了与郭隆真在狱中的情况。后来为周恩来摘录，冠以《张若名在营务处的日记》的标题，编入了周恩来编写的《警厅拘留记》

一书。

7月1日，与郭隆真、于方舟、周恩来联名致信著名律师刘崇佑，提供真实情况，驳斥检厅起诉案由，供其任辩护律师时采用。

7月17日，周恩来、郭隆真、张若名、于方舟、马千里等全体被拘代表获释。在商会大院各团体联合举行的隆重的欢迎会上，“周恩来报告在狱中情形。张若名女代表报告入营务处情形。”

9月，为了抗拒传统婚姻，背着家里人，到设在保定育德中学的留法高等工艺预备班报了名。事泄后，与家庭决裂，离保赴京，与郭隆真一起准备赴法勤工俭学。

11月7日，与周恩来、郭隆真、李福景、傅钟、王守义等197名中国青年学生，乘法国邮船“波尔多斯”（Porthos）号，赴法国求学。

12月13日，到达法国，开始了在异国他乡十年的岁月。

1921年（19岁）

上半年，在布卢瓦城，经常与周恩来、郭隆真等一起讨论时局，研究社会问题。以北京《晨报》驻欧特约通讯员名义，给北京《晨报》以及上海《时事新报》等报纸寄回了大约20篇通讯报道稿件。

6月，参加“拒款”斗争，反对北京政府向法国政府秘密借款。

9至10月，参加“争回里大”运动。

撰写文章、学习法语、寻觅工作，“生活非常艰苦”。

1922年（20岁）

上半年，加入“旅欧少年共产党”。在“少共”中化名“一峰”。

与郭隆真从布卢瓦迁到巴黎居住，两人曾在一家云母片厂找到一份工作。

冬，加入中国共产党。

参加了旅欧党团的“共产主义研究会”的学习活动，集中精力“学共产主义”。由于法文较好，多次担任互教互学小组会的主讲人，她的宣讲，获得了周恩来等人的一致好评。

在党内，负责与法共的联络工作和华工方面的工作。

1923年（21岁）

上半年，在周恩来的建议下，把在“共产主义”互教互学小组会上的讲稿加工整理成三篇文章，即《阶级斗争》《剩余价值》《帝国主义浅说》，并由周恩来、郭隆真帮助，油印装订成小册子，发给共青团员和旅法华工。这些单行本署名为“一峰”，有的在《赤光》上发表。这是中国妇女最早宣传马克思主义的较为系统的文章。

与郭隆真从巴黎迁往里昂。靠近刚刚开学的里昂中法大学，有一家由河北省高阳县人开设的“协和饭馆”，实是里昂的一个“中国人联络点”。张若名和郭隆真就长期租住在这家饭馆的楼上。

同郭隆真发展组建了共青团里昂支部，支部委员会即设在“协和饭馆”她俩居住的房间。先后同她俩一起参加组织生活的有杨堃、柳圃清、萧振汉、宗锡钧、萧朴生等人。

11月，国民党驻欧支部在里昂举行成立大会。与周恩来、郭隆真、李富春等出席了大会。中共旅欧支部和旅欧共青团的多人当选为国民党驻欧支部领导成员，其中，周恩来任执行部总务科主任，李富春任执行部宣传科主任，张若名和任卓宣等任评议部评议员，郭隆真任妇女委员会会长，熊锐任政治委员会会长。

初冬，写就《现代的女子以怎样的解放为满意？》一文，发表在1924年3月18日的《妇女日报》上。该报由刘清扬任总经理，李峙山任总编辑，邓颖超任编辑。《现代的女子以怎样的解放为满意？》一文所阐述的妇女解放观，是中国共产党妇女解放思想的重要组成部分，为马克思主义与中国革命实践相结合的妇女解放理论的形成，做出了杰出贡献。有的观点，对今天的妇女运动仍有重要意义。

1924年（22岁）

1月3日，同郭隆真一起给刘清扬、邓颖超、李峙山写了一封信，刊登在1924年3月23日的天津《妇女日报》上，标题为《两个（旅居）法国朋友的信》。信中指出，报纸对婚姻问题，最好用广大妇女喜闻乐见的题材，以激起她们的奋斗精神；最紧要的是介绍无产阶级妇女的经济地位；要开设学术栏，以吸收知识分子妇女进入无产阶级妇女队伍中来。

1月下旬，作为中共代表，参加法共里昂支部召开的列宁追悼大会，并发言。散会以后，受到法国秘密警察讯问，险些被驱逐出境。此后，一直有法国秘密警察在张若名周围跟踪盯梢，并曾不止一次地对她调查询问。张若名的身份就此完全暴露。

上半年，提出退党申请。数月后，党组织批准其申请。

7月下旬，周恩来回国。他把张若名写的《阶级斗争》《剩余价值》《帝国主义浅说》三篇文章的油印本带回国内，并组织发表出版。

下半年，凭天津女师肄业证书，经中国驻法总领事馆推荐，并得到法国参议员于格儒夫人碧细女士的资助，进入里昂大学读书。

9月27日和10月4日，团中央机关刊物——《中国青年》周刊第46期和47期，分两期连载了《帝国主义浅说》一文。同年11月，这篇文章又被编入由中国经济研究会出版、上海新文化书社发行的《帝国主义与中国》一书，该书共收入24篇文章，包括陈独秀、张国焘、赵世炎、瞿秋白、周恩来、萧楚女等人的作品，张若名该文被排在第一篇。

冬，同杨堃一起为赴苏联的郭隆真送行。

1925年（23岁）

3月，中国青年社编辑出版了《中国青年社丛书》第三种——《马克思主义浅说》，由上海书店发行。该书正文两万多字，共分四编，其中三编为“一峰”所写，即第一编“资本”（即《剩余价值》一文）；第三编“阶级斗争”；第四编“帝国主义”（即《帝国主义浅说》一文）。另一编，即第二编

“资本主义的发展”，为“辟世”（任弼时笔名）所写。“一峰辟世合编”的这本小册子，从1925年3月至1926年1月，在不到一年的时间内，便再版九次，创造了中国出版史上的奇迹。

6月，获里昂大学“心理学”专科合格证书。

1926年（24岁）

3月，获里昂大学“普通哲学与逻辑学”专科合格证书。

1927年（25岁）

6月，获里昂大学“伦理学与社会学”专科合格证书。

1928年（26岁）

2月，取得第四门专业《教育学》的合格证书，并获得了里昂大学文科硕士学位。

在里昂大学心理学专家塞贡教授指导下，攻读博士学位。

1929年（27岁）

从心理学角度研究法国著名作家安德烈·纪德，以此为题撰写博士论文。

1930年（28岁）

3月，周恩来根据中共中央政治局的决定，离开上海，途经欧洲前往莫斯科，以中共中央代表的身份，向共产国际报告中国共产党自六大以来的工作以及解决与共产国际远东局的争论等问题。在途经法国时，他专程赶到里昂秘密会见了张若名，两人交谈了很久。

5月，完成了博士论文《纪德的态度》的前五章。此前两年，张若名与杨堃确立了恋爱关系，两人互助互励，一起攻读博士学位。1930年5月30日杨堃博士论文答辩获得高度评价，次日杨堃和张若名在里昂中法大学大礼堂内举行了婚礼。

12月15日，顺利通过了博士论文答辩。张若名对纪德的研究分析，富有远见和启发性。学者认为在同期的纪德评论中，张若名的评论是中肯的。《纪德的态度》充满诗一般的词句，全文流畅潇洒。该文被里昂中法大学评为最优秀成绩，获得该校年奖，奖金500法郎。

12月16日，与杨堃离开里昂，抵达巴黎。20日，两人搭乘经莫斯科及西伯利亚的火车回国。

1931年（29岁）

1月初，和杨堃到达北平。

受聘北平中法大学文学院教授。自此，29岁的张若名开始了大学教授的生涯，并在北平中法大学度过了17个春秋。

张若名讲授的课程为《心理学大意》，她还以教授的名义，兼在中法大学附属高中讲授法语。

9月，长子杨在道出生。

11月，接受邀请，去清华大学开设“纪德研究”专题讲座。与此同时，其博士论文《纪德的态度》以《中法大学丛书》之一的标题再版，并由设在北京饭店内的“法国书店”公开发行，引起了学界重视和好评。

1932—1937年（30—35岁）

仍在北平中法大学文学院执教。

1934年，次子杨在德出生。

在法国文学杂志《法国水星》1935年4至5月合刊上，发表《关于安德烈·纪德》一文。

1936年在《中法大学月刊》9卷1期上，发表用法文写的《佛郎西斯·若姆》一文。

1936年12月上旬，张若名和杨堃在中山公园“来今雨轩”，参加北平教授座谈会。会议一致决定，马上联合天津的大学教授（两地总共104位），共同签署公开发表一个对时局的意见书，反对日本侵略，要求国民党政府立即用武力制止走私，并出兵绥东打击日本侵略者。

1937年，在《中法大学月刊》11卷4至5期合刊上，发表长文《法国象征派三大诗人——鲍德莱尔、魏尔莱诺与兰苞》，这是张若名在文学研究方面第一篇中文著作。

1938—1945年（36—43岁）

北平沦陷后，中法大学师生在校长李麟玉的领导下，不妥协，不退让，继续坚持办学，与日伪展开坚决斗争。1938年，中法大学被勒令停办，次年迁往昆明，李麟玉校长和部分教授留守北平，其中也包括张若名、杨堃夫妇。

张若名拒绝进入任何日伪机关单位工作，包括拒绝在日伪控制下的学校里任教。

1939年4至5月间，在法文《朋友》月刊第2卷第21期发表《安德烈·纪德之〈地粱〉》一文。在该刊第22期发表《安德烈·纪德之〈窄门〉》一文。

1939年11月，中法大学一些留守人员创办了《法文研究》月刊，张若名参加编辑委员会工作，并成为主要撰稿人。

《法文研究》从创刊至1943年11月，共发行4卷36期，其中23期均有张若名的作品。张若名发表的这些文章，有的如分十期连载的《法语直陈式时态的用法》，还被印成单行本；有的文章，如《法语条件式的用法》，至今仍有参考价值。

1946—1948年（44—46岁）

抗战胜利后，北平中法大学复校。1946年，中法大学陆续从昆明迁回北平。随着文学院的复课，张若名继续讲授法国文学史和法国戏剧。

1946年9月，她在《新思潮》月刊1卷2期上，发表《小说家的创作心理》

的长文。阐明了不同的生活经历对作家心理的影响以及这种心理变化如何最终反映到他们的作品之中的问题。当年11月，张若名又在该刊1卷4期上发表了《纪德的介绍》一文。文章分析了纪德的性格和人生态度，介绍了他的爱情观、宗教观、艺术观。

1947年5月3日，到沙滩北大红楼后面的“民主广场”，感受青年学生的“五四”纪念活动。

在一次课上，当学生抱怨物价飞涨时，张若名说：“中国的事情，国民党管不好，就让共产党来管。”

1948年4月，举家南迁云南昆明。张若名被聘为云南大学中文系教授，杨堃被聘为云南大学社会学系教授兼系主任。

1949—1954年（47—52岁）

仍任云南大学中文系教授，讲授世界文学史和文艺理论，同时在外文系讲授法文。

1949年底，昆明解放。张若名努力学习毛泽东《在延安文艺座谈会上的讲话》精神，认真阅读马、恩、列、斯的著作，力图向学生们灌输无产阶级文学理论。

加入中国民主同盟。从1950年起，不断申请重新加入中国共产党。

积极参加各种政治运动和思想改造运动。

1953年在云南大学中文系创立了“文艺批评教研室”，担任室主任。张若名是中国最早讲授马克思主义文艺理论的教授之一。

1955—1958年（53—56岁）

仍任云南大学中文系教授兼“文艺批评教研室”主任。

1955年4月，周恩来和陈毅等一行乘飞机来昆明，准备在此经缅甸飞往印度尼西亚的万隆，去参加第一次亚非会议。

8日在云南省委贵宾招待所，周恩来会晤了张若名夫妇，谈话五个多小时，并共进午餐。

1955年6月，完成了新中国成立后第一篇论文《欧洲旧现实主义的成就和缺点》，发表在《云南大学学报》1956年第1期上。紧接着，又撰写长文《试论文学中典型性的创作过程》，发表在云南大学《人文科学》杂志1957年第1期上。这是张若名一生中留下的最后两篇文章。

反右派运动开始后，一如既往，积极参加。此前，其长子杨在道在给母亲的信中，也流露出一些思想政治方面的不同见解，张若名则认为儿子思想落后，需要加强教育。于是，主动把儿子的十来封信件呈交中文系党总支书记王兰馨，以显示自己的坦荡无私，并求得党组织对自己儿子的帮助。

1958年5月，杨在道被点名批判，11月正式定为右派，劳教长达22年。

1958年6月，被错定为右派，受到不应有的迫害。18日，投河自尽，卒年56岁。

张若名死后，云南大学立即召开了对她的声讨批判大会。中国民主同盟也随之将她开除了盟籍。

1963年邓颖超到昆明亲自过问了张若名自杀之事，“据说她要求云南大学党委把张若名的档案和参加运动的全部材料报上来”。于是，时间不长，云南大学党委发出一份对张若名的甄别材料，大意是承认“不适当地给了过多的压力”，“当时批判的词语不合适”等等，并向张若名的家属赔礼道歉。

1980年，在邓颖超的再度关怀下，中共云南大学党委为张若名作出政治结论，指出：“经复查，张若名同志一生为革命，为人民做了许多有益的工作，政治历史清楚，无重大政治历史问题。”随即，中国民主同盟也恢复了她的盟籍。张若名终于得到平反。

后　记

张若名是五四爱国民主运动的健将，中国妇女解放运动的先驱，研究传播马列主义的骨干，中法文化交流的使者。综观其一生，无论是参与领导五四运动，还是参加留法勤工俭学学生的革命活动，抑或是对中法文化的交流，她都做出过重要贡献。因此，对这样一位重要历史人物进行研究，将有助于补充完善中国近现历史，也将有助于激励当代中国女性自强不息。正是基于这样的认识，笔者才尝试张若名研究。

最早对张若名进行研究的，是张若名的长子杨在道（1931—2008）。他在1980年被解除劳教后，便致力为母亲编书。历经十余年辛劳，搜集了不少有关张若名的资料，并整理成文，于上世纪90年代初期在国内外近十种书刊上发表。继之，从事张若名研究的国内外学者日渐增多。但迄今为止，对张若名研究的成果还很有限，只有几本资料辑和不多的介绍及研究性文章。可以说，对张若名的研究，仍处于起始阶段。

笔者不揣谫陋，爬梳史料，分析文献，经过战寒斗暑，于2003年写就这部传记初稿。书中，笔者把张若名的人生轨迹置于中国近现代的社会变迁之中进行考察，对其生平和革命理论、妇女解放思想及学术业绩等，给予了客观的分析和评价。

在写作过程中，与杨在道先生取得了联系，他慷慨赐予《张若名研究资料》《纪德的态度》两本资料，对笔者写作本书给予支持和帮助。初稿写成后，立即寄予杨先生求教。时杨先生身体状况已经严重不佳，几次电话，都是讲五六分钟便精力不济，于是“不行，我得休息了”，被迫终止对话。但听得出，杨先生很高兴，他对书稿很满意，认为基本反映了张若名的经历，在一些方面表达了他想说的话。

时光荏苒，九年之后，笔者欣逢李涛先生，在李先生热情支持、鼎力帮助之下，在初稿基础上，结合近年新见相关资料，对书稿进行了修订。但限于主客观原因，尤其是研究资料的局限，书中有些地方对张若名的研究还不充分，亦恐存在纰缪，故付梓之际，心存惶恐。只是当意识到，作为张若名的首部传记，自己的努力将填补一项张若名研究的空白时，才聊以自慰。但愿本书能成为引玉砖石，推动对这位重要历史人物的研究。

在这本书稿的审读过程中，出版社的白树枫先生认真审阅并提出了许多重要修改意见，同时，中共中央文献研究室的相关同志也予以大力帮助，在此一并致以由衷谢枕。

书中错讹，诚望读者不吝指正。

王铁群

2013年8月17日